DIJON
EN 1814 ET EN 1815

PAR

PAUL GAFFAREL

DOYEN HONORAIRE DE LA FACULTÉ DES LETTRES DE DIJON,
CONSEILLER GÉNÉRAL DE LA COTE-D'OR,
ANCIEN ADJOINT AU MAIRE DE DIJON.

*Publication de la Société Bourguignonne
de Géographie et d'Histoire.*

DIJON
IMPRIMERIE DARANTIERE

65, Rue Chabot-Charny, 65

—

1897

DIJON EN 1814 ET EN 1815

DIJON
EN 1814 ET EN 1815

PAR

PAUL GAFFAREL

DOYEN HONORAIRE DE LA FACULTÉ DES LETTRES DE DIJON,
CONSEILLER GÉNÉRAL DE LA COTE-D'OR,
ANCIEN ADJOINT AU MAIRE DE DIJON.

*Publication de la Société Bourguignonne
de Géographie et d'Histoire.*

DIJON

IMPRIMERIE DARANTIERE

65, Rue Chabot-Charny, 65

1897

INTRODUCTION

Je dédie ce travail à tous ceux de mes concitoyens qui, à diverses reprises, soit au conseil municipal, soit au conseil général, soit à la députation, m'ont honoré de leurs suffrages. Il leur prouvera, je l'espère, que, pour ne pas être Dijonnais de naissance, je n'en suis pas moins Dijonnais de cœur,

Paul Gaffarel.

DIJON EN 1814 ET EN 1815

CHAPITRE PREMIER

DIJON & LA PREMIÈRE OCCUPATION AUTRICHIENNE

EN 1814

Nous connaissons tous, pour les avoir subis, les pénibles moments d'angoisse qui nous étreignent quand nous sommes dans l'attente de quelque catastrophe. Il semble que le cours ordinaire de la vie soit suspendu et que le danger que l'on redoute va éclater, formidable et irrévocable. Cette pénible inquiétude, ce malaise général, ce pressentiment d'un malheur prochain, la France entière les éprouvait aux premiers jours de 1814. Jamais année ne commença sous de plus fâcheux auspices. Le territoire national était de toutes parts envahi ou menacé par des nuées d'ennemis, d'autant plus impatients de vengeance que leur humiliation avait été prolongée. Trois grandes armées, autrichienne, prussienne et russe, celles de Bohême, de Silésie et du Nord, environ 340,000 hommes, soutenus en arrière par 140,000 soldats de la Confédération du Rhin, et 160,000 hommes de réserves prussiennes et autrichiennes, étaient déjà entrés en Alsace, en Franche-Comté et en Hollande. 50,000 Anglais menaçaient la Belgique, 100,000 Autrichiens et Napolitains l'Italie. 120,000 hommes étaient encore retenus sur l'Elbe et sur l'Oder par des sièges, et Wellington commandait à 150,000 Anglais, Espagnols ou Portugais, qui avaient déjà franchi les Pyrénées. A cette marée humaine qui battait nos frontières nous ne pouvions opposer que des débris d'armées : 12,000 soldats, avec le maréchal Victor, de Bâle à Strasbourg ; 10,000, sous Marmont, de Strasbourg à Mayence ; 18,000, avec Ney, de Mayence à Coblenz. Macdonald n'avait pour couvrir le Rhin, de Coblenz à Nimègue, que 14,000 hommes, et Maison, en Belgique, que 12,000 soldats à mettre en ligne. Les meilleurs de nos légionnaires étaient encore prisonniers en Russie, ou assiégés dans les places fortes allemandes que Napoléon, dans son fatal aveuglement, s'était obstiné à conserver. Il est vrai que des masses de conscrits avaient été levés, mais on commençait à se lasser de ces appels répétés, et même, sur certains points, à se révolter. Les forêts et les montagnes étaient pleines de réfractaires. Dans les premiers jours de janvier près de 250,000 conscrits manquaient à l'appel. 63,000 seulement avaient rejoint leurs dépôts, et encore ne pouvait-on utiliser leurs services, car ils n'étaient ni instruits, ni habillés, ni armés. On a calculé que seulement deux hommes sur trois reçurent leurs effets d'équipement, et un sur deux leurs fusils. Ces jeunes recrues se sont pourtant fait un nom dans l'histoire. Les Marie-Louise, ainsi qu'on les appela par allusion à leur jeunesse et à leur air naïf, reçurent bravement le baptême du feu dans la terrible campagne de France, et se montrèrent les égaux en vaillance de leurs aînés de la grande armée.

Les départements qui jadis avaient fait partie de la Bourgogne étaient de ceux que menaçait directement l'invasion. L'armée autrichienne de Schvarzemberg avait violé la neutralité helvétique, et franchi le Rhin. Une première colonne, commandée par Bubna, s'était dirigée sur Genève qui lui fut livrée sans résistance, passait le Jura, entrait à Saint-Claude, à Salins, à Dôle, à Bourg et à Mâcon. Une seconde colonne au centre pénétrait par Neuchâtel dans la direction de Besançon, d'Auxonne, de Langres et de Chaumont. La troisième colonne s'étendait en Alsace et passait les Vosges. La Bourgogne était leur objectif commun, et c'était à Dijon que s'étaient donné rendez-vous les états-majors. On ne pouvait leur opposer qu'un simulacre de résistance, car Victor et Marmont n'avaient sous leurs ordres que des débris mal encadrés. Ils ne pouvaient même pas essayer d'entrer en lutte ouverte. Notre frontière de l'est était donc fortement compromise, et, sur tous les points à la fois, nous étions débordés (1). Il était temps que l'Empereur prît la direction des affaires. Sa présence valait une armée, tant il était encore redouté !

A Dijon, malgré les dangers de la situation et le voisinage de l'ennemi, on paraissait, tout au moins dans le monde officiel, ne pas mettre en doute l'existence de la

(1) Extrait du *Mémorial inédit* de Jean-Bénigne T***. « La terreur est à son comble dans toute la France ; le commerce est anéanti, l'argent ne circule plus (4 janvier)... L'ennemi est à notre porte, nous n'avons plus qu'à nous préparer à le recevoir. Demain, ou après-demain au plus tard, il sera chez nous (5 janvier). » Ce mémorial, fort intéressant, nous a été communiqué par M. Dumay. Nous le prions de vouloir bien agréer tous nos remerciments.

dynastie. Les fonctionnaires depuis le préfet, comte de Cossé-Brissac, jusqu'au premier président de la cour impériale, Larcher, rivalisaient entre eux de zèle et de compliments emphatiques à l'adresse de Sa Majesté l'Empereur et Roi. Le maire Durande lui-même (1), bien que bonapartiste fort tiède, entassait circulaires laudatives sur affiches ultra-dynastiques. On croyait alors à la durée ou plutôt à la perpétuité de l'Empire, et c'était bien un gouvernement national que celui à la tête duquel se trouvait Napoléon. Les documents de l'époque sont unanimes à cet égard. « La masse de la population ne connaît que l'Empereur et l'Empire », lisons-nous dans les Mémoires de Mollien. « L'Empereur peut compter sur la classe ouvrière », écrivait Savary. « La confiance dans le génie de l'Empereur est sans bornes », ajoutait Pasquier. « Je suis forcé de dire, lisons-nous dans un rapport de François de Neufchâteau, un ennemi dissimulé, que la majeure partie des citoyens, et surtout les négociants, tiennent à Bonaparte. On aura peine à le croire, quand on pense que, sous lui, toutes les opérations commerciales ont été anéanties, mais l'amour de l'égalité l'emporte. Ils craignent de voir revenir les privilèges. » Certes, si l'Empereur, bien inspiré, s'était confié à ce peuple qui l'aimait, qui était fier de lui ; s'il s'était mieux souvenu de son origine ; si en un mot il eût pensé à la France et non à sa famille, il aurait pu disposer à

---

(1) Durande avait succédé comme maire de Dijon à Ranfer de Bretenière, le 31 mars 1806. C'était un médecin fort estimable, mais qui passait pour manquer de jugement. Il était contrefait et on l'avait surnommé l'Ésope de Dijon. Ses ennemis disaient de lui qu'il avait l'esprit aussi droit que la taille, mais ils rendaient justice à son inépuisable charité, et à son extrême désir de rendre service à tout le monde.

son gré de toutes les forces de la nation, et qui sait les surprises que lui aurait ménagées l'avenir !

Il est vrai que les ennemis de l'Empire commençaient à s'agiter et même à s'organiser (1). Ils n'étaient pas nombreux, mais influents. C'étaient surtout de riches bourgeois, froissés dans leurs affections de famille par les exigences de la conscription ou lésés dans leurs intérêts par la guerre commerciale soutenue avec tant d'âpreté par l'Empereur. Ces mécontents se groupaient volontiers autour de quelques nobles, émigrés rayés de la liste ou hobereaux de province, qui avaient gardé une attitude non pas précisément hostile, mais à tout le moins indifférente, et n'avaient ni accepté, ni même, il faut le reconnaître, recherché les faveurs de l'Empire. Ils avaient une sorte de clientèle dans le peuple, ouvriers attachés à leurs maisons, jardiniers ou vignerons cultivant leurs propriétés de père en fils : mais tous ces royalistes en expectative n'osaient manifester trop haut leur opinion, car ils se défiaient, non sans raison, des sévérités de l'administration impériale à leur endroit, et ils n'ignoraient pas qu'au moindre soupçon le général commandant la division, un vieux grognard connu par ses opinions ultra-bonapartistes, le général Veaux, n'aurait pas hésité à dépêcher leurs fils dans quelque régiment de gardes d'honneur, ou à les précipiter eux-mêmes dans

---

(1) *Mémoires de M*^{me} *de Chastenay*, t. II, p. 256. « Chaque soir trente personnes se trouvaient chez nous, et voulaient même d'abord s'appeler en riant les conjurés. Je m'y opposai avec force, et réussis à écarter cette dangereuse plaisanterie. Les jeunes dames portaient des bagues où l'on avait gravé : Domine salvum fac regem. Dans ces réunions on commentait le journal, les **rapports et les événements.** »

un cachot plus que discret (1). Sans doute ils n'aimaient pas l'Empire et souhaitaient sa chute, mais ils se gardaient bien de le dire trop haut. A peine osaient-ils, dans de mystérieux conciliabules, se passer de main en main la fameuse circulaire écrite par le prétendant, le comte de Provence, le futur Louis XVIII, et datée d'Hartwell le 1er janvier 1814. Nous avons retrouvé un exemplaire manuscrit (2) de cette proclamation. En voici les passages essentiels :

« Le moment est enfin arrivé où la divine Providence semble prête à briser l'instrument de sa colère. L'usurpateur du trône de saint Louis, le dévastateur de l'Europe éprouve à son tour des revers. Ne feront-ils qu'aggraver les maux de la France, et n'osera-t-elle renverser un pouvoir odieux que ne protègent plus les prestiges de la victoire? Quelles préventions ou quelles craintes pourraient aujourd'hui l'empêcher de se jeter dans les bras de son roi et de reconnaître, dans le rétablissement de sa légitime autorité, le seul gage de l'union, de la paix et du bonheur que ses promesses ont tant de fois garanti à ses sujets opprimés? » Suivent les promesses... « Le roi réitère l'assurance que les corps administratifs et judiciaires seront maintenus dans la plénitude de leurs attributions, qu'il conservera leurs places à ceux qui en sont pourvus et qui lui prêteront serment de fidélité ; que les tribunaux dépositaires des lois interdiront toute poursuite relative à ces temps malheureux ; qu'enfin le code,

---

(1) *Mémoires de Mme de Chastenay*, p. 257. « Je ne pouvais m'empêcher de considérer froidement la situation de ces personnes qui s'exposaient de gaieté de cœur, et pour lesquelles il me semblait que nous serions seuls exposés à payer tant d'imprudences. »
(2) Bibliothèque de Dijon, fonds Baudot, 259.

souillé du nom de Napoléon, mais qui ne renferme en grande partie que les anciennes ordonnances et coutumes du royaume, restera en vigueur, si l'on en excepte les dispositions contraires aux dogmes religieux... etc. »

Certes, si les autorités impériales avaient saisi un exemplaire de cette proclamation, qui, de fait, au moment où le territoire était envahi, constituait un véritable crime de lèse-nation, elles n'auraient pas hésité à traduire les délinquants devant un conseil de guerre, qui en aurait fait prompte justice ; mais il est probable que les royalistes ne se risquaient pas à pareille imprudence. Ils se contentaient de colporter de salon en salon quelques plaisanteries d'un goût plus ou moins douteux sur les princes et les princesses de la dynastie régnante, ou des allusions, qu'ils s'efforçaient de croire spirituelles, aux événements contemporains. C'est ainsi que nous avons retrouvé plusieurs exemplaires (1) de ce que les écrits du temps nomment le nouveau thermomètre : Les alliés sont à 90 degrés, les Anglais au beau fixe, l'Empereur, que l'on n'appelle jamais que Buonaparte, à la tempête, le Conseil d'État à l'orage, le Sénat au dégel, le Corps législatif à la débâcle, les généraux au tempéré et les maréchaux au variable, les armées à tous les vents, le trésor public à zéro, les rats de cave à la bise, le vice-roi dans l'huile bouillante et l'enthousiasme public de 10 à 40 degrés au-dessous de glace. Quant au peuple il est très fixe, ou très sec, ou figé.

Ces malices inoffensives provoquaient le sourire, mais l'Empire restait toujours debout, et, tant que la question

---

(1) Bibliothèque de Dijon, fonds Baudot, 259. — Note communiquée par M. Garnier, conseiller général de la Côte-d'Or, qui la tenait de son grand-père, maire d'Auxonne pendant la Révolution.

militaire ne serait pas tranchée, mieux valait s'abstenir et ne pas s'exposer aux rigueurs de l'état de siège : d'autant mieux que le général Veaux ne plaisantait pas. Il organisait sérieusement la défense. Auxonne paraissait devoir être le foyer de la résistance dans la Côte-d'Or. On y concentrait toutes les ressources, et on se préparait à y subir un siège (1). Le préfet de son côté, Cossé-Brissac, hâtait fiévreusement les préparatifs et semblait décidé à soutenir l'honneur du drapeau. « Vous sentez, écrivait-il au maire de Dijon, le 8 janvier 1814, combien le salut d'Auxonne importe à celui de la ville de Dijon. Prenons garde de trop nous rassurer parce que l'orage qui grondait semble s'éloigner. Tous les Français doivent redoubler de zèle et d'efforts pour repousser l'ennemi, et vos habitants ne peuvent se plaindre de quelques sacrifices, ou plutôt de légères avances, quand ils savent que c'est un moyen de préserver le territoire du département, et même de délivrer celui d'un département voisin, puisque des sorties faites à propos par la garnison d'Auxonne pourront avoir les plus heureux résultats. » Quant au commissaire extraordinaire envoyé par Napoléon, comte de Ségur, il se contenta de proclamations sonores, mais comprit si bien et si vite qu'il était impossible d'organiser une résistance sérieuse, qu'il ne songea bientôt plus qu'à opérer une prudente retraite. « Quelques personnes,

---

(1) Réquisition de plomb. Lettres du maire de Dijon au général Veaux annonçant l'envoi de 1603 kilog. de plomb (10 janvier 1814), et de 1381 kil. (11 janvier). — Nouvelle lettre confirmant les précédentes et mentionnant des réquisitions de riz et d'eau-de-vie. — Lettre du maire à Lejéas, directeur des droits réunis, pour le prier d'exempter des droits un certain Taburet, qui est allé chercher à Fixin 114 litres de vinaigre pour Auxonne (12 janvier). — Voir Archives municipales, registre des délibérations du Conseil en 1814, p. 5, 6, 7.

animées d'un zèle assez intempestif, avaient ameuté contre lui des gens du peuple ; sa voiture fut accompagnée jusqu'à la porte de la ville au refrain bruyant et trivial de : « Bon voyage, monsieur du Molet » (1).

En effet, malgré cet optimisme de commande des autorités, la situation empirait de jour en jour. Les alliés continuaient leur marche envahissante (2). Tous les départements rhénans étaient occupés par eux. L'Alsace, la Lorraine et la Franche-Comté étaient couvertes par leurs soldats. Déjà la Champagne et la Bourgogne étaient menacées. Sans doute on voyait bien des prisonniers autrichiens traverser les rues de Dijon, et même ces prisonniers se trouvaient dans un si lamentable état que le maire était obligé de les recommander à la charité publique (3) ; mais des bruits sinistres commençaient à circuler. La campagne était à peine ouverte, et déjà le découragement

---

(1) *Mémoires de Mme de Chastenay*, t. II, p. 267.
(2) *Mémorial inédit* de Jean Bénigne T. « On dit Gray occupé par les alliés. Ils se sont présentés devant Langres, mais en vain jusqu'à présent. Ils menacent Seurre, Saint-Jean-de-Losne, Verdun, Chalon-sur-Saône, Mâcon. Toute notre pauvre Bourgogne va être occupée (10 janvier). »
(3) Archives municipales, registre 1814, p. 6. Arrêté du 11 janvier : « Instruit que plusieurs prisonniers autrichiens envoyés à Troyes sont revenus à Dijon, et qu'il en résulte que ces malheureux qui ne peuvent toucher leur solde que dans le lieu de leur destination sont ici sans secours et sans moyens de subsistance, enjoint aux gendarmes, aux gardes-champêtres, aux agents de police, et à toutes personnes préposées à la sûreté publique, lorsqu'ils rencontreront des prisonniers dans les rues de cette ville, de les conduire de suite au palais de justice, et invite également les habitants de cette ville à leur indiquer ce local, afin qu'étant tous réunis dans un seul et même local, l'autorité puisse les faire repartir le plus tôt possible pour le lieu de leur destination. » — Cf. réclamation de Benoît la Côte, concierge du ci-devant palais de justice, pour surveillance des prisonniers allemands (4 juillet 1814). On lui alloua quatre-vingts francs.

régnait dans nos rangs. On se sentait vaincu à l'avance, et sur tous les points nous étions débordés.

Les alliés, poursuivant leur marche victorieuse, envahissaient la Bourgogne et se dirigeaient sur Dijon. Depuis quelques jours on était comme dans l'attente de ce malheur. Une inexprimable angoisse étreignait les cœurs. On ne s'abordait plus dans les rues qu'en tremblant, tant on redoutait d'apprendre de mauvaises nouvelles. On se racontait tout bas les exigences des alliés, leurs dures réquisitions, leurs brutalités voulues. On se passait de mains en mains cet arrêté (1) du maire Durande, en date du 13 janvier, si navrant et si explicite : « Considérant que, dans les circonstances actuelles, la tranquillité publique peut être menacée, et qu'il est du devoir du magistrat de ne négliger aucun des moyens qui peuvent contribuer au maintien de l'ordre et de la sûreté publics ; considérant que l'allumage des réverbères, en dissipant l'obscurité de la nuit, est un des meilleurs moyens à employer pour prévenir ou du moins arrêter les effets de la malveillance, arrête : les réverbères seront allumés à partir de la nuit du 12 janvier présent mois, et jusqu'à ce qu'il en soit autrement ordonné, depuis le coucher jusqu'au lever du soleil. » Déjà même quelques fonctionnaires préparaient un changement de front et prenaient leurs précautions en cas de chute de la dynastie. Tel ce sous-préfet de Beaune, Dupré de Saint-Maur, qui refusait catégoriquement d'exécuter la dernière levée de conscrits, et adressait à son supérieur hiérarchique une lettre de protestation, qui ressemble à un appel à la révolte : « Lorsque (2) des personnes présumées riches sont for-

---

(1) Archives municipales, registre 1814, p. 7.
(2) Bibliothèque de Dijon, fonds Baudot, 259.

cées dans leur détresse inouïe de faire offrir dans la ville leur argenterie et leurs meubles, qui ne trouvent point d'acheteurs ; quand des percepteurs, étonnés eux-mêmes de la misère publique, craignent de demander un argent qui n'existe pas et suspendent leur exécution ; lorsque enfin l'humanité aux abois demande grâce et implore la pitié, puis-je m'établir de sang-froid à une table pour y présider un conseil inquisitorial, chargé d'organiser le départ du peu de jeunes gens que la guerre a laissés aux familles, de créer aux uns des ressources factices par des suppositions arbitraires, de renvoyer les autres chez eux la mort dans l'âme, et avec la triste assurance que le délai qu'on accorde n'est qu'une feinte dérision ! » Certes il fallait que l'édifice impérial fût singulièrement ébranlé pour qu'un fonctionnaire de l'ordre administratif se permît pareille incartade, et j'imagine volontiers que plus d'un, malgré les défaites des derniers mois et tous les signes avant-coureurs d'une prochaine catastrophe, dut trembler de peur rien qu'en lisant les dernières lignes de cette lettre, dont l'auteur n'eut qu'un tort, celui de l'avoir écrite au moment où elle pouvait l'être sans danger pour lui : « L'obéissance la plus passive et la moins équivoque a des bornes que l'honneur a posées. Aucune considération humaine ne me les fera franchir. Si le dernier cri du désespoir sort violemment des âmes justement indignées, ce ne sera pas moi qui l'aurai provoqué ; ce ne sera pas moi qui envelopperai les familles d'un nouveau deuil, et ferai couler encore des larmes ! »

Au moment même où les Dijonnais recevaient et commentaient la lettre du sous-préfet de Beaune, Napoléon entrait en campagne et frappait un premier coup sur les alliés, à Saint-Dizier (27 janvier). Il manœuvrait alors pour empêcher la jonction des deux armées de Blucher et de Schwarzemberg, et pour surprendre leurs colonnes isolées. Les alliés n'avaient pas encore pénétré son plan, mais ils assuraient leur base d'opérations en s'établissant dans les villes importantes de la région, où ils étaient assurés de trouver un refuge en cas de défaite, et, en tout temps, des ressources abondantes. Dijon devait être et fut une des premières villes occupées par eux. Depuis quelques jours on signalait dans la banlieue des partis ennemis. Les maraîchers n'approvisionnaient plus le marché. On les disait tous réquisitionnés avec leurs voitures pour le service des transports militaires. Le général Veaux, renonçant à défendre la ville, avait dirigé sur Auxonne toutes les forces disponibles, mais il n'avait pas abandonné son poste, et les autorités continuaient à faire preuve de la plus imperturbable confiance. Les habitants, rassurés par l'exemple de leurs chefs, commençaient à espérer qu'ils n'auraient plus rien à redouter de l'invasion ; aussi fut-ce comme une véritable panique, quand le maire fit connaître la lettre qu'il venait de recevoir du commissaire des guerres dans le département de la Côte-d'Or, un certain Gillet, qui lui annonçait son départ forcé, et le déléguait dans ses fonctions (18 janvier). Il le priait en outre d'évacuer beaucoup de militaires, « avant que les ennemis aient pris possession de la ville de Dijon, et de recommander à leur humanité et à leurs soins ceux qui n'auraient pu être évacués, parce qu'ils seraient hors d'état de supporter le transport ».

C'en était donc fait ! L'ennemi était aux portes de la ville, et les Dijonnais, brusquement ramenés au sentiment de la réalité, allaient subir les hontes et les souffrances de l'occupation étrangère. L'Empire, abandonné par ses fonctionnaires, était condamné.

Dijon fut occupé sans coup férir par les Autrichiens. Le procès-verbal (1) de la prise de possession a été conservé dans les archives de la ville. Il est navrant dans sa simplicité. Le maire et le commandant de la garde nationale constatent que, le 19 janvier, à 9 heures 1/2 du matin, un certain Hanshotter, vaguemestre au régiment des chevau-légers de l'empereur d'Autriche, s'est présenté en qualité de parlementaire à la porte Saint-Nicolas. Aussitôt conduit à l'Hôtel de ville, il a sommé le maire d'ouvrir les portes de Dijon. On lui a répondu qu'on ne pouvait se défendre puisqu'on n'avait pas de garnison, mais que néanmoins on ne se rendrait qu'à une troupe au moins de 1000 hommes. A onze heures du matin, le même jour, « le comte Duchâtel, chef d'escadron, s'est présenté à la même porte, à la tête de 200 hommes. Il a été introduit et conduit à l'Hôtel de ville. A la sommation d'ouvrir les portes aux troupes alliées, même réponse lui a été faite qu'au vaguemestre. Le dit comte répondit qu'au lieu de 1000 hommes il y en avait 8000, et se retira en annonçant leur arrivée. A midi le prince Gustave de Hesse-Hombourg, major général, entra à la tête de 800 hommes de cavalerie. Il fut suivi du comte de Klenau, général major, commandant quatre bataillons de grenadiers. A deux heures le prince de Lichtenstein, lieutenant général, commandant l'avant-garde, entra à la tête de son corps, à la suite duquel arriva le général en chef, prince héréditaire de Hesse-Hombourg. Plusieurs bataillons de chasseurs traversèrent la ville jusqu'à cinq heures du soir. »

(1) Archives municipales, registre 1814, p. 9.

Sur les pas des Autrichiens s'était portée la foule des curieux, surtout des femmes et des enfants, avides de spectacles militaires, et qui ne cachaient pas assez leur curiosité : mais, à côté d'eux, se trouvaient aussi des citoyens qui ne supportaient qu'avec peine l'humiliation commune. Dans leurs yeux s'allumaient les flammes du ressentiment. Leurs mains serraient déjà des bâtons ou des couteaux. Peu à peu, à mesure que descendaient les ombres de la nuit dans les rues étroites de la ville, les groupes devenaient plus menaçants. Les officiers autrichiens ne se trompèrent pas à ces symptômes. Ils prévinrent le maire de la prochaine explosion des fureurs populaires, et lui firent savoir qu'ils traiteraient les Dijonnais comme ils seraient traités par eux. Durande savait très bien que toute résistance était impossible, et il ne voulait pas exposer ses administrés à quelque sanglante collision. Il rédigea donc et fit sur-le-champ publier (1) une proclamation pour inviter les Dijonnais à rester chez eux : « Considérant que des rassemblements, quoiqu'ils n'aient pour motifs que la curiosité, pouvaient inquiéter et indisposer les militaires, arrêtons ce qui suit : jusqu'à ce que les militaires soient logés, il est ordonné à tous les habitants, et notamment aux femmes et aux enfants, de se retirer dans le lieu de leur domicile. Il est également défendu à qui que ce soit, et jusqu'à ce qu'il en soit autrement ordonné, de paraître dans les rues avec des bâtons ou autres armes quelconques. »

La grosse difficulté était de donner un abri à toutes ces troupes. Les casernes étaient bien libres depuis le départ de nos soldats, ainsi qu'un certain nombre d'éta-

---

(1) Archives municipales, registre 1814, p. 10.

blissements publics, couvents, pensions, halles, où les Autrichiens pouvaient s'installer, mais ils étaient trop nombreux pour qu'on pût dispenser les habitants d'en recevoir à leur domicile. « Au lieu de quatre soldats que je devais loger, lisons-nous dans le journal d'un conseiller à la cour (1), il en arriva chez moi vingt-quatre faisant partie de la garde du prince de Lichtenstein. » De là des froissements, des scènes regrettables (2). Le maire, obligé de se plier aux circonstances, fit créer quatre commissions chargées de répartir les logements militaires (26 janvier). La première était composée du conseiller Dechaux, et des avocats Hernoux et Simon Jacquinot ; la seconde de Vaudremont, Morelet et Boullenier ; dans la troisième figuraient le banquier Pasteur, Petitot, et Pignolet, avoué à la cour, et dans la quatrième un autre avoué, Adelon, Bertholmey et le conseiller Ranfer de Monceau. Les membres des quatre commissions ne purent opérer sans de nombreux tiraillements et de fréquentes réclamations. A diverses reprises le maire fut même obligé d'intervenir directement. Ainsi, le 29 janvier, il adressait la lettre suivante (3) au prince de Hesse-Hombourg : « Un passage considérable a eu lieu dans cette

---

(1) Journal d'Henrys Marcilly, 19 janvier 1814. Henrys Marcilly, né à Beaumont le 15 nov. 1761, mort à Dijon le 4 janvier 1856, fut député de la Haute-Marne le 24 germinal an VI, juge à Chaumont le 18 octobre 1795, et conseiller à Dijon le 6 avril 1811. Il avait composé un journal, dont M. A. H. (Huguenin) a publié quelques extraits : *Les Armées coalisées à Dijon en* 1814, Dijon, Darantiere, 1884.

(2) *Mémorial inédit* de J. Bénigne T. « Accablés par des logements énormes de soldats qui veulent tout dévorer, accablés sous le poids d'affreuses réquisitions qui vont peser sur nous, nous sommes au désespoir, et depuis huit jours seulement nous sommes envahis (21 janvier). »

(3) Archives municipales, registre 1814, p. 11.

ville pauvre, qui ne renfermait ni magasin, ni approvisionnement d'aucune espèce. Les soldats, distribués en grand nombre et sans aucun ordre chez les habitants, y ont vécu à discrétion. Vos intentions ont été méconnues dans ces premiers moments de trouble et de confusion. Le soldat a tout exigé : il a tout obtenu et quelques jours ont suffi pour dévorer ce qui aurait dû servir de ressource pour un long temps... les ouvriers sont ruinés, plusieurs ont déjà quitté leur domicile. Les gens plus aisés ont dissipé toutes les provisions, et leurs maisons des environs sont ruinées... Daignez diminuer la garnison de la ville. Elle est sans défense, ouverte de toutes parts, et sa conduite ne peut inspirer aucune crainte. » Il est probable que le maire exagérait un peu la situation pour les besoins de la cause, mais les premiers jours de l'occupation durent être bien pénibles!

Les officiers surtout furent difficiles à contenter. Ils avaient plus d'exigences. Le baron de Ulm, le comte de Trautmansdorf, douze domestiques et seize chevaux furent logés chez Jouanne, et en un jour firent 342 fr. 40 de dépenses. Le prince de Hesse-Hombourg réclama pour lui au premier étage de l'Hôtel de ville, dans la partie du bâtiment qu'on appelait alors la Sénatorerie, un (1) salon, une chambre à coucher, une chambre pour l'adjudant général, une autre pour son valet, et une salle à manger, sans parler du rez-de-chaussée réservé à l'état-major. Il fallut garnir de meubles en bon état toutes ces pièces. Le tapissier Paris (2), qui loua le mobilier né-

---

(1) Entre la rue de la Liberté, la rue Porte-aux-Lions et la cour des Pompes. Voir CORNEREAU, *Palais des Etats de Bourgogne à Dijon* (Société bourguignonne de géographie et d'histoire, t. VI, p. 225-366).

(2) Archives municipales, Etat des objets déposés à la Sénatorie (*sic*)

cessaire, constata qu'il manquait, après le départ des Autrichiens, un flambeau, un traversin, une couverture de laine neuve, deux couvertures vieilles, une pincette, deux soufflets et un drap de lit, et il ajouta non sans aigreur : « tous les meubles et autres objets ci-dessus étaient en grande partie neufs ; les autres très propres. On les a retirés dans un très mauvais état tant pour la saleté que pour la dégradation : il faut tout refaire », et il présentait à l'appui une note de 1102 fr. 50. Tous enfin finirent par être casés et les Autrichiens ne furent pas exposés soit à bivouaquer en plein air, soit à expulser les habitants de leurs maisons.

Depuis qu'ils avaient franchi la frontière, Dijon était la première ville importante dans laquelle entraient les Autrichiens. Déjà fatigués par leurs marches rapides et par les combats qu'ils venaient de soutenir, ils arrivaient dans la vieille cité bourguignonne comme dans un port de salut, où ils espéraient non seulement se reposer, mais encore reprendre des forces nouvelles. Aussi les premiers moments de l'occupation furent-ils pénibles. Les soldats et leurs officiers se répandaient au hasard dans les rues, pénétraient dans les maisons qui leur présentaient l'apparence du bien-être, et, brutalement, exigeaient ce qu'ils n'auraient dû obtenir que contre des bons de réquisition réguliers. Bien des désordres sans doute eurent lieu, bien des insolences furent subies, bien des outrages infligés, dont la trace officielle ne s'est pas maintenue, mais dont le souvenir persista, car l'épithète de Kaiserlick fut longtemps considérée comme une san-

---

par ordre de monsieur le maire, le 19 janvier 1814, pour l'usage du prince de Hesse-Hombourg et de son état-major.

glante injure, et quelques-uns des enfants d'alors ont répété qu'à l'école ou dans les promenades, pareille épithète, lancée par l'un d'eux, amenait pour riposte immédiate quelque vigoureuse bourrade. Aussi bien nous trouvons dans les registres (1) de la municipalité, à la date du 29 janvier, une lettre du maire au prince de Hesse-Hombourg, qui constate à la fois les excès et les désordres de la première heure : « Il n'y a plus de salut pour la ville de Dijon que dans la clémence de Votre Altesse, et ses malheureux habitants, convaincus par ce qu'elle a déjà daigné faire pour eux de ses sentiments de justice et de bonté, viennent de nouveau implorer sa généreuse protection, etc. »

La réclamation du maire ne fut pas inutile. La partie militaire n'était pas encore gagnée. Avec un rival aussi redoutable que Napoléon, il fallait toujours s'attendre à quelque retour offensif, et, par conséquent, se ménager une porte de retraite. Si on exaspérait les Dijonnais par d'inutiles brutalités, on s'exposait, en cas de revers, à quelque Vendée bourguignonne. Le prince de Hesse-Hombourg s'empressa de faire droit aux réclamations du maire et ce dernier, dès le 30 janvier, prévenait (2) ses concitoyens « que le grand passage des troupes était fini, que son Altesse le prince de Hesse-Hombourg avait pris toutes les mesures pour maintenir parmi ses troupes la plus exacte discipline, et qu'en conséquence les marchands pouvaient sans crainte ouvrir leurs magasins et boutiques, et compter sur le maintien de l'ordre et de la tranquillité. »

Dijon fut donc préservé d'une exécution militaire, que

---

(1) Archives municipales, 1814, page 11.
(2) Registre 1814, p. 13.

rendaient possible la soif de vengeance ou plutôt les convoitises des alliés, mais l'occupation autrichienne n'en fut pas moins très rigoureuse (1). Nous n'en voulons d'autre preuve que les très nombreuses réquisitions dont furent alors accablés nos concitoyens. Rien de plus instructif que l'étude des divers documents relatifs à ces réquisitions. Ils forment dans nos archives diverses liasses, dont on nous saura gré de donner une rapide analyse. Ce sera la meilleure des réponses à opposer à ceux qui, nous ne savons trop pourquoi, s'obstinent à dire que les alliés, en 1814, se comportèrent en amis et ménagèrent à la fois l'amour-propre et la fortune de la nation. Il se peut en effet, qu'ils n'aient pas, à ce moment, abusé de la victoire, car la France était toujours la grande nation et les victoires extraordinaires, qu'elle avait remportées depuis 1792, lui donnaient un réel prestige, mais les alliés, s'ils ne s'attachèrent pas à humilier nos pères, ne se privèrent pas de chercher à les ruiner. Qu'on en juge plutôt!

De janvier à mai 1814 furent délivrés près de sept cents bons de réquisition (2). Nous parlons des bons réguliers, de ceux qu'on a conservés comme pièces justificatives dans nos archives. Ils sont d'abord manuscrits, et d'écritures différentes. Les premiers arrivants semblent

---

(1) *Mémoires de Mme de Chastenay*, t. II, p. 279. « Le comte de Stadion logé dans la maison de Mme de Mazirot (à Châtillon) ma parente l'avait obligée d'en sortir, et, durant tout le temps qu'il y séjourna, la maison fut comme au pillage. Il était convenu qu'il devait faire lui-même les dépenses de sa table, mais le bois, les provisions, tout ce qui appartenait à Mme de Maizirot fut consommé à son usage. »

(2) Note de l'imprimeur Frantin dès le 14 janvier 1814 : 4,000 bons de viande, 4,000 de vin, 4,000 livres de pain, 2,000 de fromage, 200 avis du maire. Dès lors les fournitures continuent.

avoir hâte de prendre possession de la ville, de jouir de ses ressources, et ils rédigent ces bons. Le premier est daté du 19 janvier. Ordre est donné d'envoyer immédiatement une pièce de vin et quatorze livres « de pain bourgeois » aux soldats de garde au moulin Bernard. Bien qu'aucun document ne nous autorise à le dire, il est probable que les autres postes ne furent pas oubliés, et que, dans cette première journée d'occupation, les Autrichiens s'empressèrent de vérifier si la réputation des vins de Bourgogne n'était pas surfaite. Aussi bien dans les premiers jours, ils ne songèrent qu'à manger et qu'à boire. Tous les restaurateurs d'alors durent tenir table ouverte, jour et nuit, et faire une large brèche à leurs provisions. Ainsi le 22 janvier « par ordre de la mairie de Dijon, le sieur Gaudriot, aubergiste de la Cloche d'Or, est requis de fournir aujourd'hui, à trois heures, un dîner de seize couverts à son Altesse le prince de Schwarzemberg ». Le dîner coûta 280 francs. A la date du 26 février, la note de Gaudriot s'élevait à 2102 francs : on y remarque beaucoup de vins fins, surtout du Volnay, peu de Champagne, mais des liqueurs et du café en abondance.

Les Autrichiens songent aussi, dans ces premiers jours de l'occupation, à remettre en ordre leurs chaussures, éprouvées par les longues marches à travers la neige. Tous les cordonniers de la ville sont appelés à l'honneur de réparer les bottes de MM. les officiers et sous-officiers. Dès le 21 janvier nos vainqueurs se préoccupent déjà de l'effet à produire, car ils réquisitionnent ce jour-là cent livres de craie et cent livres de terre de pipe, sans doute pour faire reluire les boutons d'uniforme et les harnachements. Bientôt le naturel reprend le dessus et la bureaucratique Autriche semble vouloir démontrer que, même en pays ennemi, elle ne renonce à aucune de ses manies paperassières. En effet pas un jour ne se passe sans que ne soient réclamés des rames de papier, des écritoires, des canifs, de la cire à cacheter, des cachets (1), ou « des vases (2) pour mettre du sable à l'usage de l'écriture et deux petites cuillères pour le même usage ». Ce ne sont pas seulement les papetiers qui contribuent de la sorte à fournir les nombreux bureaux improvisés par l'état-major: on s'adresse également aux épiciers pour avoir des boules de gomme élastique (3), et les secrétaires de tailler et de retailler leurs plumes, de gratter et d'effacer, sans oublier pour autant, bien qu'on soit en plein hiver, d'absorber des flots de bière, car, le 24 janvier, les seuls gratte-papier installés à la mairie commandèrent « cent bouteilles de bière pour les officiers attachés au commandement de la place qui tiennent leur bureau à la mairie ».

Pendant ce temps le prince de Hesse-Hombourg charmait ses loisirs en se livrant aux plaisirs de la lecture. Il faisait prendre chez le libraire Noëllat quatre volumes de Mme du Deffand, la sentimentale romancière, l'*Itinéraire de Paris à Jérusalem*, par Châteaubriand, l'*Elisabeth*, de Mme Cottin, le bas bleu à la mode, et deux plans de Dijon ; mais il n'oubliait pas sa garde-robe, et, par réquisition du 21 janvier, gardait, pendant douze jours, dix cordonniers pour son usage personnel. Mêlant l'utile à l'agréable, il signait un bon pour trois pièces de rubans, des

---

(1) Réquisition de cachets aux armes d'Autriche, et mémoire du graveur Pilart (4 pièces). — Réquisition de cachets pour les divers services de l'armée autrichienne et mémoire du graveur Groillet (8 pièces).

(2) Réquisition du 30 janvier. Le papetier Bernard, sommé de fournir ces vases, profitera même de l'occasion pour présenter une note de 12 fr. 90.

(3) Réquisition Valot, du 30 janvier.

faveurs. On se demande avec étonnement à quel usage il les destinait, car le moment était bien mal choisi pour envoyer des dragées à ses amis d'Allemagne. Il est vrai que, le même jour, il ordonnait une réparation « à une pièce d'artillerie de *Sa Majesté* le prince de Hesse-Hombourg », le tout sans oublier beaucoup de pièces de vin pour ses soldats, et des bouteilles de vins fins, surtout du Volnay, pour sa consommation personnelle.

Avec le mois de février tout se régularise, car les bureaux sont alors installés, et tout un monde de secrétaires, de copistes et de surnuméraires s'agite et se démène. Aussi les bons de réquisition ne sont-ils plus improvisés pour les besoins de la cause, c'est-à-dire écrits sur n'importe quel papier et par le premier venu. On les a imprimés et voici comment (1) ils sont libellés : « D'après les ordres de Son Altesse le prince de Hesse-Hombourg vous êtes requis de fournir sur-le-champ la quantité de... pour l'usage des troupes autrichiennes. Cette fourniture vous sera remboursée par la ville, à vue de la présente, revêtue du récépissé de la personne qui en aura reçu l'objet. Le maire... Dijon le... » Rien de plus varié que les diverses demandes formulées par l'administration. Ainsi, à la date du 1er février, on demandera au sieur Bonnet « un écritoire en corne qui puisse contenir de l'encre, du sable et des plumes » ; à Galliac deux paires de ciseaux et deux canifs ; à Goujon quatre lanternes en

(1) Voir l'arrêté du 10 février 1814 : « Le maire de la ville de Dijon, considérant qu'il importe d'assurer les intérêts des personnes qui ont satisfait aux réquisitions faites par les puissances alliées, considérant qu'à cet effet il devient urgent de régulariser les récépissés, conséquemment de désigner une personne qui sera chargée de les vérifier et d'en joindre copie aux ordres de réquisition, arrête : M. Saunac est adjoint à M. Tardy pour l'examen et la vérification des récépissés. »

verre ; à Loriot une pièce de vin, et à Rozier dix caisses pour le service de l'artillerie ; le 2 une provision de bougies et une table commune pour le magasin de fourrage à Jolyet, trente bouteilles d'eau-de-vie à Moiton et douze livres de chandelles à Richard ; le 3 une rame de papier ministre à Bligny, quatre rames de papier, deux paquets de plumes, quatre bâtons de cire et une bouteille d'encre à Banchelin, et cinquante livres de chandelles à Hémery. Le 4 on s'occupe de la fabrication du pain pour les militaires et on empruntera à divers fournisseurs « un brancard à porter le pain, six rouleaux à pâte, deux feuillettes vides pour transporter l'eau nécessaire et deux tables appelées tours à pâte ». En outre, comme il ne faut pas oublier les bureaux, le sieur Vauthier fournira douze bouteilles d'encre et une « règle conforme à celle qui a été présentée ».

Il semble vraiment que cette préoccupation bureaucratique tient une place prédominante, car, dès le lendemain 5 février, le sieur Jeannin, ébéniste, sera prié d'apporter à l'hôtel de ville « dix-huit règles de bureau d'un joli bois, dont douze plates et six carrées », et le sieur Georges, papetier, n'oubliera pas « six mains de papier ministre, six rames de papier ordinaire, une livre de cire d'Espagne, une boîte de pains à cacheter, deux paquets de plumes et deux crayons. » Le 10 on réclamera pour la chancellerie du général Furstenwerth six mains de papier ordinaire, une boîte de pains à cacheter, une demi-livre de cire d'Espagne et une main de papier ministre au même Georges ; le 11, douze crayons « de bonne qualité » à Bonnet ; le 12, le 14 et le 15, encore des fournitures de bureau, surtout de la gomme élastique.

Il est un article à la possession duquel les Autrichiens

semblent avoir attaché un grand prix : des cartes soit de France, soit du département. Il est probable que les officiers n'avaient pas alors dans leur équipement, comme ils l'ont aujourd'hui, une provision de cartes. Était-ce que l'invasion du territoire n'avait pas été préméditée, ou bien que les ressources cartographiques faisaient réellement défaut? Toujours est-il qu'ils se munirent en hâte de tout ce qui était disponible dans les magasins de Dijon. Dès le 9 février, ordre de fournir et de coller tout de suite une carte de France. Le 11 réquisition à Gaulard des cartes de Cassini où se trouvent la Côte-d'Or, la Haute-Marne et les départements de l'ancienne Bourgogne. Le 13, réquisition au libraire Lagier de douze cartes de Bourgogne par Cassini ; le 28, à Dubarry de trente cartes de Bourgogne et d'une carte des montagnes de France.

Le prince de Hesse-Hombourg s'était adressé directement à la bibliothèque municipale, et avait envoyé demander au bibliothécaire, alors Vaillant, la grande carte de Bourgogne en quinze feuilles et la description de la province par Courtépée et Béguillet. Vaillant demanda une décharge. Le secrétaire du prince la refusa et se plaignit en haut lieu de la mauvaise volonté du bibliothécaire. Il n'avait pourtant fait que son devoir, mais il fut traduit devant une commission spéciale et reçut une forte mercuriale. Vaillant déclara aussitôt qu'il se démettait de ses fonctions et remettait les clefs de la bibliothèque au prince de Hesse-Hombourg. Ce dernier, ramené à de meilleurs sentiments, déclara qu'il les acceptait, mais pour les rendre à Vaillant, qui recueillit ainsi tout l'honneur de son attitude à la fois ferme et correcte (1).

(1) *Mémorial* de J. Bénigne Toussaint, 20 février.

Les Autrichiens n'oubliaient pas pour autant de satisfaire à leurs besoins matériels. On trouve de nombreux bons de réquisition pour de l'eau-de-vie (1), du vin, des cuirs (2) sans parler du fourrage, du pain, de la graisse, etc. (3). Nos hôtes forcés ne se privaient pas non plus des objets qu'on pourrait qualifier d'objets de fantaisie. A la date du 7 le sieur Jodoin ne reçoit-il pas l'ordre d'apporter à la chancellerie « un bâton de jonc emmanché », et dès le lendemain, le sieur Dubois n'est-il pas requis « de fournir une canne de jonc pour un sergent autrichien » ? Le 9, les Autrichiens réclamèrent cinq caisses de sapin ferrées pour y enfermer des fusils, et le 10 « une cloche du poids de trente livres ». Voici, à la date du 13, une demande de six douzaines de mèches à quinquet, et, à celle du 20, la façon « d'un habit, d'un spencer et d'un caleçon » pour un officier qui désirait renouveler sa garde-robe, mais omettait de faire connaître son nom. Que dire des quatres toises de six pieds demandées le 21 à Conquand, et, à la date du 26, de « ces douze porte-cigares ordinaires et deux des plus beaux que le sieur Duboz remettra au porteur de la présente : lesquels porte-cigares il renfermera dans une boite » ?

(1) Réquisition du 5 février à Lebœuf. — Réquisition du 26 à Pingaud « de cinquante bouteilles d'eau-de-vie qui doivent être distribuées à des Cosaques, qui arrivent dans une heure ».

(2) Dès le 3 février on ne trouvait plus de cuirs à Dijon. Lettre du maire au major de la place, baron de Lunden, pour le prévenir que les réserves sont épuisées, mais qu'on va en demander aux villes voisines, et que, dans tous les cas, « on aura soin de le servir des premiers ». Archiv. municipales, 1814, p. 18.

(3) Réquisition du 26 à Pujol de cinquante harengs et six cents noix, — du 13 à Lucotte, de 859 livres de chanvre et de sept milliers de clous de deux pouces.

Ces réquisitions n'étaient pas du goût de tout le monde. Parfois il arrivait que des récalcitrants refusaient d'obéir ou n'obéissaient que contraints et forcés. De là des querelles qui pouvaient dégénérer en rixes et provoquer de redoutables conflits. Le préfet Cossé-Brissac fut obligé de rappeler ses administrés au sentiment de la situation, et les engagea à se résigner. Voici la proclamation qu'il leur adressait le 17 février, après s'être concerté avec le major autrichien, baron de Bartenstein : Étant informé qu'il existe dans quelques communes du département des habitants qui non seulement refusent de satisfaire aux réquisitions qui leur sont faites au nom des puissances alliées, mais qui excitent encore leurs concitoyens à suivre leur dangereux exemple ; que, pour légitimer leur opposition, ces malveillants répandent le bruit que les voituriers qui conduisent les réquisitions éprouvent des mauvais traitements, et qu'on les force quelquefois d'aller bien au delà de leur destination sans recevoir aucune indemnité pour ce service extraordinaire... » Suit un arrêté en quatre articles donnant tout pouvoir aux maires : « Ils sont chargés de nous faire connaître tant ceux qui n'exécuteront pas les réquisitions, que ceux qui par leurs propos exciteraient leurs concitoyens à ne pas les exécuter, afin qu'il soit pris à l'égard des uns et des autres les mesures sévères qu'exige le maintien de la tranquillité publique. »

On n'a conservé que cent cinquante-trois bons de réquisition pour le mois de mars. Ils sont, comme auparavant, très variés. Ainsi, à la date du 1ᵉʳ, on demandera de très nombreux bons de pain, « une petite caisse devant fermer avec un cadenas », cent livres de chandelle, un balai de crin, deux brouettes de meunier, et cinq cents plumes du numéro 60 (1). Énumérer toutes ces pièces deviendrait fastidieux. Contentons-nous d'indiquer les plus singulières : le 5 mars quatre cordonniers, Nief, Jouanne, Sicardet et Mairet, devront aller tout de suite chez le capitaine Vogel pour y raccommoder quelques paires de souliers, et le sieur Simon, avec non moins de hâte, apportera huit bouteilles d'eau-de-vie dans les bureaux de l'Hôtel de ville. Le 9 le cordonnier Boudron recevra la commande de dix-sept paires de bottes pour des Cosaques ; le 13 Gastaldy fournira, au prix de 17 francs, « une canne de jonc pour un sergent-major du régiment de Lusignan », et, le 15, Collot « apportera trois cents pains à cacheter de large dimension pour apposer des cachets. » Cinq douzaines de balais sont réclamés à Gadoux le 21, et deux douzaines, le 24, à Petit. Le 25 grande fourniture de vaisselle demandée à Ledeuil, et le 27 Schucht apportera « six verres à vin de Champagne et six verres à bon vin pour Son Excellence le ministre de la guerre à la Sénatorerie ». Le 31, arrive un détachement d'artillerie wurtembergeoise, apparemment bien dépourvu, car il a besoin de tout, et réclame tout, pain, vin, graisse, harnachements, roues de rechange, instruments de tout genre. Ne réclame-t-il pas encore quatre livres de sucre, une demi-livre de poivre, et, on se demande vraiment pour quel usage, deux cents bouchons !

Au mois d'avril cent dix-sept bons de réquisition, quelques-uns assez étranges. Ainsi le 2, le maréchal-ferrant Méry sera requis de céder pour quelques jours

---

(1) Réquisitions Bélorgey, Pallereau, Dalot, Richard, Jacquinot, Richarme.

une partie de sa boutique aux maréchaux du général Pausch, et les tailleurs Miche et Alaïs devront tout quitter pour confectionner des dolmans destinés aux hussards de Blankenstein. Le 4, l'épicier Chocarne fournira trois cents lampions qui seront posés devant l'Hôtel de ville, sans doute pour éclairer le bivouac installé sur la place d'Armes. C'est à ce même bivouac qu'on apportera d'urgence une feuillette de vin et soixante-deux livres de fromage. Le 5 on réclame trois manches de lances, dont on fournira le bois, à l'usage des Cosaques, le 6 (1), deux livres de sucre pour le régiment d'Erlach : mais le sucre était alors, par suite du blocus continental, une denrée fort rare, et l'épicier réquisitionné répond qu'il n'en a plus à sa disposition qu'une livre et demie. Le 11 on demande trois cents lampions et quatre torches, six mille pains à cacheter blancs, conformes au modèle, et comme, paraît-il, les objets fournis avaient plu, dès le 22, nouvelle demande de douze cents pains à cacheter blancs, toujours du même modèle. Le 16 on demandera au bandagiste Buffard « deux petites seringues à injection pour l'hôpital des Capucins » et quatre livres d'étoupes au nommé Pihoué pour le pansement des chevaux. Le 25, un officier, doué de sens pratique, obtiendra contre le savetier Ancemot une réquisition « pour remonter tout de suite une paire de bottes », et, le 29, un autre savetier, Jouanne, sera sommé de recevoir dans sa boutique « deux ouvriers cordonniers de la garnison pour raccommoder des souliers. » Nous ne parlons que pour mémoire des fournitures de bureau, des

(1) Réquisitions du 6, canifs, deux rames de papier à Vauthier ; — du 12, papier de chancellerie à Vauthier ; — du 20, douze bouteilles d'encre pour les bureaux du commandant de place.

bouteilles d'encre qui sont incessamment renouvelées, des mains de papier, des douzaines de crayons, « des grandes écritoires pour le bureau du commandant » et des « grands ciseaux pour couper le papier ». L'Autriche se croirait perdue si les bureaux ne fonctionnaient pas, et ils fonctionnaient avec une activité singulière.

Sur ces entrefaites Paris avait succombé, l'Empire avait disparu dans la tourmente. Les alliés n'avaient plus qu'à signer la paix et qu'à rentrer dans leurs foyers. Mais, bien que cette paix fût virtuellement conclue, le système des réquisitions était si commode qu'il continua. Pendant le mois de mai, on délivre encore quarante-trois bons de réquisition. Ce ne sont plus, il est vrai, des objets de fantaisie. On continue à réclamer encore du papier et de l'encre, mais on songe au prochain départ et on s'organise en conséquence. C'est ainsi que le 1er mai Duthu sera prié de porter douze marmites à la caserne de refuge et que, le 2, tous les tripiers de la ville, il y en avait alors seize, seront convoqués pour fournir de la graisse. Le 10, les cordiers Pihoué, Dambrun, Colin, Lucotte, Bardin, Enard et les trois Bidet devront tresser, avec le chanvre qui leur sera fourni par la préfecture, chacun soixante-douze traits de chevaux en corde et une livre de ficelle. A la date du 28, la mairie signe encore un bon de réquisition. Ce sont comme les dernières vagues de la tempête où a failli sombrer la France.

En dehors des réquisitions, qui furent parfois brutales et brutalement exercées, les relations entre occupants et occupés se maintinrent correctes, mais elles ne furent jamais cordiales. Les Dijonnais sans doute étaient fatigués, comme on l'était alors dans toute la France, de la tyrannie napoléonienne, mais l'Empereur n'en était pas moins le chef légal et universellement reconnu du pays. Malgré ses défaites, il conservait son prestige. Quant aux Autrichiens ils se savaient en pays ennemi, et ne se dissimulaient pas qu'à la première défaite il leur faudrait piteusement battre en retraite. Aussi prenaient-ils leurs précautions. Dès le 21 janvier, le général Klenau convoqua tous les fonctionnaires pour leur faire prêter serment de concourir à la tranquillité publique. Ce serment n'imposait que le strict accomplissement d'un devoir professionnel. Il ne froissait aucune susceptibilité. Aussi fut-il prêté sans opposition. Le 9 février 1814, nouvelle prestation de serment de fidélité ou tout au moins de neutralité, exigée par le comte d'Auersperg, chambellan de l'Empereur d'Autriche et gouverneur de la Côte-d'Or. Ce serment devait être écrit. Aussi plus d'un fonctionnaire se montra-t-il disposé à ne pas signer un pareil engagement : mais le préfet, assisté de son conseil, se prononça pour l'affirmative, et il n'y eut plus qu'à obéir. Trois semaines plus tard, lorsque le baron de Bartenstein, nommé gouverneur général à titre provisoire des quatre départements de la Côte-d'Or, de l'Yonne, de la Haute-Marne et de l'Aube, voulut imposer un nouveau serment beaucoup plus explicite, il se heurta à un mauvais vouloir absolu. Ce serment était ainsi conçu (1) : « Je jure que je ne ferai rien de contraire à la sûreté et à la tranquillité des armées alliées, que j'administrerai les affaires publiques que l'on me confiera d'après les ordres que je recevrai et pour le compte des puissances alliées, et que je me soumettrai sans réserve aux ordres

(1) Journal d'Henrys Marcilly.

des administrations préposées, et principalement aux ordres du gouverneur général. » La cour d'appel, à l'unanimité, refusa de signer un engagement qui lui semblait, à bon droit, contraire à l'honneur. Elle députa au gouverneur le président Guillemot, le conseiller Riambourg et l'avocat-général Nault. Après de longs débats on finit de part et d'autre par s'entendre pour la rédaction suivante : « Je jure que je ne ferai rien de contraire à la sûreté et à la tranquillité des armées alliées et que je continuerai à remplir avec zèle et exactitude mes fonctions, au nom de mon gouvernement, et conformément aux lois de l'État.. »

Quelques Dijonnais pourtant, moins prudents ou moins patriotes, avaient cru pouvoir prendre les devants, et étaient allés offrir leurs services au czar Alexandre, pendant son séjour à Langres. Ils prétendirent que l'Empereur les avait bien reçus, ce qui était en effet probable, et qu'il leur avait promis de rétablir Louis XVIII, ce qui était beaucoup moins sûr, car la question militaire n'était pas encore tranchée. Prenant leurs désirs pour des réalités, ils arrivèrent à se persuader et à répandre autour d'eux le bruit que les souverains alliés avaient l'intention d'entrer à Dijon, pour y proclamer Louis XVIII. « Beaucoup (1) de jeunes fous et de vieux étourdis, écrit un témoin oculaire, avaient déjà un habit d'uniforme, orné de fleurs de lis ; ils s'étaient procuré des chapeaux à corne retapés à la française, et ornés d'une fleur de lis. L'enthousiasme leur faisait perdre la tête. » Le prince de Hombourg ne crut pas devoir s'associer à ce mouvement. Il garda un silence de com-

---

(1) Journal de J. Bénigne T. à la date du 1er février.

mande, et se contenta de répondre aux meneurs qu'il ne connaissait que sa consigne. Aussi bien ces royalistes de la première heure n'étaient pas nombreux, à peine une soixantaine (1), et tout ce qu'il y avait d'intelligent dans le parti les désapprouvait. Un ancien notaire, jadis fameux par l'exaltation de ses opinions révolutionnaires, M..., crut néanmoins que le moment était venu de faire du zèle. Le 30 janvier, il parcourut tout Dijon avec une énorme cocarde blanche à son chapeau. Le baron de Lunden, commandant de la place, ne goûta pas cette manifestation. Il fit arrêter le malencontreux notaire, et le retint en prison chez lui. Le moment n'était pas encore venu pour les Dijonnais de proclamer leur royalisme de fraîche date.

Le gouverneur autrichien, s'il se défiait des manifestations intempestives, n'aurait pas été fâché cependant de se sentir sur un terrain solide. Il aurait voulu pouvoir tenir tous les fonctionnaires sous sa dépendance directe : aussi gardait-il rancune à ceux d'entre eux qu'on lui avait présentés comme dirigeant l'opposition. Sous prétexte de mauvaise volonté notoire de la part des Dijonnais, et de quelques velléités de résistance, ne s'avisa-t-il pas, le 21 février, de prendre des otages et de les diriger, par un temps très rigoureux et avec des moyens de locomotion tout à fait primitifs, sur Baume-les-Dames, où ils furent traités en prisonniers de guerre. La cour impériale fournit trois de ces otages, le premier président Larcher, le procureur général Ballant et le président de chambre Buvée (2). On leur adjoignit le professeur Jaco-

---

(1) On cite parmi eux Berbis de Rancy, de Meillonas, d'Archiac, Dubois d'Aisy, Ligier, Lebelin de Chatellenot, Mairetet de Malmont, etc.

(2) Buvée, né à Mirebeau, 13 février 1762, juge de paix à Mirebeau,

tot (1), Frémiet, contrôleur des contributions directes, et Vaillant, secrétaire général de la Préfecture. De ces six victimes de la brutalité autrichienne, l'un d'eux, Ballant, avait un accès de goutte : on se décida à le laisser chez lui ; mais les cinq autres durent se résigner à partir escortés par des gendarmes. La cour d'appel adressa aussitôt une protestation au prince de Hesse, et, comme elle ne reçut pas de réponse, elle lui envoya en députation le président Morizot et les conseillers Henrys Marcilly et Benoît. Les magistrats furent bien reçus et on leur donna de bonnes paroles : ils ne s'en contentèrent pas, et renouvelèrent leur demande (1er mars). Le général Brianki, qui les reçut, promit d'écrire le jour même en leur faveur au généralissime, prince de Schwarzemberg, mais les otages ne furent mis en liberté que le 17 mars. Le président Larcher remontait sur son siège dès le 21, mais les quatre autres prisonniers ne voulurent pas s'exposer à un second voyage par force, et ils ne regagnèrent leurs foyers qu'après le départ des Autrichiens.

Si les ennemis s'étaient montrés si impitoyables, et s'ils avaient recouru à ces odieux moyens de répression, qui, cinquante-six ans plus tard, seront renouvelés dans

---

1790 ; membre du Conseil des Cinq Cents ; assiste au 18 brumaire ; juge à Dijon, 1807 ; président de 1807 au 12 décembre 1811 ; conseiller, puis président. Ne fut pas compris, en 1816, dans la réorganisation de la magistrature. Réintégré, en 1830, sur sa demande, dans les fonctions de juge de paix.

(1) Jacotot, né à Dijon, 1770. Professeur au collège avant 1789 ; engagé volontaire ; capitaine d'artillerie ; professeur de mathématiques transcendantes à l'École centrale de Dijon ; sous-directeur de l'École polytechnique ; représentant pendant les Cent Jours, exilé en 1815 ; résida en Belgique jusqu'en 1830. Inventeur de la méthode Jacotot pour l'étude des langues.

la même ville et avec plus de rigueur encore, c'est qu'ils avaient subi à la fin de février une série d'échecs, qui avaient singulièrement compromis leurs premiers avantages. Ce fut lorsque Napoléon eut remporté sur les alliés cette série de victoires à Champaubert, à Montmirail, à Château-Thierry, à Nangis, à Montereau, à la suite desquelles Prussiens et Autrichiens, vaincus et refoulés, se crurent à la veille d'être forcés d'évacuer le territoire français. Toutes leurs colonnes étaient alors ramenées en arrière. Comme l'a écrit Ségur, « leurs dehors gardaient encore quelque contenance, mais au dedans régnaient le trouble et la confusion, précurseurs des catastrophes. L'attitude découragée des plus présomptueux, les défiances intestines, les reproches mutuels, tout annonçait que cette machine, composée de parties hétérogènes, était près de se dissoudre. » A l'exception des Prussiens et de quelques Russes qui voulaient continuer la guerre et à tout prix marcher sur Paris, le découragement était grand dans les états-majors. Malgré la résistance de Blücher, la retraite sur Langres fut décidée et cette retraite faillit se convertir en déroute. Lorsque les paysans d'Alsace et de Lorraine virent arriver ces interminables convois de blessés et de malades qui revenaient des champs de bataille de la Champagne, lorsqu'ils assistèrent au mouvement en arrière de toutes les troupes, un long frémissement de joie secoua la France entière. Ces espérances ne devaient pas se réaliser. Napoléon avait joui du dernier sourire de la fortune. D'importants renforts arrivaient aux alliés. Augereau leur laissait libre le chemin de la retraite. Des Français, égarés par la passion politique, les mettaient au courant de tout ce qui se passait à Paris et ne leur cachaient pas que, malgré les victoires des deux dernières semaines, malgré les prisonniers et les trophées qu'on avait promenés dans les rues de la capitale, la bourgeoisie découragée accepterait avec résignation un changement de dynastie. Aussi résolurent-ils non seulement de tenter de nouveau la fortune des armes, mais encore de resserrer leur alliance. Par le traité de Chaumont, à la date du 1er mars 1814, ils contractèrent pour vingt ans une alliance offensive et défensive, et s'engagèrent à poursuivre la guerre avec toutes leurs ressources et à ne jamais conclure de paix séparée.

Pendant ce temps les Dijonnais avaient passé par toutes les alternatives de l'espoir et de l'abattement. Ils avaient vu dans les rues de leur ville se succéder les colonnes de blessés et de malades. Ils avaient assisté au départ précipité de l'empereur d'Autriche et de son état-major. Un instant ils s'étaient même crus délivrés de l'occupation étrangère, surtout quand on leur communiqua le fameux ordre du jour du général Alix (2 mars), prescrivant la levée en masse et la résistance à outrance. « Que tout citoyen armé prenne les armes. Tout citoyen armé est reconnu soldat. Tout chef de troupe est reconnu officier. Il s'agit de détruire les débris d'une armée vaincue. Toutes armes sont bonnes, armes à feu, faulx, fourches, crocs de rivière. Que chacun combatte à outrance les barbares qui ravagent nos campagnes ; que partout ils trouvent dans les forêts de la Bourgogne, dans les défilés et sur les rivières, les embuscades qui leur ferment tout passage ; que partout on enlève les détachements et les reconnaissances de l'ennemi ; qu'on sonne le tocsin de toutes parts, qu'il soit le signal du ralliement et de la prise d'armes. » Il est certain que si la France entière, saisie de la fièvre patriotique, eût couru aux armes, comme le conseillait Alix, les alliés risquaient fort de ne pas repasser le Rhin. La guerre de guérillas, comme on venait de la faire en Espagne à nos dépens, convenait au caractère national. Pourquoi Napoléon n'a-t-il pas décrété la levée en masse, comme aux grands jours de 1793 ? Tous les vieux soldats auraient décroché leur fusil de chasse, les femmes et les enfants eux-mêmes auraient couru aux armes, comme ils le firent en mainte localité. Il aurait fallu étendre et régulariser ce mouvement. Napoléon ne l'osa pas, et il eut grand tort. La meilleure preuve en est que les alliés redoutaient cette explosion de fureur nationale. A peine eurent-ils connaissance de l'ordre du jour d'Alix que le généralissime Schwarzemberg prit une série de mesures draconiennes destinées à en paralyser l'effet (Troyes, 10 mars 1814). « 1° Tout individu pris les armes à la main et faisant partie de la levée en masse, sera traité en prisonnier de guerre et conduit dans les provinces éloignées des états des puissances alliées. Tout habitant de ville ou de campagne qui aura tué ou blessé un militaire des armées alliées, sera traduit devant une commission militaire et fusillé dans les vingt-quatre heures. 2° Toute commune où sera sonné le tocsin dans le but de soulever le peuple, sera livrée aux flammes. 3° Toute commune dans laquelle aura été commis un assassinat sera responsable du fait. 4° Tout commandant de corps est autorisé... à enlever des otages choisis parmi les citoyens les plus notables. 5° Toute commune dont les habitants se porteront en masse à des voies de fait contre les troupes alliées sera livrée au pillage et aux flammes. 6° Tout colporteur d'ordre tendant à faire exécuter une des dispositions prévues par la publication du général Alix qui tombera au pouvoir des alliés, sera regardé comme espion et fusillé sur-le-champ. 7° Tous les prisonniers français répondront de chaque voie de fait que l'on se permettrait contre des militaires que le sort des armes ferait tomber au pouvoir des armées françaises. »

A Dijon il était difficile de ne pas obéir puisqu'on avait en quelque sorte le couteau sur la gorge, mais tout ce qu'il y avait dans la population de viril et d'énergique n'attendait qu'une occasion pour se ruer sur les Autrichiens. On aurait volontiers fait contre eux le coup de feu, comme les habitants de Montereau qui, lors de la terrible bataille du 18 février, s'étaient joints à l'armée régulière pour essayer de couper la retraite aux ennemis. Chaque jour, et malgré la présence d'une forte garnison, éclataient des rixes. Dans la nuit du 16 au 17 mars, quelques soldats autrichiens furent assaillis et fort maltraités par quelques vignerons et ouvriers qu'exaspérait leur outrecuidance. Le commandant de place, baron de Lunden, eut un instant l'intention de sévir, mais une exécution militaire aurait provoqué une émeute. Il se contenta de faire arrêter les coupables, et écrivit au maire la lettre suivante : « L'événement arrivé le 16 dans la ville prouve avec quelle facilité le peuple se laisse abuser ; il ne prévoit pas que lui seul est victime de la malveillance : c'est pour le sauver de l'abime où on le précipite, c'est pour garantir la ville des malheurs affreux auxquels ils l'exposent, que j'ai fait arrêter les meneurs, qui, n'ayant rien à perdre, ne pourront que gagner au pillage qu'ils veulent provoquer et à l'incendie qu'ils cherchent à allumer. Que les habitants paisibles et honnêtes se rassurent ; ils continueront à jouir de la tranquillité, qui, depuis deux mois, époque de notre entrée, n'a cessé de régner : mais que les coupables tremblent ! Un rapport vient d'être adressé à Son Altesse le prince héréditaire de Hesse-Hombourg et ils doivent s'attendre à être jugés d'après toute la rigueur des lois militaires. » A Is-sur-Tille, dans un des villages de la banlieue, l'attaque inconsidérée de quelques jeunes gens faillit entraîner la ruine du pays. Ils avaient appris que le payeur de l'armée autrichienne se rendait de Chaumont à Dijon, escorté seulement par quelques domestiques. Espérant saisir le trésor de l'armée, ils allèrent s'embusquer dans le bois d'Asnières, mais le payeur ayant, contre toute prévision, passé la nuit à Is-sur-Tille, les conjurés, après l'avoir attendu en vain, se disposèrent à rentrer chez eux. Aperçus par l'escorte d'un troupeau de bœufs appartenant à l'armée autrichienne, ils furent poursuivis à outrance, et l'un d'entre eux fut arrêté et conduit à Dijon. Pressé et menacé, il finit par avouer le complot. Aussitôt le comte de Blankenstein fit occuper militairement Is-sur-Tille, menaçant de tout mettre à feu et à sang si on ne lui livrait pas les coupables. Il fit même arrêter leurs parents et leurs femmes. Il s'adoucit pourtant quand on lui proposa de racheter par une contribution volontaire la faute de quelques-uns. La contribution fut fixée à 1.670 fr. et payée au moyen d'une souscription publique ouverte parmi la population, heureuse de pouvoir enfin être débarrassée des Autrichiens (1).

Pendant ce temps, les événements avaient marché. L'Empereur n'avait pas réussi dans son attaque contre Blücher. Les batailles de Craonne et de Laon étaient restées indécises. Les alliés, de nouveau réunis, lui oppo-

---

(1) Le *Bien Public* du 2 avril 1895. — Ephéméride.

saient une masse accablante de forces. Il était à craindre qu'ils ne poursuivissent leur marche dans la direction de Paris ; mais on ne connaissait à Dijon que par ouï-dire les sanglantes tragédies de Champagne. Les bruits les plus contradictoires étaient mis en circulation. Chaque nuit des placards anonymes annonçaient les révolutions les plus étranges. Ce qui frappait le plus, c'est que l'Empereur d'Autriche, intéressé plus que tout autre à la conservation de la dynastie, en qualité de grand-père du futur Napoléon II, laissait dire et écrire autour de lui que les Bourbons étaient à la veille de rentrer en France. On en tirait comme conséquence que la chute de l'Empereur était arrêtée en principe entre les souverains alliés. Les partisans du gouvernement en était exaspérés : les royalistes au contraire ne cachaient plus leurs espérances. Il en résultait entre Dijonnais des discussions passionnées, mais qu'on n'osait pas encore exprimer de vive voix, car les alliés gardaient soigneusement le secret sur les opérations militaires, et on était réduit à des conjectures.

Dijon présentait alors une animation extraordinaire. L'empereur d'Autriche s'y était installé dès le 26 mars, à l'hôtel de Dampierre. « C'est un homme assez (1) grand, écrit un témoin oculaire, fort maigre, peu d'aplomb sur ses jambes. Sa démarche est incertaine et sans noblesse. Sa physionomie est presque nulle... c'est un souverain et on doit dire qu'il a l'air bonhomme. Si c'était un particulier, on dirait qu'il a l'air bête. » Bien que plusieurs Dijonnais aient cru nécessaire d'arborer des cocardes blanches et de pousser des cris en l'honneur de leur hôte, l'empereur gardait une prudente réserve. A (2) l'hôtel de

(1) *Mémorial* de J. Bénigne T. (27 mars).
(2) *Mémoires de Mme de Chastenay*, t. II, p. 279.

Dampierre « il ne quittait pas une fenêtre à travers les carreaux de laquelle il voyait le peuple, et en était également aperçu. On l'appelait l'Empereur sous verre. » En même temps que l'Empereur étaient arrivés le grand état major des princes, et une véritable légion de diplomates, tout prêts à prendre part à la curée. Les officiers, non contents des réquisitions, achetaient à grands frais tout ce qu'ils trouvaient à leur convenance dans les magasins de la ville, surtout de l'argenterie, des bijoux et des robes. Aussi les négociants n'avaient-ils pas, en somme, trop à se plaindre de l'occupation. Ils accueillaient avec politesse les officiers étrangers, surtout les Autrichiens et les Russes ; mais, en général, ils ne cachaient pas les sentiments de haine qu'ils portaient aux Prussiens pour leur brutalité et aux Anglais pour leur arrogance. Un jour une des dames les plus en vue de Dijon, Mme de B***, rencontra dans un des magasins de la ville quelques officiers qu'elle prit pour Autrichiens à cause de leur uniforme. Elle crut pouvoir parler à cœur ouvert en leur présence, et « s'écria que les Anglais étaient des monstres et qu'elle voudrait étrangler le dernier d'entre eux. Ces messieurs la remercient très poliment, et annoncent qu'ils sont membres de la légation anglaise. Jugez de la confusion de la pauvre dame ! Cependant elle ne s'est pas déconcertée. La conversation a continué, et ces messieurs ont fini par lui dire que, si elle voulait la paix, elle n'avait qu'à envoyer son mari armé d'un pistolet tuer le seul homme qui s'y oppose. Cela vous donne le thermomètre de l'opinion de ces messieurs (1) ! »

Pendant que les Dijonnais cherchaient ainsi à péné-

---

(1) Lettre de Peignot à Baulmont, de Vesoul, 30 mars 1814.

trer les secrets de l'avenir, et, placés en quelque sorte entre l'enclume et le marteau, étaient forcés de cacher leurs véritables sentiments et de ménager leurs vainqueurs, l'administration municipale essayait, tout en donnant satisfaction aux Autrichiens, de maintenir le bon ordre. Ce n'était pas toujours chose aisée, lorsque par exemple il fallait intervenir en faveur des habitants du hameau de Mirande, écrasés par les logements militaires. « Il est résulté de cette répartition évidemment excessive, écrivait à ce propos le maire au baron de Lunden (3 mars) que déjà quelques habitants complètement ruinés ont abandonné leurs fermes, que toutes les ressources des autres ont été épuisées en peu de jours, et qu'enfin, si de nouveaux cantonnements y étaient adressés, vos troupes ne pourraient plus trouver aujourd'hui chez les habitants les secours qu'elles ont le droit d'en exiger. » Tantôt (1) il s'agit pour le maire (15 février) d'assurer une réquisition de légumes frais sur les bords de la Saône, ou une réquisition de tonneaux (16 février); tantôt (2) (2 mars) il lui faut arrêter les dégâts commis dans les bois voisins de la ville par des citoyens nécessiteux, ou même par des personnes trop empressées de jouir de la sorte d'impunité qu'assuraient les circonstances pour violer à leur profit les règlements forestiers, et pour couper jusqu'aux arbres en bordure sur les grandes routes. « Considérant, dit l'arrêté, que cette violation du droit de propriété est d'autant plus répréhensible qu'en ce moment on s'occupe des moyens de fournir du bois à la classe indigente, nous décidons que les bois coupés seront confisqués et les délinquants poursuivis. » Le maire est encore obligé

(1) Archives municipales, registre 1814, p. 25.
(2) Id., p. 31.

de rappeler à la pudeur des délinquants d'un autre genre, et voici l'arrêté qu'il prendra, le 6 mars 1814, contre les dénommées Alexandre, Jacquin, et Jaillot, qui s'étaient montrées beaucoup trop hospitalières pour leurs hôtes de passage : « Considérant que ces filles sont un objet de scandale et qu'elles troublent, par le bruit qu'elles occasionnent, la tranquillité des voisins, il est enjoint aux susdénommées d'observer à l'avenir une conduite paisible, et de ne plus attirer des étrangers dans leur domicile, ou sinon la prison. »

Ce n'était pas seulement à la santé morale de ses administrés que le maire de Dijon était alors obligé de prêter son attention : il lui fallait encore se garer contre les dangers d'une épidémie probable, causée par l'encombrement des blessés et des malades dans les hôpitaux. Dès le 6 février il avait prié (1) tous les médecins et chirurgiens de vouloir bien se considérer comme en service permanent. « L'humanité vous en fait un devoir, leur avait-il écrit, et votre zèle m'est un sûr garant que vous déférerez à cette demande que j'appuie de tous mes vœux et de tous mes désirs. » Malgré la bonne volonté du corps médical, l'épidémie avait éclaté. Au 21 mars, Durande écrivait (2) à l'économe de l'hospice militaire des Ursulines que plusieurs cas de fièvre putride avaient été signalés, et qu'il était prudent de ne plus faire passer les cadavres par la rue Guillaume, mais par la rue Saumaise et la Porte-Neuve. Le 25 mars il prévient (3) l'économe de l'hospice des Capucins de la visite probable de l'empereur d'Autriche, et le prie d'avertir les médecins de se

(1) Archives municipales, registre 1814, p. 20.
(2) Id., p. 45.
(3) Id., p. 46.

tenir prêts à le recevoir. Le 19 avril, il invite (1) les personnes charitables à envoyer des cendres pour la lessive à l'hôpital, afin d'éviter les maladies contagieuses que ne manquerait pas de produire la malpropreté des linges mal lessivés. Cette multiplicité d'occupations nécessitait la présence continuelle à la mairie des membres de la municipalité. Aussi ne pouvaient-ils plus suffire à une besogne écrasante : ils (2) se virent forcés de fermer leur porte ou du moins de l'entr'ouvrir à de certaines heures et dans des conditions déterminées (21 mars) : « Considérant que, depuis l'invasion des puissances alliées, les affaires de la mairie se sont tellement multipliées qu'il est impossible d'y faire face, si l'on est détourné à chaque instant par des demandes qui sont le plus souvent inutiles et infructueuses, arrêtons : à dater de ce jour et jusqu'à ce qu'il en soit autrement ordonné, à l'exception de MM. les officiers autrichiens et autres militaires attachés à leur service, et des fonctionnaires civils, le maire n'accordera d'audience aux particuliers de Dijon que depuis cinq heures du soir jusqu'à sept. »

Certes il nous faut savoir gré aux conseillers de 1814 d'être ainsi restés avec tant de vaillance sur la brèche, et de ne jamais avoir reculé ni devant la responsabilité des mesures à prendre, ni devant les fatigues d'un travail incessant. Aussi Durande avait-il le droit d'adresser au prince de Schwarzemberg la lettre suivante (3), qui n'est pas une banale protestation, mais au contraire l'expression stricte de la vérité : « La mairie n'a pas eu besoin d'être réorganisée. Quel que fût le sort de nos habitants,

---

(1) Archives municipales, registre 1814, p. 63.
(2) Id., p. 45.
(3) Id., p. 19.

nous avons pensé que nous devions le partager, et d'ailleurs nous connaissons trop bien combien les intentions de Votre Altesse étaient bienveillantes pour éprouver quelque sentiment de crainte en restant à notre poste... Les magasins s'approvisionnent en toute diligence, mais l'activité des habitants du département prouve plutôt leur bonne volonté que leur état d'aisance. C'est souvent en se dépouillant du strict nécessaire que la plupart de nos villages font face à nos réquisitions : plusieurs sont épuisés. Ils ont donné à l'armée tout ce qu'ils possédaient, et, s'il reste un peu de numéraire, il sera bientôt absorbé par les dépenses d'entretien des hôpitaux et par les frais d'administration. »

Malgré les bruits contradictoires mis en circulation par les amis ou par les adversaires de l'Empereur, peu à peu la vérité se faisait jour. On apprenait que Napoléon, débordé par des forces supérieures, avait ouvert aux alliés le chemin de Paris, et, par une manœuvre désespérée, s'était jeté sur leurs derrières avec l'espoir de couper leurs communications, de rallier les garnisons de la frontière, et de livrer avec ces forces nouvelles une bataille décisive. Certes la conception était hardie et elle pouvait réussir : mais si, d'un autre côté, les ennemis, négligeant ce qui se passait en arrière, se dirigeaient sur la capitale en dispersant les corps épars qu'ils rencontreraient, n'était-il pas à craindre que Paris ne résistât pas et que le pays fût entraîné dans le naufrage de la dynastie! On était donc dans l'attente d'un grand événement, et nul n'ignorait que la partie décisive allait se jouer. Peignot, cet érudit bourguignon qui a tant écrit parce qu'il avait beaucoup amassé, était, comme tous ses contemporains, dans l'attente du dénouement qui approchait. A la fin de ce mois de mars, si fécond en péripéties dramatiques, il faisait part de ses impressions à son ami Baulmont, de Vesoul, et lui adressait ces lignes si éloquentes dans leur simplicité : « On paraît décidé à tout sacrifier pour assurer une longue paix à l'Europe, mais à quel prix, grands Dieux ! Cette puissance naguère si grande, si florissante, et maintenant si faible, si déchirée, si épuisée, jouira de cette paix, comme le cadavre jouit du repos dans le tombeau. Quelle crise, quel avenir effrayant pour plus d'un million de Français ! Le trône existe encore, mais, si l'on en croit les murs qui parlent, il est bien ébranlé, la charpente craque de tous côtés, et combien de mains y mettent la cognée ! s'il vient à s'écrouler quel fracas, et que sortira-t-il de ses débris ? une ombre de cette puissance jadis si glorieuse et devenue trop gigantesque. » Ces tristes pressentiments ne devaient hélas ! que trop tôt se réaliser. Bientôt on apprenait que les alliés, poursuivant leur marche victorieuse, avaient écrasé les soldats de Marmont et de Mortier à la Fère Champenoise, et mis le siège devant Paris. Après une résistance glorieuse mais inutile, la capitale ouvrait ses portes, et l'Empereur, revenu trop tard pour la suprême bataille qu'il désirait, s'enfermait à Fontainebleau pour y attendre la décision de ses vainqueurs.

Ce que fut cette décision personne ne l'ignore. Napoléon abdiqua et reçut, à titre de compensation, la dérisoire souveraineté de l'île d'Elbe. Pendant qu'il s'acheminait vers son nouveau domaine, les négociations pour la paix étaient activement conduites, et tout fit prévoir une évacuation prochaine du territoire. En vertu de l'article 8 de l'armistice du 28 avril 1814, une convention fut conclue qui mettait fin au régime des réquisitions, mais à condition que le gouvernement français s'engageât à fournir régulièrement et sans exception les subsistances nécessaires aux troupes alliées. Afin de régulariser l'évacuation, on dresserait avec soin et on remettrait à l'avance aux municipalités l'indication des marches, avec le nombre des hommes et des chevaux. Des dépôts seraient installés pour les malades, et un service de transports assuré pour les hommes fatigués. Tous les soldats retenus dans les hôpitaux militaires y resteraient jusqu'à leur entière guérison. Les officiers ou les employés des armées alliées qui resteraient en France pour régler la marche des troupes et l'évacuation des hôpitaux auraient droit au logement militaire et au traitement de leur grade. Enfin les prisonniers seraient, de part et d'autre, transportés jusqu'à la frontière. L'employé qui transcrivit cette convention sur les registres de la mairie, un nommé Dupont, était tellement heureux d'être bientôt débarrassé de la présence des alliés, qu'il ne se contenta pas d'apposer sa signature, mais l'accompagna d'arabesques et d'enjolivements, qui occupent toute la page (1).

Le traité de paix définitif ne fut signé que le 31 mai. Les conditions en étaient dures : mais on était fatigué par vingt-cinq ans de luttes sans trêve ni repos. On avait besoin de calme. Aussi, lorsque arriva à Dijon la nouvelle de la signature du traité, dans la nuit du 3 au 4 juin, fut-elle accueillie avec transport. Le maire s'empressa de l'annoncer aux habitants par une proclamation qui fut lue à la clarté des torches. « Les préparatifs nécessaires pour publier la paix générale avec cette solennité qui convient à un événement si désiré vous auraient fait trop

(1) Archives municipales, registre 1814, p. 109.

attendre la certitude de cette nouvelle. Je m'empresse donc de vous annoncer que le traité de paix conclu avec l'Autriche, la Russie, l'Angleterre et la Prusse a été signé le 31 mai. En apprenant cette heureuse nouvelle qui met un terme à vos maux, que vos cœurs se livrent à la joie la plus vive, et pénétrés d'une reconnaissance sincère pour la maison de Bourbon à laquelle nous devons le premier des bienfaits, que chacun de nous s'écrie : Vive le Roi ! vivent les Bourbons ! » Un piquet de garde nationale avec ses officiers et ses pompiers précédait les crieurs de la ville. La musique municipale les accompagnait, et une musique autrichienne s'était jointe au cortège, exécutant les airs alors populaires. Quant à la foule, toujours avide de nouveauté, elle poussait des cris de joie et fraternisait presque avec les soldats ennemis, qu'avait attirés l'étrangeté du spectacle.

Restait à assurer l'exécution du traité et tout d'abord à obtenir l'évacuation du territoire. Au retour comme à l'aller, Dijon fut un des principaux passages des armées alliées, et ses habitants eurent de ce fait à supporter de lourdes charges. Dès le 22 avril (1) Durande prévenait ses administrés qu'un passage considérable de troupes aurait lieu le lendemain, et il les invitait à rester chez eux pour les recevoir. « Ils sont également avertis, ajoutait-il, que, pendant le temps de ce passage, il sera indispensable de doubler la majeure partie des logements des soldats et tous ceux destinés aux officiers. » Préoccupé à juste titre de l'aggravation des charges qui résulterait pour ses compatriotes de ces passages fréquemment renouvelés de soldats regagnant leurs foyers, Durande es-

---

(1) Archives municipales, registre 1814, p. 71.

saya d'obtenir un allégement pour Dijon. Il écrivit (1) au préfet (24 avril 1814) pour lui faire remarquer « que les charges qui depuis trois mois ont pesé sur le département sont immenses, mais que celles qui ont été supportées par la ville de Dijon sont hors de proportion avec ses moyens. La ville de Dijon en effet a été frappée de réquisitions de tout genre qui s'élèvent à plus de 500.000 francs. Elle a été obligée de nourrir une garnison considérable. On y a placé constamment un grand nombre d'officiers. Deux hôpitaux y ont été établis, et tandis qu'elle acquittait son octroi et son impôt municipal, elle a souffert un passage de 200.000 hommes, sans qu'il ait été rien fourni par les magasins de l'armée », aussi la misère est-elle grande parmi toutes les classes de la population. Les personnes dans l'aisance ont été les plus éprouvées, car les ressources qu'elles tiraient de leurs propriétés immobilières sont épuisées. Il faudrait obtenir que les troupes alliées ne traversassent plus la Bourgogne. Les routes de Strasbourg et de Mayence sont ouvertes : c'est dans cette direction qu'il faudrait écouler le flot des alliés.

Certes ces réclamations étaient fondées, mais il ne paraît pas qu'on en ait tenu compte. Le 7 mai Durande était encore obligé d'écrire (2) au major Von Bartenstein pour lui faire remarquer qu'il était impossible de fournir au passage incessant des troupes : « Les habitants sont écrasés de logements, et, avant que trois jours ne soient écoulés, ils ne pourront plus fournir à la nourriture. On doit rendre cette justice à MM. les commandants autri-

---

(1) Archives municipales. registre 1814, p. 74.
(2) Id., p. 71.

chiens : ils débarrassent la ville autant que possible, mais, lorsque deux cents habitants partent, quatre cents arrivent aussitôt. Ce sont donc des transports qui augmentent à vue d'œil et qu'il faut faire vivre. » Le lendemain 8 mai, il s'adressait (1) au major Schemitz, du régiment de l'archiduc Louis, à propos de l'impossibilité matérielle où il se trouvait de pourvoir aux charrois et de se procurer des fourrages. A la même date, sur une demande du major Von Bartenstein, il lui apprenait qu'on ne trouvait plus de tabac à Dijon, attendu que, dès le 19 janvier, on avait saisi tout celui de l'entreposeur général et qu'on ignorait ce qu'il était devenu. « Il n'y en a plus que chez quelques détaillants (2), ajoutait-il, et on ne l'obtiendra que par réquisition. »

Jusqu'au mois de juin dura le passage des troupes. C'était comme une marée humaine qui rentrait dans son lit, et Dijon se trouvait sur la grand'route. Au 16 juin il fallait encore recourir aux réquisitions pour certains personnages, sans doute plus exigeants. Ainsi à cette date, Durande était encore obligé d'inviter les maîtres de poste à fournir des chevaux à l'intendant Mylius, qui se rendait à Sombernon (3). Le 18 juin seulement il eut la satisfaction d'annoncer à ses collègues de la banlieue que le dernier détachement de l'arrière-garde autrichienne, composé de 124 hommes et de 130 chevaux, serait logé chez eux le lendemain 19. Pourtant il passait encore des Autrichiens le 25 juin, et Durande constatait avec regret, dans une lettre au payeur général Dubard, que la ville

---

(1) Archives municipales, registre 1814, p. 90.
(2) Id., p. 91.
(3) Reçu Pelissonnier, de 13 fr. 50.

ne pourrait plus en nourrir (1). « Il n'est pas plus de 400 ou 500 personnes qui soient en état de nourrir les soldats, de sorte qu'à moins de faire de leurs maisons de véritables casernes, ce qui serait un trop lourd fardeau pour elles, il devient impossible de continuer à fournir du vin. »

En même temps que partaient les Autrichiens arrivaient les Français, et ce n'était pas un médiocre souci pour Durande que de prévenir une rixe possible entre vainqueurs et vaincus. Les premiers soldats français avaient été annoncés à Dijon pour le 18 juin, et, ce jour même, on comptait sur la présence dans la ville de 9500 Autrichiens avec 4500 chevaux. « Il nous serait impossible (2), écrit aussitôt le maire au général Liger-Belair, désigné pour commander la future garnison française, de loger une si grande quantité de troupes. D'ailleurs les Français seraient trop en contact avec les Autrichiens. Il pourrait peut-être en résulter des rixes qu'il importe de prévenir autant pour la conservation des troupes françaises que pour le maintien de la tranquillité publique », et il priait le général de faire stationner ses soldats à Montbard. Aussi bien il importait de ne pas laisser à côté les uns des autres dans la même ville des hommes que séparaient tant de motifs de haine. Un des corps de troupes qui devaient remplacer à Dijon la garnison autrichienne, les artilleurs du général Charbonnel, avaient annoncé qu'ils ne souffriraient pas que les Autrichiens portassent à leurs bonnets des branches de verdure en signe de triomphe. C'était à leurs yeux comme une provocation. Le maire

---

(1) Archives municipales, registre 1814, p. 129.
(2) Id., p. 112.

dut écrire au général Charbonnel et lui adresser des explications à ce sujet (2 juin 1814) : « (1) Un des officiers attachés au corps que vous commandez vient de me dire qu'il ne serait pas souffert par vos artilleurs que les soldats autrichiens portassent sur leurs bonnets des branches de verdure. Il est constant, d'après la déclaration du général Sachen, que ces branches de verdure ne sont point des marques de triomphe, cette déclaration est consignée dans le *Moniteur* du 11 mars 1811. Je vous envoie copie de cette déclaration et vous invite à en faire part à vos troupes avant leur entrée à Dijon, en leur recommandant d'éviter avec soin toute occasion de dispute entre eux et les Autrichiens. Personne n'apprécie plus que moi la valeur des troupes françaises, et plus j'attache de prix à leur conservation, plus je dois chercher les moyens d'éviter toute rixe qui pourrait occasionner quelque effusion de sang. D'ailleurs j'ai la certitude que la paix est signée ; ainsi les troupes autrichiennes ne peuvent plus être considérées que comme amies. Nous devons donc respecter leurs usages, d'autant plus qu'ils ne sont point injurieux aux Français. Il serait douloureux et pour vous et pour moi que cette ville qui, par sa prudence et sa sagesse, n'a été le théâtre d'aucun événement malheureux, devînt, au moment même où la paix est signée, une arène de querelles et de combats. »

Après les soldats passèrent les prisonniers. Au moins n'étaient-ils plus à redouter. A vrai dire ils inspiraient plutôt de la pitié. On n'était pas tendre alors pour les malheureux soldats que les hasards de la guerre faisaient tomber entre les mains de leurs ennemis. Relégués dans

(1) Archives municipales, registre 1814, p. 107.

de misérables villages ou entassés dans des casernes, où ils étaient traités aussi rudement que des galériens dans un bagne, mal nourris, n'ayant jamais leurs uniformes renouvelés, ils présentaient, quand ils rentraient chez eux, le navrant spectacle d'une bande de loqueteux et d'infirmes. Bien que les prisonniers de guerre aient été rares dans la campagne de France, Dijon fut à plusieurs reprises traversée par des bandes de ces déguenillés. Le maire et ses administrés furent émus par tant de misères. Ils s'efforcèrent d'alléger leurs souffrances. Voici ce qu'écrivait Durande (1) au préfet, à leur propos, le 22 juin 1814 : « Ils sont dans une position qui fait pitié : plusieurs marchent pieds nus, et c'est en vain qu'ils me réclament des souliers. Je ne puis leur en fournir, puisque cet objet m'est entièrement étranger. Le commissaire des guerres autrichien crie hautement contre l'état de dénuement de ses prisonniers. Il invoque les conventions passées entre les puissances alliées et le roi, et vient de me dire qu'il porterait ses plaintes à Sa Majesté royale. Au moins ne pourrait-on pas leur venir en aide en leur fournissant un peu de vin, puisqu'on ne leur alloue que du pain, et ce vin ne serait-il pas exempt des droits habituels ? » Quelques jours plus tard, le 30 juin, lettre analogue (2) : « Il est parti de Dijon, hier matin, quarante-sept prisonniers autrichiens que nous avons évacués sur Bâle par la route de Mirebeau, Gray et Vesoul. Trois d'entre eux avaient besoin de souliers. N'en ayant point à ma disposition, je leur ai fait donner une voiture. J'ai reçu hier trente-sept prisonniers, dont douze ont besoin de souliers, l'un d'eux de pantalon et un autre de chemise. »

(1) Archives municipales, registre 1814, p. 124.
(2) Id., p. 132.

Un pareil dénuement n'était-il pas contraire non seulement aux conventions internationales, mais plus encore à l'humanité (1) ?

Pendant que le maire de Dijon s'apitoyait ainsi sur le triste sort des prisonniers de guerre, et s'efforçait, dans la mesure du possible, d'atténuer leurs souffrances, il avait encore à s'acquitter d'une mission particulièrement désagréable : il s'agissait de témoigner à un officier autrichien, par un acte officiel, la reconnaissance de la ville de Dijon. C'était un aide de camp du prince de Hesse-Hombourg, le major de la place, un certain Hageldinger, qui, à diverses reprises, s'était montré l'intermédiaire complaisant des relations parfois délicates entre la municipalité et l'administration autrichienne, mais il ne se piquait pas de scrupules exagérés de délicatesse, et, avant de quitter la ville, il se fit octroyer (2) par le maire « un sabre d'honneur par forme de souvenir ». Au lieu d'accepter l'arme qu'on voulait bien lui offrir, il en surveilla lui-même la fabrication, et « fit confectionner le sabre à sa fantaisie ». L'orfèvre Villeneuve (3), chargé de ce tra-

---

(1) Voir lettre du préfet au maire (27 juillet). Il lui transmet les plaintes de Marchand, intendant général et commissaire près des armées alliées, au sujet de Polhac, major autrichien, et Petri, chirurgien major, chargés de recueillir les soldats convalescents des départements voisins, qui n'auraient pas été traités convenablement et ont présenté leur note. « Veuillez prendre des mesures pour pourvoir au logement et à la nourriture de ces deux officiers et de leurs domestiques, pendant le temps qu'ils devront encore rester à Dijon, en les plaçant tous les deux chez des particuliers aisés, si vous le jugez convenable. Ce serait le moyen d'éviter à la ville une dépense qui, à la longue, devient très onéreuse. »

(2) Voir lettre du 17 février 1814 (Archives municipales, registre 1814, p. 20). Remercîments du maire au major à l'occasion d'un don d'argent fait aux pauvres de la ville par le prince de Hesse-Hombourg.

(3) Lettre du maire au préfet, id., p. 62.

vail, n'épargna ni sa peine ni ses matériaux et présenta successivement trois mémoires de 117 fr., de 132 fr. 90 et de 36 fr., en tout 285 fr. 90 dont il réclama le paiement. Le maire, non sans raison, trouva la note un peu chargée et refusa le paiement. Villeneuve protesta et s'adressa directement au préfet. Nouveau refus de ce dernier. L'orfèvre veut alors demander le paiement au major et prévient le maire de ses intentions. Durande est obligé de s'adresser de nouveau au préfet : « Je craindrais que cela ne fît un mauvais effet, écrit-il, d'autant plus que la ville n'a eu qu'à se louer de Son Altesse le prince de Hesse-Hombourg et de son état-major. Ne pas faire honneur à un si petit objet pourrait encore attirer sur la ville peut-être quelque désagrément. » Il concluait en proposant de considérer le mémoire Villeneuve comme une réquisition. Le préfet finit par y consentir, mais à condition que le mémoire serait vérifié. L'expertise eut lieu, et la somme, réduite à 251 fr. 40, fut enfin payée. De la sorte tout le monde se trouva content, l'orfèvre rémunéré de son travail, le major Hageldenger en possession de son sabre, et Durande débarrassé d'une corvée délicate.

Les Autrichiens sont donc partis : les derniers prisonniers de guerre ont traversé Dijon. Nos soldats sont rentrés dans leurs casernes. Un nouveau gouvernement vient d'être installé. La première Restauration a commencé.

CHAPITRE DEUXIÈME

LA PREMIÈRE RESTAURATION A DIJON [1]

La nouvelle de la prise de Paris par les alliés parvint à Dijon le 4 avril 1814 au soir. Le maire Durande s'empressa de la faire connaître par la proclamation suivante : « Habitants ! la prise de Paris par les puissances alliées, leur entrée dans cette capitale au milieu de l'allégresse générale, la déclaration que viennent de faire les puissances alliées, tout nous promet que la paix ne tardera pas à renaître sur le sol de la France. Vous êtes invités à célébrer cette heureuse et flatteuse espérance par une illumination générale. » Cette nouvelle fut en effet accueillie avec plaisir, car on était las de cette lutte gigantesque de vingt-cinq années soutenue contre l'Europe entière, et, depuis plusieurs semaines, on s'était

---

[1] Ce chapitre a été publié pour la première fois par la *Revue Bourguignonne de l'Enseignement supérieur*, t. IV, n° 3.

comme habitué à l'idée de la chute de Napoléon. Ainsi que l'écrit un contemporain (1), « chacun s'est trouvé heureux d'être débarrassé du gouvernement de Bonaparte. Plus de conscription ! Plus de droits réunis ! Tels sont les cris de ralliement des gens honnêtes et tranquilles ». « Aussitôt que cette nouvelle a commencé à circuler dans le public, lisons-nous dans le *Journal de la Côte-d'Or* du 24 avril 1814, tous les bons citoyens, tous les véritables Français, tous ceux qui mettent au-dessus de l'intérêt personnel le bonheur, la liberté, le véritable honneur de leur patrie, se sont transportés au domicile des autorités autrichiennes et leur ont demandé la permission de manifester leurs vœux. » L'état-major s'empressa de donner une autorisation qui s'accordait avec ses secrets désirs, et, comme à une situation nouvelle il faut des emblèmes nouveaux, on arbora le drapeau blanc sur les monuments publics, et bientôt se montrèrent au chapeau des hommes ou au corsage des femmes des cocardes blanches (2), improvisées avec de la soie ou plus simplement avec des étoffes de couleur claire. Ce fut une femme, Mme de Rancy, qui, la première, osa se montrer dans les rues, ornée de cet insigne naguère proscrit. Assurément bien des Dijonnais conservaient l'amour du drapeau tricolore, car ce n'est pas impunément qu'un grand peuple traverse toute une période de son histoire en adoptant et en respectant un emblème

(1) *Mémorial* de J. Bénigne T... (6 avril).
(2) Dès le mois de mars des cocardes blanches avaient été arborées à Dijon. Voir *Mémoires de Mme de Chastenay*, t. II, p. 285. « Un bruit se répandit que la ville de Dijon, depuis longtemps sous le joug autrichien, avait pris la cocarde blanche. On donna bientôt des détails, fort apocryphes pour la plupart, mais qui répondaient à la fois à mille craintes et à mille espérances. »

national, mais la situation avait brusquement changé, et, puisque la dynastie s'effrondrait au milieu de désastres sans précédents, ne valait-il pas mieux inaugurer l'ère nouvelle en adoptant un emblème nouveau ?

Ce soudain changement déplut néanmoins à quelques Dijonnais, surtout à des fonctionnaires et à d'anciens soldats. Ils s'emportèrent en injures contre les premiers porteurs de cocardes blanches qu'ils rencontrèrent dans les rues. Ils essayèrent même de les leur arracher. Des rixes s'engagèrent. Elles pouvaient dégénérer en émeute, et, en temps de crise, l'émeute se convertit rapidement en guerre civile. Le gouverneur général autrichien, von Bartenstein, et le commandant autrichien de Dijon, von Blankenstein, furent priés d'intervenir. Ils s'empressèrent d'écrire au maire : « Si, contre mon attente, quelque voie de fait était mise à exécution, ou même des expressions injurieuses étaient prononcées contre ceux qui respectent le vœu bien manifeste de la France et de l'Europe entière, les auteurs de ces délits seraient regardés comme rebelles, en conséquence arrêtés et punis suivant la rigueur des lois militaires. » Le maire de son côté prit un arrêté (1) relatif au port de la cocarde blanche (14 avril). Les termes en sont curieux : ils dénotent un état d'esprit vraiment singulier, car il est fait appel à la force brutale dans une affaire toute de sentiment, et que la persuasion, non pas la violence, aurait dû trancher : « Considérant qu'au moment où cesse la tyrannie, on doit se prononcer en faveur de l'honneur et de la vertu, que ces sentiments ressortent avec d'autant plus d'éclat qu'ils ont été plus longtemps comprimés, et que les braves habitants de

---

(1) Archives municipales, registre 1814, p. 59.

Dijon, les braves Bourguignons, les ont déjà manifestés de la manière la plus signalée en arborant spontanément la cocarde blanche, signe du ralliement des bons Français, de ceux qui soupiraient après le rétablissement de l'auguste et antique dynastie des Bourbons, leurs rois légitimes ; considérant que la plus légère insulte faite à celui qui s'est honoré le premier de ce signe serait un attentat à l'autorité du souverain, que cependant des malveillants se sont permis des actes de cette nature, et qu'ils doivent être sévèrement réprimés, arrête : « les habitants de Dijon, ceux de la campagne et de la banlieue sont invités à arborer la cocarde blanche, ce signe d'amour et de respect pour le souverain légitime. Il est défendu sous les peines les plus sévères de se permettre la plus légère insulte envers ceux qui sont revêtus de ce signe. Tout bon Français, tout homme qui aime sa patrie et son roi doit secours et protection à celui qui en est décoré. Il demeure enjoint aux habitants de nous dénoncer les infractions au présent ordre qui sera imprimé, publié et affiché partout où besoin sera. »

Durande adressait le même jour une lettre (1) aux maires et aux curés des trois cantons de Dijon pour les inviter à se conformer audit ordre. Quelques jours plus tard, le 19 avril, et comme confirmation de la dépêche précédente, était publié un ordre du gouvernement provisoire, en date du 4 avril, décrétant la suppression « des emblèmes, chiffres et armoiries du gouvernement de Bonaparte. Cette suppression sera exclusivement opérée par les autorités de police ou municipales, sans que le zèle individuel d'aucun particulier puisse y concourir ou

(1) Archives municipales, registre 1814, p. 60.

le prévenir. Aucune adresse, proclamation, feuille publique ou écrit particulier ne contiendra d'injures ou expressions outrageantes contre le gouvernement renversé ; la cause de la patrie étant trop noble pour adopter aucun des moyens dont il s'est servi. » Ainsi s'opéra sans secousse la révolution qui substituait la vieille dynastie légitime au gouvernement impérial.

Les premiers jours de la Restauration furent marqués à Dijon par une série de fêtes et de réjouissances, que nos grands-pères auraient peut-être mieux fait de ne pas célébrer, car ils oubliaient que la patrie était foulée aux pieds par plusieurs armées ennemies, et que, dans les plaines de Champagne et d'Ile-de-France, fumait encore l'incendie des villages brûlés par les Cosaques, où gisaient sans sépulture des milliers de soldats tombés obscurément, victimes du devoir patriotique : mais la politique a ses exigences ou plutôt ses absolutions. Comme l'écrit un témoin oculaire (1), « chacun avait l'air débarrassé d'un poids énorme ; il semblait qu'on revenait à une nouvelle vie. Je ne dirai pas ici que certains personnages, tenant à la Révolution, paraissaient seuls tristes au milieu de l'allégresse publique. Tant pis pour eux ! » On riait donc à Dijon, on se promenait gaiement dans les rues ; le soir on allumait même des lampions, et, au son de quelque orchestre improvisé, on dansait en l'honneur du retour de Louis XVIII. On festinait surtout avec une sorte de conviction, car en Bourgogne on n'a jamais négligé l'occasion ou le prétexte de faire un bon repas, et il semble que, dans les premières années du xixe siècle, on mettait une sorte de coquetterie à se montrer aussi

---

(1) *Mémorial* de J. Bénigne T..... (10 avril).

brave à table que sur le champ de bataille. C'est ainsi que, dès le 16 avril, une cinquantaine de royalistes se réunirent au jardin de l'Arquebuse dans un grand banquet en l'honneur du nouveau gouvernement. Le vicomte Blot de Chauvigny, récemment nommé commandant de la place par Louis XVIII, avait la place d'honneur. Blankenstein, commandant pour l'Autriche, avait été invité, mais s'était fait excuser. A l'heure des toasts (1), le roi fut le premier salué par les cris frénétiques de toute l'assistance. « Puisse ce prince, attendu avec impatience par tous les Français, revenir bientôt dans sa capitale, et y recevoir le tribut de respect et d'amour d'une nation qui a de grands torts à expier, mais dont le désir le plus ardent est de rentrer sous l'obéissance du descendant de Henri IV et du frère du malheureux Louis XVI. Vive le Roi ! » Puis ce fut le tour des souverains dont les armées occupaient et foulaient encore la malheureuse France. Chacun d'eux reçut sa bordée de compliments emphatiques. Au Czar les honneurs de la première manifestation : « qu'il entende, ce prince magnanime, les cris de notre reconnaissance ! Il nous a rendus au bonheur en nous délivrant du tyran le plus cruel. Nous avons porté dans ses états la dévastation et la mort : il nous a donné le repos et la vie. » L'empereur d'Autriche ne vint qu'en seconde ligne : « que les vertus de ce monarque nous servent de salutaire exemple. Il a su faire les plus pénibles sacrifices pour l'honneur de sa couronne et le bien de l'Europe. La bonté, la franchise, la piété seraient exilées de la terre qu'elles se réfugieraient dans

---

(1) *Toasts au banquet de l'Arquebuse par une société de fidèles amis des Bourbons*, 1 broch. in-4, s. d.

le cœur de sa majesté l'empereur d'Autriche. » Le roi de Prusse n'était pas traité avec plus de modération : « Il montre sur le trône l'union de la vaillance et de la modestie. L'histoire célébrera sa clémence envers une nation qu'il a su distinguer de l'usurpateur qui la gouvernait. » Le prince régent d'Angleterre, Ferdinand VII d'Espagne, le souverain pontife et tous les princes alliés sont tour à tour portés aux nues. On n'a garde d'oublier « nos fidèles voisins, les cantons suisses ». Puis on célèbre, toujours sur le ton le plus hyperbolique, le généralissime Schwarzemberg, le prince de Condé, le duc de Bourbon, l'administration départementale, le maire de Dijon et ses adjoints, et, comme les fumées du vin montent au cerveau, on ne rougit pas de porter la santé des généraux et administrateurs autrichiens de la Côte-d'Or, Von Bartenstein, Auersperg et Blankenstein : « ils ont su tempérer la rigueur des circonstances, et nous ont prouvé qu'ils étaient les amis de la nation française : qu'ils reçoivent le juste tribut de notre gratitude. » Quelques galants chevaliers font entendre, au milieu des applaudissements, les noms de Mme de Rancy qui, la première, arbora la cocarde blanche, et de Mme de Loisy, « aussi bienfaisante que belle, qui... implora pour les pauvres les secours du grand monarque dont le séjour fera époque dans notre ville ». La cérémonie se termine par le seul des toasts qui convenait à la circonstance : on but à la réconciliation générale : « Que vingt ans d'expérience nous apprennent à ne plus accorder de confiance aux novateurs ! Que toutes les fautes soient oubliées ! Que tous les partis se confondent dans un seul, celui de l'amour du bien public. Tous les Français sont royalistes. Plus d'autre dénomination ! Plus de qualifications injurieuses ! Anathème aux perturbateurs ! Vive la paix ! Vive le roi ! »

Dans ce concert de louanges fades et de compliments écœurants, il n'y eut qu'une note discordante, et ce fut celui des fonctionnaires que l'on aurait pu croire le mieux disposé pour la Restauration qui la donna. L'évêque de Dijon, Mgr Reymond, ancien évêque constitutionnel de Grenoble (15 janvier 1793), avait été nommé évêque de Dijon par Bonaparte, lors du Concordat, le 9 avril 1802. Il avait toujours été le partisan déterminé et convaincu du gouvernement auquel il devait son élévation, et, en toute circonstance, s'était efforcé de lui prouver sa reconnaissance. Les irréparables désastres de la campagne de France et la chute de l'Empereur l'avaient navré. Il avait de la peine à accepter les faits accomplis. Aussi lorsque la municipalité prit la résolution (1) de faire chanter un Te Deum à la cathédrale (7 avril), et le pria de vouloir bien donner ses ordres en conséquence, et de prêter son concours, non seulement il refusa d'assister au service mais encore de laisser chanter le Domine salvum fac regem. Il donnait pour prétexte qu'il n'avait pas reçu l'avis officiel de la nomination du roi, et se retranchait derrière sa dignité pour ne pas faire acte public d'adhésion. Les exaltés du moment surent très mauvais gré à l'évêque de sa froideur et résolurent de passer outre. Non seulement la municipalité persista dans sa résolution de faire chanter le Te Deum en question, mais encore elle en informa (2) les diverses autorités et même

---

(1) Archives municipales, Registre 1814, p. 53.
(2) Id., p. 54. La municipalité adressa une invitation spéciale aux membres de la Commission des logements (Id., p. 57) : « Considérant que ladite commission a rendu de grands services à la ville en y main-

les fonctionnaires autrichiens alors installés à Dijon (8 avril) : « La Providence, en favorisant la plus juste des causes, nous rend nos souverains légitimes. Elle nous met sous l'égide de cette antique dynastie qui, dès son origine, a toujours su joindre à tant de titres illustres celui de rois très chrétiens. Pour lui rendre toutes nos actions de grâces, le maire, les adjoints et le conseil municipal ont arrêté que dimanche prochain, jour de Pâques, à l'issue des vêpres, il serait chanté un Te Deum, à la cathédrale. » Au jour dit on se réunit en effet à la mairie, où se forma le cortège officiel, escorté par la garde nationale et par les volontaires royaux. On se rendit en corps au logis du major autrichien Bartenstein, puis de là à la cathédrale où attendaient les corps constitués. Le Te Deum fut aussitôt entonné. Il avait été composé pour la circonstance par le chantre officiel de toutes les cérémonies, un certain Travasini. Après la quête, faite par Mme de Loisy, l'assemblée allait se disperser, lorsqu'un des assistants, un jeune homme connu par son zèle royaliste, de Chatellenot (1), entonna tout à coup le Domine salvum fac regem, dont les strophes éclatantes furent aussitôt répétées par la foule qui remplissait l'église. Dès lors ce fut comme une explosion joyeuse de chants et de cris. On revint à la mairie aux accents de l'air alors populaire : Vive Henri IV, vive ce roi galant ! et la fête se prolongea fort avant dans la nuit. Ainsi que l'écrivait avec amertume le rédacteur du *Journal de la Côte-d'Or*,

---

tenant l'ordre et la tranquillité, que la mairie saisira toujours avec empressement l'occasion de pouvoir lui en témoigner sa reconnaissance et sa satisfaction. »

(1) Journal manuscrit d'Henrys Marcilly, conseiller à la Cour d'appel de Dijon.

dans le numéro du 14 avril, « cette fête publique n'eût laissé rien à désirer aux habitants de cette ville, s'ils eussent été assez heureux pour y voir Mgr l'évêque, dont la présence eût relevé l'éclat de cette cérémonie ».

Mgr Reymond attendit pour se prononcer jusqu'au 11 avril. L'avis officiel de la proclamation de Louis XVIII venait d'arriver. L'évêque ordonna dans toutes les paroisses du diocèse un nouveau Te Deum ; mais la mauvaise impression était produite. Mgr Reymond devait, jusqu'à sa mort, rester suspect de bonapartisme. On ne se contenta pas de lancer contre lui des articles furibonds, tels que celui du *Journal de la Côte-d'Or* du 14 avril, développement de la maxime la lettre tue et l'esprit vivifie, mais on y joignit des commentaires virulents, où on le traitait de prélat prévaricateur. Plus tard il n'est sorte d'avanie qu'on ne lui ait infligé. On affecta presque de le considérer comme un intrus, et les rancunes furent tellement vivaces que le récent et très impartial auteur de l'histoire des évêques de Dijon n'a pu s'empêcher, sans doute à son insu, de parler de lui avec une froideur qui touche à l'hostilité (1).

Au moment où le malencontreux évêque essayait ainsi de faire oublier sa tardive reconnaissance du nouveau gouvernement, la population manifestait de plus belle en l'honneur des Bourbons restaurés. Dans la matinée du 11 avril on avait lu sur les murs de la ville l'affiche suivante : « En réjouissance de l'avénement au trône de Louis-Stanislas-Xavier, notre roi légitime, le maire invite, et, s'il en est besoin, requiert tous les habitants

---

(1) Dumay, *Les Evêques de Dijon*. (Commission des antiquités de la Côte-d'Or.)

d'illuminer leurs maisons. Elles devront être illuminées à sept heures précises. La proclamation relative à cet événement sera faite avec solennité, à la lueur des flambeaux, à 7 heures 1/2 précises, dans les différentes places de cette ville. » Cette invitation ou plutôt ces ordres furent exécutés avec empressement (1). En France on aime toujours la nouveauté. D'ailleurs beaucoup de Dijonnais avaient eu à souffrir de l'oppression impériale, et, puisque les corps constitués donnaient l'exemple, ils se croyaient autorisés à les imiter, et ne cachaient plus l'expression de leur contentement.

Le premier magistrat du département, le préfet, comte de Cossé-Brissac (2), avait été en quelque sorte le premier à proclamer la chute de l'Empire. On a conservé la lettre d'adhésion, plus que significative, qu'il adressait le 9 avril à Talleyrand pour lui annoncer qu'il se mettait à sa disposition : « Un fonctionnaire public isolé n'a qu'une manière de donner son adhésion à notre régénération politique : c'est en prêtant serment de fidélité à Louis XVIII, notre souverain légitime. Je vous prie de trouver bon que je dépose ce serment entre vos mains. Dévoué au service de Sa Majesté, je suis prêt à retourner au département de la Côte-d'Or, dès que les routes seront libres. Je l'ai quitté par suite d'ordres supérieurs, mais en lui épargnant les fléaux que j'étais chargé de lui

---

(1) *Mémorial* de J. Bénigne T..... (11 avril). « On a ensuite proclamé Louis XVIII aux flambeaux. Plus de 3,000 personnes de tout état, de tout âge, de tout sexe accompagnaient le maire et le commandant de la garde nationale qui faisaient la publication ; à neuf heures du soir le spectacle a commencé, on a chanté une cantate de M. Dillon et des couplets de Chambelland-Brémond, que la circonstance a rendus passables et qui ont été applaudis avec enthousiasme. »

(2) Nommé le 1ᵉʳ mai 1812, installé le 28 mai.

laisser. Il m'eût été bien plus doux de partager le sort de ses habitants, et même de souffrir avec eux pour coopérer ensuite à l'exécution des mesures qui viennent d'assurer le bonheur de la France. » Non content de cet acte qui l'engageait vis-à-vis du nouveau gouvernement, et désireux de prouver par une manifestation plus éclatante la pureté de ses sentiments de néo-royaliste, Cossé-Brissac rédigea, pour être lue au prône des paroisses et affichée dans les communes du département, la proclamation suivante : « L'aurore du bonheur s'est levée pour vous et la providence daigne mettre un terme aux calamités qui ont si longtemps pesé sur la France ; la main bienfaisante des puissances alliées a relevé le trône des lis, nous rend à nos princes chéris, et répare en un jour vingt-cinq ans d'infortunes. Vous n'aurez plus à redouter désormais ni ces conscriptions qui dévoraient l'espérance des familles, ni ces impôts désastreux qui tarissaient la source de votre prospérité, ni ces entraves apportées à votre commerce : tout va renaître à la vie sous l'empire d'un monarque qui oublie l'égarement de ses sujets pour se souvenir seulement qu'il en est le père, et dont le premier soin auprès de l'Empereur de Russie a été d'obtenir la liberté de deux cent mille Français. »

Le maire ne voulut pas se laisser distancer par le préfet. Dès le 9 avril il convoquait le conseil municipal et faisait décider l'envoi à Paris d'une députation de six membres, qu'il présiderait en personne, et qui serait composée de deux conseillers municipaux, Legoux de Saint-Seine et Ranfer de Bretenière, et de trois notables, Carrelet de Loisy, de Montherot, et Berbis de Rancy. Il lançait en même temps un véritable factum contre Napoléon. « Lui seul a causé tous nos maux ! Pendant près de seize années que de milliers d'hommes a coûtés la conscription ! Qui de nous n'a pas à pleurer un fils ou un frère, un parent ou un ami ? Combien de fois n'avez-vous pas gémi de l'énormité des impôts que levait le gouvernement, et que chaque année il augmentait sans s'occuper des maux qu'il causait à ses peuples ! Joignez à toutes ces causes destructives du bonheur, de l'aisance et de la tranquillité des Français l'extinction du commerce, la désolation de l'agriculture, presque au moment d'être ruinée par le défaut de bras et de bestiaux, enfin la disparition du numéraire transporté dans des régions lointaines par des armées, qui ne devaient être mises sur pied que pour faire respecter nos frontières, et non pour dévaster les états de nos voisins. » Le maire terminait par un appel à la concorde et adjurait ses concitoyens d'arborer la cocarde blanche, « emblème de la pureté de nos sentiments et symbole du plus parfait amour ». Mais, ce qui gâtait pour ainsi dire cette proclamation c'est qu'elle était contresignée par le gouverneur autrichien, von Bartenstein. Dans la singulière époque que nous essayons de faire revivre, il faut en effet ne jamais oublier que la main pesante de l'ennemi était suspendue sur la tête de nos pères, et il est nécessaire dans tous les actes du temps de dégager la part de l'étranger. Il est vrai que quelques Français, qui sans doute ne se trouvaient pas suffisamment protégés par les alliés, trouvaient déjà que le nouveau souverain accordait beaucoup trop de libertés, et commençaient à l'accuser de jacobinisme. Ces réactionnaires, improvisés par les circonstances, étaient mécontents de la Charte, imposée par le Sénat, et acceptée par Louis XVIII. Ils auraient préféré un retour pur et simple aux anciens us et coutumes. Quelques-uns d'entre eux rédigèrent (1) une adresse au roi pour le supplier de reprendre le pouvoir et les attributions de Philippe-Auguste, de François Ier et de Henri IV. Barbier de Reulle fut le principal rédacteur de cette pétition, et il se trouva à Dijon deux mille personnes pour la signer. On ne sait si Louis XVIII ou ses ministres reçurent jamais cette malencontreuse adresse : il est probable qu'elle se confondit dans la masse des messages et protestations adressés au roi dans les premiers jours de son règne. Mieux vaut pour le bon renom des Dijonnais que ce factum n'ait pas laissé d'autres traces dans notre histoire.

L'impression générale paraît alors avoir été celle du soulagement. Mme de Rémusat raconte quelque part dans ses mémoires que le premier Consul demandait un jour à un de ses intimes ce qu'on penserait en Europe s'il venait à disparaître. Ce dernier se crut obligé de se répandre en protestations de regret. « Vous vous trompez, répondit Bonaparte. Tout le monde ferait ouf ! » En 1814 tout le monde en effet se sentait comme allégé. Le *Journal de la Côte-d'Or* se fit comme l'interprète de l'opinion publique, lorsque, dans son numéro du 24 avril, après avoir énuméré tout ce qu'on devrait au gouvernement réparateur des Bourbons, il ajoutait : « la conscription sera abolie, nous ne verrons plus des enfants arrachés au toit paternel, des infortunés obligés de payer 1500 francs parce qu'ils ont le malheur d'être disgraciés de la nature ; des familles, des villages entiers ruinés par la recherche d'un conscrit réfractaire, des milliers de ces infortunés, traînés de prison en prison, encombrer les hôpitaux, et mourir de faim et de misère sur les routes

---

(1) *Mémorial* de J. Bénigne Toussaint (18 avril).

et dans les bois. Nous n'entendrons plus de pères de famille dire qu'ils se sont vendus, et la vie des hommes ne sera plus un trafic honteux. » Il poursuivait en vouant à l'exécration la mémoire de Napoléon et en affirmant que la France allait renaître et retrouver son antique prospérité avec son souverain légitime. Le rédacteur anonyme de cet article paraît sérieux. La grande masse de la nation croyait réellement qu'une ère nouvelle allait s'ouvrir pour la patrie. Ce n'étaient pas seulement les journalistes qui l'affirmaient : les poètes eux-mêmes embouchaient leur trompette ou accordaient leur lyre pour prédire à la France de longs siècles de bonheur.

Ce fut une véritable floraison poétique, un épanouissement d'odes et de cantates. Les fabricateurs de vers chantent, avec un enthousiasme trop dithyrambique pour être bien sincère, soit le retour des Bourbons, soit les délices de la paix. La plupart de ces documents ont disparu aussi rapidement qu'ils avaient été élucubrés. Il en reste pourtant un nombre assez grand pour nous permettre d'affirmer que nos ancêtres de 1815 avaient plus de bonnes intentions que de génie poétique. Comme l'écrivait (1) un contemporain, « tout chante dans notre ville ; des gens qui ne s'étaient jamais occupé de vers cousent des rimes ensemble, les divisent par couplets à peu près égaux et font des chansons que l'on répète dans toutes les rues. Comme le bon cœur à cette époque vaut mieux que le talent, rendons justice à l'intention et ne critiquons personne ». On nous saura gré, sinon de reproduire, au moins d'analyser quelques-unes de ces pièces.

(1) *Mémorial* de J. Bénigne T..... (24 avril).

Nous ne parlerons que pour mémoire des chants patriotiques qui retentirent au théâtre de Dijon, le 17 avril, une cantate de Boulée et Paris, une romance de Chambelland intitulée : *les Soucis de Jeanne d'Arc*, une cantate de H. D., musique de Davril, et des chansons avec refrain de Gueneau de Mussy ; mais nous mentionnerons les deux odes de Jean Couturier, professeur au lycée. La première était composée dès 1799, mais c'est un tel amas de creuses banalités et de prosopopées d'après la formule que, sauf quelques arrangements de mots, elle s'appliquait tout aussi bien aux événements de 1814. Quant à la seconde, qui compte seize strophes de six vers chacune, elle est adressée aux souverains de l'Europe. Chacun d'eux a sa ration de fades louanges et de compliments nauséabonds. Au Pape sont réservés les honneurs de trois strophes. Aussi bien les vers consacrés au Czar suffiraient pour donner une idée du style et de l'esprit de cette composition antipatriotique.

> Toi, vainqueur dans Paris, magnanime Alexandre,
> Oubliant de Moscou les murs réduits en cendres,
> Comme sur les états tu règnes sur nos cœurs.
> Dans ton âme sublime étouffant la vengeance,
>   Tu viens rendre à la France
> Le roi, dont elle attend son antique splendeur.

Que dire du chant royal dédié à Chauvigny de Blot, commandant civil et militaire de Dijon, par Frédéric Gueneau de Mussy ? Que ce soit la punition tardive de ce versificateur d'infliger aux descendants de ceux qu'il croyait charmer la lecture de sa rapsodie :

I

Quelle allégresse en tous les cœurs
Aujourd'hui succède aux alarmes,
Tandis que devant nos vainqueurs
A fléchi l'orgueil de nos armes !
Français, bénissons nos revers ;
Après un douloureux silence,
Répétons, en brisant nos fers :
Vive le Roi ! Vive la France !

II

Avec notre roi bien-aimé
La paix vient sourire à la terre ;
Par lui le ciel est désarmé.
Ne redoutons plus sa colère,
Célébrons à jamais le jour
Qui terminera notre souffrance,
En nous rendant ce cri d'amour,
Vive le roi ! vive la France !

III

Quelle fureur, enfants ingrats,
Vous armoit contre sa couronne ?
Rougissez, il vous tend les bras.
Pour se venger, il vous pardonne.
Est-il encore un seul Français
Qui, vaincu par tant de clémence,
Ne veuille chanter à jamais :
Vive le roi ! vive la France !

Nous n'insisterons pas sur l'églogue, dédiée à M. de Loisy, et composée par C.-F. Beaurepaire « en l'honneur de Louis XVIII et des souverains alliés » : Ménalque, un Génois qui a quitté la France on ne sait trop pourquoi, et Mopsus, un Provençal qui le rencontre on ne sait trop comment, imitent ou plutôt parodient l'églogue de Virgile, si dramatique dans sa simplicité ; mais l'imitation est tellement arbitraire, et les rapprochements sont si inattendus qu'on se demande parfois si l'auteur n'a pas cherché à tourner son modèle en ridicule. Il n'en est rien : c'est de propos délibéré que Beaurepaire met en scène ses bergers et leur prête un langage tellement plat que nous ne voulons pas infliger à nos lecteurs l'ennui de connaître, même par extraits, ce document. Combien ne préférons-nous pas, dans sa forme naïve et avec ses expressions de mauvais goût, la chanson intitulée *le Retour des Bourbons !* L'auteur n'est pas un arrangeur de périodes, un chercheur de mots à effet, mais un bon bourgeois, peut-être un ouvrier qui dit naïvement, mais avec chaleur, ce qu'il pense. Aussi cette pièce est-elle curieuse à étudier comme donnant la note du moment.

I

Ils sont enfin de retour,
Les Bourbons dans notre France.
Ivres de joie et d'amour,
Français ! chantons en cadence :
Oh ! gué ! vivent les Bourbons !
La gaîté revient en France.
Oh ! gué ! vivent les Bourbons !
Désormais nous rirons.

II

Les filles de nos cantons,
Au veuvage condamnées,
Avec nos jeunes garçons
Seront bientôt mariées.

Oh ! gué ! vivent les Bourbons
Pour faire des hyménées !
Oh ! gué ! vivent les Bourbons !
Tous aux noces nous irons.

III

Des garçons tous estropiés,
Voilà ceux qu'avaient nos filles.
Jamais n'étaient mariés
Beaux gars à filles gentilles !
Oh ! gué ! vivent les Bourbons !
Avec eux plus de béquilles.
Oh! gué ! vivent les Bourbons !
Sur nos pieds nous marcherons.

IV

De toutes parts on voyait
Des nez chargés de lunettes.
Tout exprès l'on s'aveuglait !
Sans elles point d'amourettes.
Oh ! gué ! vivent les Bourbons !
Avec eux plus de lunettes.
Oh! gué! vivent les Bourbons !
De nos yeux nous les verrons.

V

Nous aurons la poule au pot
Le dimanche après la messe.
Après vêpres sous l'ormeau
Dansera notre jeunesse.
Oh! gué! vivent les Bourbons !
Pour ramener l'allégresse !
Oh! gué ! vivent les Bourbons !
Sous l'orme nous danserons.

VI

Nous prendrons du bon café
Sans sucre de betterave.
Nous boirons à bon marché
Sans craindre les rats de cave.
Oh ! gué ! vivent les Bourbons !
Désormais plus d'entraves.
Oh ! gué ! vivent les Bourbons !
En liberté nous boirons !

VII

Aux Indes l'on voguera
Sans redouter les corsaires.
Dans leur île on laissera
Les farouches insulaires.
Oh ! gué ! vivent les Bourbons !
Avec eux plus de corsaires.
Oh ! gué ! vivent les Bourbons !
Librement nous ramerons !

VIII

Les filles, sans trop payer,
Porteront belles indiennes,
Et pour bien se marier
Auront garçons par centaines.
Oh ! gué ! vivent les Bourbons !
Plus de conscrits ! plus de peine !
Oh ! gué ! vivent les Bourbons !
Sucre et café nous aurons !

Sans parler davantage des poésies de circonstance, dont la meilleure ne vaudra jamais rien, puisque l'inspiration officielle n'a jamais enfanté et ne peut pas enfanter de chefs-d'œuvre, il serait curieux de retrouver dans les représentations théâtrales de l'époque la trace des émotions et des sentiments contemporains. Nous n'avons pas l'intention de tracer ici un des chapitres de l'histoire du théâtre à Dijon. Nous ne voulons que signaler les représentations auxquelles se mêla la politique.

C'est ainsi que le 11 mai on joua *la Partie de chasse*, de Collé. Henri IV remplit le principal rôle dans cette pièce. « La salle de spectacle était pleine, lisons-nous dans *le Journal de la Côte-d'Or*, et le public couvrait d'applaudissements tout ce qui peint l'âme du bon Henri. » Le 2 juin on représenta une pièce de circonstance, *le Retour du Lys*. En voici l'analyse : Un vieux soldat cultive un beau jardin auquel manquent des lys qui ne fleurissent qu'en Angleterre. Il promet la main de sa fille à celui qui lui rapportera cette fleur chérie. Deux prétendants se présentent : Un médecin et un conscrit. Le médecin se débarrasse de son rival en le faisant partir comme soldat, mais on annonce le retour des Bourbons. L'amoureux éconduit revient avec eux, et il apporte un superbe lys qui lui vaut la main de l'ingénue. Le directeur du théâtre fut moins bien inspiré, quand il laissa jouer une pièce à allusions politiques, *les Visitandines*, de Nevers. Les spectateurs firent du bruit, et la police fut obligée d'arrêter quelques-uns d'entre eux, Tribolet, Cormillot et Gleize. Le maire fort irrité interdit (1) au directeur de jouer quoi que ce soit sans avoir auparavant remis son répertoire à l'hôtel de ville : « Le directeur ou celui qui le représente, pour ne s'être point conformé aux règlements sur les théâtres et avoir joué sans l'autorisation de M. le préfet une pièce inconvenante et scandaleuse,

---

(1) Archives municipales, Registre 1814, p. 114. Arrêté du 10 juin.

sera obligé par écrit, à donner dans le cours de l'année, tel jour qui lui sera indiqué par le bureau de bienfaisance, à l'exception des fêtes et des dimanches, une représentation au profit des pauvres. » Le directeur se le tint pour dit, et, dès le lendemain 11 juin, faisait chanter sur la scène un petit poème, assez ingénieusement tourné, et dont les faciles allusions provoquèrent les applaudissements des spectateurs :

I

En mars encor, comme en janvier,
Moi qui ne suis pas sorcier,
Je disais dans mes patenôtres :
Mon Dieu, que ta puissante main
Chasse le Russe et le Germain
Accompagnés de plusieurs autres !

II

Qui diable eût deviné jamais
Que ces gens-là venaient exprès
De leurs climats, si loin des nôtres,
Pour ne rien faire que de bon
Et nous ramener un Bourbon
Accompagné de plusieurs autres.

III

A notre amour qu'il a de droits !
C'est le plus pur sang de nos rois.
Il est Français, il est des nôtres.
C'est un Bourbon ! c'est un Louis !
Voilà bien des droits réunis,
Ceux-là valent bien les autres.

IV

> Vous qu'on moissonnait tous les ans,
> Pauvres conscrits, pauvres enfants,
> Sachez quel devoir est le vôtre.
> Pour plaire au monarque aujourd'hui,
> Il ne faut que vivre pour lui.
> Toujours fallait mourir pour l'autre !

Le 19 juin on joua *les Héritiers Michau ou le Moulin de Liernais*. Les ancêtres d'un certain Michau ont autrefois donné l'hospitalité dans leur moulin à Henri IV. Ils conservent avec soin une tasse d'argent qui a servi au roi, et, chaque année, à l'anniversaire de la visite royale, non seulement on boit à la ronde et on mange une poule au pot, mais encore on marie un des enfants de la famille. En 1814 c'est en apprenant le retour des Bourbons que la fête est célébrée aux cris de : Vive la France ! Vivent les Bourbons !

Au 1er juillet le programme était varié et comportait plusieurs pièces de circonstance : une cantate de Boulée, intitulée *le Cri de la France* à ses braves soldats, avec musique de Paris, et une petite bluette, *les Clefs de Paris ou le dessert d'Henri IV*, dont le principal mérite était de mettre en scène un personnage sympathique, dont le nom seul était salué par les cris enthousiastes de toute une salle.

Une autre pièce de circonstance, *la Pacification générale*, ne fut pas aussi favorablement accueillie. Ainsi que le constate un rapport du maire au préfet (14 juillet 1814), « il n'est pas étonnant que cette pièce ait occasionné de la rumeur, elle est essentiellement mauvaise ; elle ne présente ni intrigue, ni dénouement, et n'est tolérable dans quelques endroits que par des couplets auxquels on a rendu justice. Je suis fâché qu'on ait joué cette pièce, mais elle a été autorisée par M. le Préfet. Il me paraît qu'il avait une idée trop favorable de l'indulgence des Dijonnais, et sans doute ce magistrat ignorait que l'auteur, qui avait eu l'imprudence de mettre son nom sur l'affiche, avait en cette ville plus d'ennemis que d'amis. » Ce qui surtout avait excité le haut de cœur de l'assistance, c'est qu'à un certain moment on avait descendu des frises une sorte de gloire dont l'exergue portait : hommage aux puissances alliées. Les militaires qui se trouvaient dans la salle, surtout des hussards, avaient outrageusement sifflé, et bon nombre de civils, des pékins comme on disait alors, les avaient imités. La police avait dû intervenir, mais elle n'avait pas osé mettre la main sur les vrais délinquants, et les hussards avaient paisiblement regagné leur caserne. C'était une revanche à prendre pour le directeur.

Mis en défiance par l'insuccès de cette représentation, le maire Durande ne voulut plus laisser jouer de nouvelles pièces, sans y être formellement autorisé. Voici ce qu'il écrivait au préfet à la date du 10 août 1814 : « J'ai l'honneur de vous transmettre le manuscrit du vaudeville intitulé *Fête du Roi*, que son auteur M. Louis Boulée, de Dijon, demande la permission de faire représenter sur le théâtre de cette ville. Si cette production que je n'ai pas le temps d'examiner vous semble mériter l'honneur sollicité par M. Boulée, je vous prie de vouloir bien délivrer promptement l'autorisation nécessaire pour que cette pièce soit jouée incessamment. » Le directeur n'attendit pas cette autorisation pour affirmer de nouveau, mais plus adroitement, son loyalisme monarchique. Le 11 août, il fit jouer un vaudeville dont le titre seul indique les tendances : *le Lys ou la nouvelle leçon de botanique*. D'après *les Petites Affiches de Dijon*, « c'était l'œuvre d'un jeune homme, dont le succès fut moins dû à la manifestation des sentiments que partageait l'assemblée qu'à la manière dont il les a exprimés. » Il s'agissait, dans cette pièce, d'un officier émigré qui confia sa fille à son frère retiré à la campagne avec son fils. Les jeunes gens s'éprennent l'un de l'autre, et, sous prétexte d'étudier la botanique, filent le parfait amour. Survient l'émigré au moment précis de la leçon où on étudie le lys. Tout se termine par un mariage et par des applaudissements.

Deux artistes de grande valeur, mais compromis par leurs opinions bonapartistes, donnèrent à ce moment quelques représentations à Dijon. Mlle Mars joua les rôles de Célimène dans *le Misanthrope*, d'Araminte dans *les Fausses Confidences*, de Suzanne dans *le Mariage de Figaro*, de la comtesse dans *le Legs*, de Charlotte dans *les Deux Frères*, et de Céliante dans *le Philosophe marié*. Les Dijonnais eurent le bon goût de ne voir en elle que l'artiste incomparable, et non l'amie de l'Empereur : ils ne lui ménagèrent pas leurs applaudissements. Ils saluèrent également en Talma l'interprète de génie de nos grands auteurs dramatiques. Encouragé par le bon accueil qu'il reçut, Talma prolongea son séjour à Dijon, et joua l'Œdipe de Voltaire, l'Hamlet de Ducis, l'Oreste d'*Iphigénie* et d'*Andromaque*, le Manlius de Lafosse, le Néron de *Britannicus*, le Jacques Molay des *Templiers* de Raynouard et le Henri IV de *la Partie de Chasse* de Collé. « Les applaudissements unanimes et multipliés qu'il a recueillis, lisons-nous dans les journaux du temps, sont une nouvelle preuve que les Dijonnais savent apprécier le vrai talent. »

Les chants plus ou moins poétiques et les représentations théâtrales ne suffisaient pas : il fallait encore administrer. Le préfet Cossé-Brissac, de concert avec le maire Durande, avait, pendant les premiers moments, toujours si difficiles, d'un changement de gouvernement, réussi à calmer les esprits et à éviter les froissements. Autant que possible il s'était efforcé d'exécuter les instructions qu'il venait de recevoir du ministre de la police générale Anglès, et, tout en montrant de la fermeté, avait en quelque sorte ménagé la transition et concilié les souvenirs du passé avec les exigences du moment. Ces instructions sont longtemps restées secrètes. Nous en avons retrouvé un exemplaire dans nos archives, daté de Paris, 17 avril 1814. Le ministre commence par se féliciter du changement politique qui vient d'avoir lieu, mais, ajoute-t-il, « ce serait s'abuser que de croire que nous passerons de l'excès du trouble et de la tyrannie à un état de calme et de liberté politique sans froissements ou du moins sans quelques secousses ». Aussi compte-t-il sur les hauts fonctionnaires pour l'aider dans cette tâche délicate. « Je vous serai donc obligé de m'écrire souvent pour me faire connaître les faits relatifs à la sûreté et à la tranquillité publique et à la nature de l'esprit public... Le genre d'opposition qui se manifesterait, la conduite des fonctionnaires, celle de la gendarmerie et des troupes de ligne peuvent aussi faire l'objet de ces rapports. Il convient aussi d'observer et de signaler exactement les hommes qui chercheraient à exciter une réaction ou à arrêter un mouvement, qui doit avoir pour résultat autant d'années de repos et de bonheur que la France a eu d'années de troubles et de guerre. » Le premier adjoint Tardy reçut cette lettre et s'empressa de répondre. Avec une naïveté singulière, car il ne s'apercevait pas du rôle étrange qu'on semblait lui assigner, non seulement il promit (1) de veiller à l'exécution des ordres venus de Paris, mais encore, dans la ferveur de sa récente conversion, se vanta d'actes qu'il n'avait d'ailleurs pas commis, et qui ressemblent à de la trahison : « Nous nous étions opposés, dès les premiers jours de janvier, de tout notre pouvoir à la levée en masse. Nos efforts ont été couronnés de succès. Nous avons épargné le sang des citoyens et sauvé la ville du pillage qui n'aurait fait qu'augmenter ses malheurs. »

L'excellent adjoint se vantait : ce ne sont pas les généraux de Napoléon, ce n'est même pas le préfet, Cossé-Brissac, qui aurait ainsi permis qu'un magistrat municipal s'opposât à la levée des conscrits. J'imagine plus volontiers que Tardy a cru, sincèrement, avoir agi comme il le disait. Il est plus vrai dans le reste de sa lettre, et il peint assez exactement la situation quand il ajoute : « Depuis cette époque les partis ont été contenus, et nous avons lieu de penser qu'aucune personne mal intentionnée, aucune atteinte au bon ordre ne troubleront la joie qu'a causée notre résurrection. Le peuple de la ville est éclairé, mais fatigué par quelques excès des militaires. Il revient difficilement à ses véritables intérêts. Celui des campagnes est plus malheureux, et, par conséquent, plus difficile à ramener. Il y aura bien des plaies à guérir, mais le temps est un grand maître. Les réquisitions, les billets de logement, le manque d'argent en circulation, ce sont là autant de causes de mécontentement. Aussi

---

(1) Archives municipales, Registre 1814, p. 151.

quelques hommes cherchent à exciter une réaction par leurs discours. Il y a tout lieu d'espérer qu'ils n'auront aucun succès » (23 avril 1814).

Quelques jours plus tard, le 26 avril, le préfet transmettait à la municipalité de nouvelles instructions. La lettre de Tardy avait, parait-il, été prise en considération, car le préfet de police a grand soin de recommander que l'on rassure les acquéreurs de biens nationaux, les fonctionnaires et surtout les militaires. « Telles sont les idées dont il faut fréquemment entretenir les hommes influents de toutes les classes, afin qu'elles se répandent dans la population et y paralysent les efforts qu'aurait pu tenter la malveillance pour faire naître le trouble et l'inquiétude. Vous trouverez, pour atteindre à ce but, de puissants auxiliaires dans les propriétaires que renferme votre département ; tous sentiront que les Français doivent être soumis quelque temps encore à des sacrifices. Ils sont la suite inévitable des expéditions insensées et des prodigalités de tout genre du gouvernement qui vient de tomber. »

Aussi bien il y avait alors réciprocité de bons procédés entre l'Hôtel de ville et la Préfecture. On ne se contentait pas d'échanger dans la correspondance entre les deux administrations les formules de la courtoisie la plus raffinée : on se comblait de témoignages de prévenance, on s'ingéniait à des recherches de politesse, parfois tellement inattendues, qu'on n'osait pas les accepter. C'est ainsi que le 25 avril 1814, le préfet prit l'arrêté (1) suivant : « Il sera placé dans la salle de l'Hôtel de ville de Dijon, destinée à consigner les faits mémorables de ses ma-

---

(1) Archives municipales, Registre 1814, p. 73.

gistrats, l'inscription suivante : « au mois de janvier 1814, M. Durande, maire de la ville de Dijon, s'est opposé à la levée en masse. Par sa sagesse et son courage, il a épargné à ses concitoyens les malheurs de la guerre. Le 4 avril suivant, il a arboré la cocarde blanche et fait placer le drapeau blanc sur les tours de la ville. Son exemple a fait rentrer Dijon sous la domination du roi. MM. Tardy et Lucan, adjoints à la mairie, ont partagé ses travaux, son danger et son dévouement. M. de Montherot, colonel de la garde nationale, a puissamment secondé le zèle des magistrats. » La flatterie était tant soit peu exorbitante (1). Le conseil municipal eut la pudeur de ne pas accepter tout de suite de si énormes compliments. « Ces messieurs, répondit l'adjoint Tardy, après mûre délibération, ont pensé qu'ils devaient surseoir et ne pas se livrer trop précipitamment à l'élan de leur bienveillance à notre égard : en conséquence, l'exécution est ajournée. » La modestie municipale capitula promptement, et le sursis réclamé ne fut pas de longue durée, car, dès le 4 mai, le même Tardy adressait au préfet une lettre de remerciements emphatiques et ajoutait : « Je viens de faire exécuter l'inscription consignée dans la lettre extrêmement flatteuse que vous avez bien voulu m'écrire (2). »

(1) Archives municipales, Registre 1814, p. 77.
(2) L'heure était aux inscriptions louangeuses. Nous avons retrouvé, dans la Bibliothèque municipale de Dijon (Fonds Baudot, n° 259), une lettre à lui adressée par un certain Morot, le 4 mai 1814 : « J'ay fait graver un cénotaphe en mémoire de Louis XVI. Voudrez-vous m'obliger de faire la critique des deux inscriptions cy-jointes. On m'a fait espérer que je trouverai un grand débit de ces deux gravures. Cela me serait utile dans ce moment où je suis gêné, mais je ne me déciderai à cela que d'après l'avis des personnes plus instruites que moi. » Suit une inscription ultra flatteuse pour les alliés. Baudot la renvoya en ne laissant subsister que la partie relative à Louis XVIII.

On était donc comme à l'aurore d'une belle journée. Tout respirait le calme, le bon ordre, l'espérance d'un avenir meilleur. Les uns après les autres, ou, pour être plus précis, les uns avant les autres, tous les corps constitués envoyaient leur adhésion au nouveau régime et s'évertuaient à parler de leur fidélité. Ils se seraient volontiers décerné un brevet de trahison afin de mieux prouver à la nouvelle majesté que, de tout temps, ils avaient été ses fidèles sujets. De toutes ces palinodies la plus remarquée, car elle était la moins attendue, fut celle de la cour d'appel. Les magistrats de cette compagnie étaient pourtant d'avérés bonapartistes. Les Autrichiens avaient même choisi parmi eux quelques-uns des otages, dont ils avaient cru devoir s'assurer. Ce sont néanmoins ces magistrats qui, dès le 11 avril, rédigèrent une adresse au roi, dont les termes adulateurs furent, même alors, remarqués, tellement ils dépassaient la mesure : « Votre cour royale de Dijon vient déposer aux pieds de Votre Majesté les hommages du plus profond respect et de la joie la plus pure. C'est une vérité attestée par notre histoire, et qui prend sa source dans le caractère national, que la France ne peut être heureuse et florissante que sous ses maîtres naturels, sous des rois de son sang, pénétrés eux-mêmes de ces sentiments de tendresse et d'amour pour les peuples que Dieu a placés dans le cœur des rois légitimes ; qu'au contraire elle ne s'est jamais éloignée d'eux sans tomber dans les discordes, l'anarchie et les excès du malheur. Combien cette vérité est-elle encore confirmée par la funeste expérience que nous avons faite ! La France, après avoir parcouru en quelques années toutes les formes de la tyrannie, n'attend enfin le repos que sous le gouvernement paternel qui l'a protégée pendant tant de siècles. C'est vous, sire, qui la ferez refleurir. C'est vous qui fermerez ses plaies ; au titre de roi légitime vous ajouterez encore celui de sauveur et de consolateur, etc... » Le président Morizot, le conseiller Ranfer de Monceau et le procureur général Ballant furent désignés (1) pour aller présenter au roi cette adresse. Morizot n'ayant pas accepté fut remplacé par le conseiller Bertrand. Quant à Ballant, le gouverneur autrichien Von Bartenstein refusa de lui délivrer un passeport, sans daigner lui donner de motifs. Il se défiait sans doute des convictions de fraiche date de cet ancien bonapartiste.

Au moment même où les autorités constituées luttaient entre elles d'ingénieuses flatteries, dans l'espoir d'obtenir les bonnes grâces de la royauté, l'ancienne souveraine, l'impératrice Marie-Louise arrivait presque incognito à Dijon, avec son fils le roi de Rome, la duchesse de Montebello, la comtesse de Montesquiou, l'ancien préfet du palais, comte de Beausset, le baron Corvisart, et une vingtaine de voitures et de fourgons, escortés par des dragons et des hussards autrichiens, commandés par deux officiers supérieurs, Bubna et Kotska. Ce ne fut pas comme impératrice mais bien plutôt comme fille de l'empereur d'Autriche qu'on la reçut à Dijon (28 avril). Le petit roi de Rome excitait une grande curiosité. « C'est un petit blondin (2), dont les cheveux gris cendré tombent en boucles sur les épaules. Il est très blanc, a des yeux noirs fort vifs, une petite bouche gracieuse, un nez un peu court et une figure ronde qui fait plaisir à voir. » On

---

(1) Journal d'Henrys-Marcilly.
(2) *Mémorial* de J. Bénigne T.... (28 et 29 avril).

l'avait revêtu d'un costume de hussard. Il prit un grand plaisir à voir défiler tous les Dijonnais sous ses fenêtres. Il ne cessait de leur envoyer des baisers. Quant à sa mère, après les réceptions officielles, elle ne prolongea pas son séjour. Dès le lendemain elle reprenait la route d'Allemagne, toujours escortée par les Autrichiens. Au moins eut-elle la bonne inspiration de demander et d'obtenir la grâce de quelques paysans, tous pères de famille, qui avaient résisté à l'ennemi et attendaient en prison l'heure de la fusillade. Elle leur envoya même sur ses maigres économies quelques centaines de francs. Aussi la foule, touchée par cet acte de bonté, émue par tant de malheurs, se pressa-t-elle sur son passage, en lui prodiguant ses acclamations. Ce sont sans doute les derniers applaudissements qu'elle devait récolter en terre française.

Les autorités dijonnaises furent moins réservées en d'autres circonstances. Ainsi le 19 mai 1814, un Te Deum fut célébré (1) en l'honneur du retour de Louis XVIII dans sa capitale. Tous les fonctionnaires furent invités à cette cérémonie y compris le comte de Nansouty, colonel général de dragons, qui venait d'arriver en qualité de commissaire extraordinaire. « Ce sera un jour de fête pour les habitants, comme le portaient les lettres de convocation, et chacun s'empressera d'y concourir. » Quelques jours plus tard, le 25 mai, nouvelle invitation à un service en l'honneur de Louis XVI, de Louis XVII, de Marie-Antoinette et de la princesse Elisabeth. Le préfet espérait que tous les fonctionnaires, y compris la municipalité, se réuniraient dans son hôtel pour se rendre de

---

(1) Archives municipales, Registre 1814, p. 97.

là à la cathédrale, mais le maire, qui n'avait pas oublié qu'il était le successeur des vicomtes maïeurs de Dijon, et tenait à affirmer son indépendance, déclara (1) que la municipalité se réunirait à l'hôtel de ville pour assister à la cérémonie. Ce fut l'occasion d'un conflit. Le préfet se montra fort irrité des prétentions de la mairie, et, trouvant l'occasion favorable pour affirmer son droit de préséance, adressa à Durande une lettre (2) fort aigre : « Je ne devais pas m'attendre qu'à une époque surtout où l'on a plus que jamais besoin d'union, au jour où toute la ville, oubliant ses dissentiments d'opinion, confondait ses pleurs sur le cercueil d'un de nos rois, vous chercheriez à vous isoler du chef de l'administration civile dans le département : Si vous croyiez votre dignité compromise, vous pouviez ou prendre la peine de venir vous en expliquer avec moi, ou simplement m'écrire. Si je n'avais pas été assez heureux pour vous convaincre, du moins je me serais arrangé pour que le public ne s'aperçût pas d'une disposition absolument nouvelle et de l'absence de toute escorte. Je ne peux donc m'empêcher, comme votre supérieur, de vous témoigner mon mécontentement. » Le conflit aurait pu s'envenimer, car Durande tenait à ses privilèges. Il se sentait soutenu par la population, et il aurait certainement répondu avec vivacité à l'injonction préfectorale, s'il n'avait été désarmé par la nouvelle de la nomination comme pair de France de Cossé-Brissac, et de son remplacement à la Préfecture par Terray de Rosières. Il accepta donc sans protester les observations de son supérieur hiérarchique et la cérémonie fut célébrée sans autre incident.

(1) Archives municipales, Registre 1814, p. 102.
(2) Id., 102.

Les journaux (1) de l'époque racontent que, dès le 26, les cloches de toutes les paroisses avaient sonné le glas funèbre. A Saint-Bénigne, dont les murailles étaient tendues de noir, on avait dressé un catafalque fleurdelisé surmonté d'un dais. Les autorités, en costume de deuil, prirent la place que leur assignèrent les maîtres de cérémonie, et l'évêque célébra l'office. Il ne voulut pas, ou n'osa pas prendre la parole, et laissa le soin de prononcer l'oraison funèbre au vicaire général Collin : « Jamais l'éloquence chrétienne n'eut à parcourir un champ plus vaste, à traiter un sujet plus digne d'elle ; aussi l'orateur, dans ce qu'il nous a été donné d'entendre de son discours, nous a paru s'être élevé à la hauteur d'un sujet si beau. »

Le 11 juin service analogue dans les autres paroisses de la ville. A Notre-Dame on avait dressé aux quatre angles du chœur des tableaux avec des inscriptions qui ressemblent à des jeux d'esprit :

I

Dans Louis, ô Français, vous perdîtes un père
Qui voulait vous voir tous heureux.
Ce destin qu'il ne put accomplir sur la terre
Il l'accomplit du haut des cieux.

II

Pensant sauver ma liberté, ma vie,
Dans les fers, au tombeau, j'ai suivi mon époux.
Victime de la calomnie,
Français, en expirant je ne plaignis que vous.

(1) *Petites Affiches de Dijon*, 29 mai.

III

Fils de monarque, exemple de malheur,
Je mourus roi, sans sceptre, ni couronne.
Je demande à celui qui les ôte et les donne
Qu'il vous pardonne vos erreurs.

IV

Toi qui ne connus près du trône
Que les malheurs et les vertus,
Des peuples égarés, des princes éperdus,
Elisabeth, sois la patronne.

L'installation du nouveau préfet Terray de Rosières fut l'occasion d'une autre fête. Toutes les autorités civiles et militaires avaient été convoquées à la préfecture. Le nouveau pair de France, Cossé-Brissac, remit ses pouvoirs à son successeur, tout en exprimant ses regrets de quitter un département où il laissait tant d'amis, et ses espérances en se voyant si bien remplacé. Terray lui rendit compliments pour compliments et se répandit en protestations de zèle ultra-royaliste. La musique du 23e de ligne assistait à la cérémonie, et c'est aux accents redoublés de l'air alors national, vive Henri IV, que le nouveau préfet vit défiler sous ses yeux tous les corps constitués. Le même jour, à trois heures, un Te Deum solennel fut chanté à Saint-Bénigne en l'honneur de la paix.

On était du reste prodigue de manifestations de ce genre. Il semble même qu'on ait recherché les occasions d'affirmer les nouveaux principes en associant le clergé à toutes ces exhibitions. C'est ainsi que, le 15 août 1814, à propos du vœu de Louis XIII mettant la France sous la protection particulière de la Vierge, on décida une procession générale et un service solennel à la cathédrale. Dès la veille le maire (1) avait adressé à ses collègues du conseil l'invitation suivante : « J'ai l'honneur de vous prévenir qu'il y aura demain, 15 du courant, une procession générale en mémoire et renouvellement du vœu de Louis XIII, qui avait mis son royaume sous la protection de la Sainte Vierge. M. le Préfet me charge d'inviter MM. les membres du conseil à cette cérémonie. Veuillez en conséquence, Monsieur, vous trouver demain à quatre heures précises à l'hôtel de ville, d'où nous nous rendrons à la Préfecture, et ensuite à la cathédrale avec les autres fonctionnaires publics auxquels nous devons nous réunir. » En effet, au jour fixé, la procession fut célébrée en grande pompe. L'évêque, accompagné de tout son clergé et des autorités en costume, parcourut les principales rues de la ville. La garnison était sous les armes et formait la haie. Quant au populaire il encombrait les rues, et manifestait sa joie par de véritables accès d'enthousiasme.

Quelques jours plus tard, c'était la Saint-Louis, la fête du roi régnant. On résolut de célébrer cet anniversaire en grande pompe. Dès le 23 août, en même temps qu'il faisait connaître le programme de la cérémonie, Durande adressait (1) aux Dijonnais la proclamation suivante : « Vous annoncer la fête de la Saint-Louis, c'est développer dans vos cœurs une vive allégresse ; la célébrer c'est vous donner lieu de faire éclater les sentiments d'amour et de dévouement dont vous êtes pénétrés pour

---

(1) Archives municipales, Registre 1814, p. 192.

le meilleur des pères et le plus chéri des monarques. Cette fête sera célébrée le jeudi 25 août. Sans doute elle sera plus animée que brillante, mais elle n'en sera que plus agréable à notre bon roi, qui place tout son bonheur dans l'amour de ses sujets. » Le préfet Terray avait de son côté adressé une invitation à tous les corps constitués auxquels il donnait rendez-vous à la Préfecture à 9 heures 1/2, pour se rendre de là à Saint-Bénigne. La veille du jour fixé, le 24 août, on devait bénir dans l'église Saint-Michel et distribuer ses drapeaux à la garde nationale. Ces drapeaux, blancs, semés de fleurs de lis d'or, portaient d'un côté le monogramme du roi avec un globe entouré de fleurs de lis et surmonté d'une couronne avec l'inscription Dieu et le roi, de l'autre les mêmes armoiries avec l'inscription : toujours fidèles. La remise des drapeaux se fit avec solennité, non sans distribution de compliments emphatiques, soit à l'adresse du Roi et de la famille royale, soit à celle des gardes nationaux. Le lendemain 25 tout le monde officiel se retrouva à Saint-Bénigne, à l'heure convenue. Une messe en musique, de la composition du maître de chapelle Travasini, fut célébrée. A midi furent inaugurés les nouveaux salons du musée. A deux heures on se réunit au parc pour un tir à l'oiseau. Le vainqueur reçut une médaille avec l'inscription suivante : « Les Dijonnais ont pris la cocarde blanche le 4 avril 1814. » Au milieu du jardin on avait dressé un mât de cocagne qui n'offrait aux convoitises des concurrents que trois modestes prix : une tasse en argent, une paire de boucles et une cravate de soie : mais c'en était assez pour mettre aux prises de nombreux rivaux. Au même moment un orchestre disposé dans un des massifs du bois appelait à la danse les belles Dijonnaises. Quand arriva le soir, les monuments publics et de nombreuses maisons particulières furent illuminés. On admira surtout le quartier général avec un transparent aux armes de France. Pendant que la foule se pressait dans les rues pour jouir du coup d'œil, le préfet réunissait dans ses salons l'élite de la société et un bal somptueux se prolongeait jusqu'au jour.

Chambelland, un poète du cru, avait composé pour la circonstance une chanson qui paraît avoir eu du succès, car nous en avons retrouvé plusieurs exemplaires :

I

Après une longue contrainte
Nous fêtons enfin notre Roi,
Et nous poussons, libres de crainte,
Ce noble cri, vive le Roi !
Ha ! pour un Français qui l'adore,
Quel plaisir de chanter son roi.
Buvons et répétons encore,
  Disons encore :
  Vive le Roi !

II

Le croira-t-on ? Ce fut un crime
De faire des vœux pour Louis ;
Mais, Louis, ton peuple s'exprime,
Tu connois l'amour de tes fils.
Aux premiers rayons de l'aurore
Ils s'éveillent chantant le Roi
Et le soir les retrouve encore
  Disant encore :
  Vive le Roi !

III

Qu'offrirons-nous au prince auguste
Qui nous ramène le bonheur ?
Un cœur sans fiel, une âme juste,
Pour lui c'est la plus belle fleur.
Oui ! Chaque Français qui s'honore
D'avoir toujours aimé son roi
Doit suivre son exemple encore
    S'il dit encore :
    Vive le Roi !

IV

Mais pourtant s'il faut que la France
Ajoute à ce bouquet du Roi,
Mes bons amis, c'est l'espérance
De vivre longtemps sous sa loi ;
Des dons de Bacchus et de Flore,
Désirons, loin de tout effroi,
Jouir et répéter encore
    Un siècle encore :
    Vive le Roi !

Trois jours plus tard, le 28 août, on distribuait les prix aux élèves de l'école dite alors spéciale, et qui n'est autre que notre école des beaux-arts. Le préfet présidait la cérémonie. Il se répandit en paroles déclamatoires sur les maux qu'entraînent après elles les révolutions, et vanta l'essor que les beaux-arts allaient prendre, grâce au talent des professeurs et surtout grâce au gouvernement réparateur de la Restauration. Ainsi qu'il arrive en pareille occurrence, on ne lui ménagea pas les marques d'approbation. « Les applaudissements des spectateurs, écrit à ce propos le rédacteur des *Petites Affiches*, la joie des parents, les larmes des mères, la présence des magistrats ajoutaient une nouvelle palme au triomphe des élèves. » Ce fut la dernière des grandes fêtes célébrées à Dijon avant l'entrée solennelle du comte d'Artois, qui eut un retentissement considérable dans la France entière, et fut presque un événement historique.

Afin de mieux affirmer leur royalisme, les principaux fonctionnaires de Dijon désiraient la visite sinon du roi, au moins d'un membre de sa famille. Ils avaient d'abord espéré que son neveu, le duc de Berry, s'arrêterait à Dijon. On avait même décidé la formation d'une garde d'honneur, dont les membres s'équiperaient à leurs frais, et, à propos du costume, des discussions fort aigres s'étaient élevées. « Quelques ci-devant qui ne voient dans la Révolution que ses horreurs (1), ont prétendu qu'un habit bleu, blanc et rouge était le costume d'un jacobin ; des gens plus sensés ont riposté que l'habit ne faisait pas le moine, et que, puisque l'uniforme des gardes nationales de France, fixé depuis vingt-cinq ans, avait été confirmé par le roi et Son Altesse Royale Monsieur, on n'avait pas le droit d'en indiquer un autre. » La question s'envenima. On se contenta d'abord de plaisanter. Ce fut ensuite le tour des chansons et des épigrammes. On aurait fini par de véritables querelles, si on n'eût appris que le voyage du duc de Berry était remis à une date éloignée.

Les Dijonnais espérèrent qu'ils seraient plus heureux avec la nièce de Louis XVIII, la duchesse d'Angoulême,

---

(1) Mémorial de J. Bénigne, T*** (2, 3 et 4 août).

qui prenait alors les eaux à Vichy, et avait promis de passer par Dijon en retournant à Paris ; mais la princesse n'alla que jusqu'à Chalon-sur-Saône, d'où elle prit une autre direction. Il fallut se contenter de lui envoyer à Chalon une députation de la municipalité, des notables et de la garde nationale, qui lui présenta l'adresse suivante : « Votre présence eût porté dans tous les cœurs le bonheur et la joie. Elle nous eût fait oublier vingt-deux ans de maux et de chagrins ; avec quel ravissement, avec quel respect les Dijonnais eussent contemplé la fille de leurs rois, l'illustre héritière de toutes leurs vertus, et quelle reconnaissance n'eussent-ils pas fait éclater pour cette auguste princesse qui, par ses soins assidus, par ses consolations filiales, a su conserver les jours de Louis le Désiré. » A défaut de la duchesse d'Angoulême, on se tourna du côté du comte d'Artois, le frère du roi, qui, plus alerte que Louis XVIII, aimait à quêter de ville en ville les acclamations populaires et acceptait volontiers les invitations des municipalités. Le comte d'Artois, en effet, dès qu'on l'eut pressenti sur ses intentions, annonça qu'il déférerait avec plaisir au vœu des Bourguignons, et se rendrait prochainement dans la vieille cité ducale. Il ne pouvait encore préciser le jour de son arrivée, mais on avait le droit de compter sur lui : la promesse était formelle.

Le maire Durande s'occupa tout aussitôt des préparatifs de la fête. Dès le 13 août 1814, il écrivait au comte de Lespinasse (1) pour le prier de mettre son palais à la disposition de la municipalité pendant le séjour du comte d'Artois et au premier président de la cour d'appel,

(1) Archives municipales, Registre 1814, p. 191.

Larcher (1), pour qu'il dispensât des assises le conseiller de Reulle, qui s'occuperait de la réception du prince. Le 17 août il s'adressait au comte Wal, premier aide de camp de Son Altesse Royale, pour l'engager à obtenir du comte d'Artois au moins quarante-huit heures de séjour à Dijon (2). De concert avec l'architecte Saint-Père et les peintres Naigeon (3), Gagneraux (4), Tallemant et Martinécourt (5), il s'ingéniait à trouver des motifs de décoration élégante pour la fête. Il ouvrait une correspondance avec un artificier d'Autun, Cuny (6), et le général Charbonnel (7) pour le feu d'artifice et les illuminations de la ville. Lorsque le jour de la réception fut enfin décidé, Durande convoqua aussitôt le conseil municipal pour arrêter de concert avec lui ce qu'on pourrait appeler le programme de la cérémonie.

A cette séance, qui eut lieu le 22 août, assistaient les conseillers Mielle, Morizot, Maulbon, Petitjean, Saverot, Bounder, Legoux, Ranfer de Monceau, Brenet, Pelletier de Cléry et Vaillant. Le maire annonça officiellement la prochaine arrivée du frère du roi, et demanda un crédit extraordinaire pour les fêtes qui seraient célébrées en son honneur. Quinze mille francs furent aussitôt votés. Comme le temps pressait et qu'il était à peu près impossible de mettre en adjudication les travaux projetés, on décida qu'ils seraient exécutés par les soins de la ville et sous la surveillance des conseillers muni-

(1) Archives municipales, Registre 1814, p. 196.
(2) Id., p. 196.
(3) Id., p. 113 (28 août).
(4) Id., p. 216 (29 août).
(5) Id., p. 229 (31 août).
(6) Id., p. 213 (27 août).
(7) Id., p. 217 (29 août).

cipaux Mielle et Ranfer de Monceau, et du conseiller à la cour d'appel de Reulle. On convint également d'utiliser le fer et le bois disponibles dans les magasins de la ville. En outre, comme il était facile de prévoir que le crédit serait dépassé, le conseil prit la résolution d'ouvrir chez le notaire Gaulot un registre sur lequel s'inscriraient les personnes qui voudraient rehausser par des dons volontaires l'éclat des fêtes projetées.

Quelques jours plus tard, le 1er septembre, nouvelle séance du conseil. Durande s'était informé dans l'intervalle de ce que désirait le comte d'Artois et ce dernier lui avait fait dire qu'il entendait que sa réception eût, autant que possible, un caractère populaire. « Le seul moyen de satisfaire ce désir touchant et digne du grand cœur qui l'a conçu, lisons-nous dans le procès-verbal de la séance, c'est de réunir toutes les classes du peuple dans un vaste emplacement où le prince pourra se voir comme un bon père au sein d'une nombreuse famille. » On donnera donc une grande fête au parc, avec distribution de vivres aux citoyens indigents et festin de gala au musée. Quant aux habitants, ils seront invités à pavoiser leurs maisons et à les illuminer. « Le maire de Dijon, était-il dit dans la proclamation de Durande aux habitants pour annoncer la prochaine arrivée du comte d'Artois, fera tous ses efforts pour que les fêtes offertes à Monsieur soient dignes de son auguste rang, de ses vertus distinguées, et de son extrême bonté, mais les fêtes qui plaisent le plus à Son Altesse Royale seront celles dont le sentiment fera tous les frais. Monsieur a gémi des maux que vous avez éprouvés pendant l'invasion des puissances alliées, et Son Altesse verrait avec peine ces fêtes fastueuses que suggère l'orgueil national et qui rarement sont d'accord avec les mouvements du cœur. Des tentures en blanc, symbole de la pureté de vos sentiments, des guirlandes en verdure élégamment tressées, ornées du chiffre de Monsieur, des drapeaux blancs suspendus aux fenêtres, sur lesquels seront inscrits ces mots chers à tout bon français : Vive le roi ! Vive Monsieur, de distance en distance des amphithéâtres élevés contre les maisons et décorés avec goût et simplicité ; enfin tout ce qui peut exprimer les sentiments dont vous êtes pénétrés avec tant d'ardeur, tels sont les hommages que dicte un véritable amour, tels sont ceux qui conviennent à nos princes. »

Dans ses lignes principales ce programme (1) fut exécuté à la lettre, c'est-à-dire que Dijon tout entier se trouva pavoisé, tapissé de blanc et enguirlandé ; mais la municipalité ne se contenta pas de ces manifestations dues à l'initiative privée : elle ordonna la construction de véritables monuments destinés à perpétuer le souvenir de cette fête. La porte Condé fut convertie en arc de triomphe grâce à des avant-corps d'ordre dorique, sou-

---

(1) Cf. *Description des fêtes et des divers événements qui ont eu lieu à Dijon pendant le séjour de Son Altesse Royale Monsieur, comte d'Artois*. 1 broch. in-4, Dijon, Bernard Defay, 1814. — *Quatre jours de bonheur, ou récit de ce qui s'est passé à Dijon pendant le séjour de Son Altesse Royale Monsieur, comte d'Artois*, par Claude-Antoine Chambelland, 1 broch. in-4. Dijon, Tussat, 1814. Le même Chambelland a encore composé le *Cri du Cœur, ou Quelques Vers* (broch. in-4, Dijon, Frantin), insipide recueil de prétendues inscriptions qui ne sont que de fades louanges. — On peut rapprocher de cette pièce les couplets en dialogue, par L.-M. D., Dijonnois. Ce sont des stances alternées que sont censés déclamer tour à tour les habitants de la ville et ceux de la campagne. Les premiers parlent un français nauséabond à force de platitude. Les seconds s'expriment en patois, mais leurs sentiments sont aussi rustiques, et aussi peu patriotiques que leurs paroles.

tenant des entablements, sur lesquels étaient élevées quatre statues allégoriques, la Paix, l'Abondance, la Science, l'Art. Une gloire aux armes de France formait la clef de l'arc couronné d'un entablement d'ordre ionique, que surmontait un char à l'antique attelé de trois chevaux. Ce char était conduit par le génie de la France qui, tournant ses regards du côté de Dijon, semblait annoncer à ses habitants l'heure prochaine de l'arrivée de Monsieur. Au centre de la ville, sur la place d'Armes, alors place Royale, avait été dressé un obélisque, peint en bleu turquin, d'une hauteur de vingt mètres, assis sur un double socle de granit. Le premier de ces socles était orné de quatre lions égyptiens d'où jaillissaient des fontaines de vin, le second était entouré par huit figures allégoriques, unies entre elles par des guirlandes de lierre, et représentant les vertus du prince. De la base au sommet cet obélisque était alternativement décoré de couronnes et de fleurs de lis sans parler des inscriptions ultra louangeuses, composées par le versificateur officiel, Chambelland. En voici du reste un échantillon.

> On admiroit Louis le Grand
> Où cet obélisque s'élève ;
> Des arts le plus beau monument
> Disparut soudain comme un rêve.
> De ce roi le juste courroux
> Dut s'allumer à cet outrage.
> Il cesse, quand chacun de nous
> A ses descendants rend hommage.

Enfin à l'autre extrémité de la ville, à la porte Bourbon, avait été érigé un autre arc de triomphe, formé par cinq arcades couronnées d'une attique et décorées des figures allégoriques des principales rivières de la Côte-d'Or. Des guirlandes de verdure disposées avec goût rehaussaient l'éclat de cet édifice, et des peupliers transplantés lui donnaient comme un air d'agrément et de gaîté. Sur le pilastre avaient été gravés ces vers, toujours de l'inévitable Chambelland, dont certes l'intention est plus à louer que l'exécution.

I

Par un nom cher à tout Français
Cette porte fut anoblie :
On le changea, mais sans succès,
Au temps d'une sombre folie.
Toujours de cet auguste nom
Gardant la mémoire chérie,
Notre cœur rappela Bourbon.
Jamais la vertu ne s'oublie.
Dans ce retour à la raison,
L'heureuse ivresse de Dijon
Et le révèle et le publie.

II

Des plus durables monuments
On voit disperser la poussière.
Rien ne résiste aux coups du temps.
Sa main n'épargne point la pierre.
Mais pour les rois, nous le savons,
Il est une éternelle gloire.
Des princes francs, justes et bons,
La terre estime la mémoire.
Toujours de Louis, des Bourbons,
Les bienfaits ont gravé les noms
Et dans nos cœurs, et dans l'histoire.

Tout était donc prêt, et la municipalité, bien secondée par les habitants, s'était mise en mesure de recevoir, avec les honneurs dus à son rang, le premier prince du sang. Le maire Durande avait même poussé la précaution jusqu'à prescrire, à diverses reprises (1), une minutieuse réglementation pour l'accès des rues où passerait le cortège et la surveillance de la police. Enfin, dans l'espoir d'associer la province tout entière à la manifestation royaliste qui se préparait, il avait adressé (2) de nombreuses invitations à ses collègues des villes voisines, et convié le peuple des campagnes à prendre part à la fête.

Le prince avait été annoncé pour le 11 septembre au soir, mais il était fatigué et se reposa à Châtillon. Il n'arriva à Dijon que le lendemain 12 sur les cinq heures de l'après-midi. Une garde d'honneur composée de cavaliers sous le commandement du marquis d'Andelarre et de Louis Morelet, et de grenadiers commandés par de Montherot et Joliet, s'était organisée. Elle se posta hors la ville, avec le 23ᵉ de ligne, pour recevoir l'hôte attendu. Le maire et les conseillers municipaux s'étaient aussi portés à sa rencontre. On espérait que le prince monterait à cheval, et ferait son entrée solennelle à la vue de toute la population, mais il était encore assez souffrant, et préféra rester en voiture. Salué, dès qu'il fut signalé, par une salve de vingt et un coups de canon, escorté par les gardes d'honneur et par une population en délire qui se pressait autour de lui, il reçut, avant d'entrer en ville, les hommages du maire et du conseil municipal, puis

(1) Voir l'affiche du 8 septembre 1814, mesures de police qui doivent être strictement observées lors de l'arrivée de leurs altesses royales, et pendant tout le temps de leur séjour à Dijon, Dix-huit articles de prescriptions minutieuses, surtout pour la circulation des voitures et les illuminations.

(2) Archives municipales, Registre 1814, Lettres du 8 sept. (p. 229), du 10 (p. 232), du 12 (p. 240).

passa sous l'arc de triomphe élevé en son honneur à la porte Condé. C'est là que l'attendaient les autorités et les fonctionnaires. Après les compliments d'usage, la voiture s'engagea dans les rues Guillaume et Condé, toutes drapées de blanc avec des fleurs de lis dorés et des festons de verdure. Des drapeaux flottaient aux fenêtres des maisons, et les dames parées de leurs atours agitaient leurs mouchoirs en poussant des acclamations frénétiques. A peine installé à l'Hôtel de ville, où ses appartements étaient préparés, le prince parut au balcon et salua la foule qui répondit à cette gracieuseté par des cris de joie et des vivats prolongés. Le prince ne resta pas longtemps en public, car il était toujours souffrant. Il fut même obligé de se retirer. Il voulait en effet se réserver pour la fête du lendemain.

A la chute du jour la ville fut illuminée. Sur les façades des hôtels et de quelques maisons on remarquait des transparents, chargés de devises plus ou moins ingénieuses. A la préfecture on avait figuré un arc-en-ciel avec une colombe tenant dans son bec une branche de lis ; à l'évêché une croix et un sceptre en sautoir avec ces mots: alliance éternelle. Le transparent du tribunal de commerce était décoré de trois fleurs de lis, ainsi que celui de la faculté de droit. Sur l'hôtel de Palaiseau on remarquait un médaillon de Henri IV avec le mot : resurrexit. A l'hôtel de Kolly étaient dessinés les traits de la duchesse d'Angoulême, plus bas était peinte une colombe tenant dans son bec une branche d'olivier.

> De la bonté d'un Dieu, céleste messagère,
> La colombe vient à la terre
> Annoncer la fin de ses maux :
> Angoulême, de nos fléaux,

> Par ses vertus, par la prière,
> Fit cesser la longue misère ;
> Et signe d'alliance, on lui doit le repos.
> Aux titres de sa devancière
> Elle unit des titres nouveaux.
> La colombe donna la paix à la nature,
> Mais elle n'avoit pas à venger une injure.

Sur la façade de l'hôtel de Suzenet étaient placés trois médaillons avec devises de circonstance :

> Le soleil à la terre apporte l'abondance.
> Un prince, astre de paix, rend les biens à la France.

> Le lis est la splendeur, l'ornement d'un parterre ;
> Louis fait notre gloire et l'honneur de la terre.

> Vous le voyez ici sous de faibles couleurs :
> Il est bien mieux gravé dans le fond de nos cœurs.

La mairie avait choisi pour sujet un génie inscrivant sur une table d'airain les mots qui ralliaient alors tous les Français : Vive le roi! vivent les Bourbons! Ces illuminations, sans parler des lampions disposés à bon nombre de fenêtres, jetaient un tel jour dans les rues et sur les places que des bals furent improvisés. Les danses prirent même un tel caractère d'animation sur la place Royale que le comte d'Artois, bien qu'il fût indisposé, se rendit de la salle du palais des États aux fenêtres qui donnent sur cette place, et parut au balcon. On se disposait alors à tirer un feu d'artifice. Le maire demanda au prince la permission de lui présenter la torche qui devait allumer le feu. Aussitôt parut un soleil **gigantesque**, remarquable par la diversité des couleurs. Quand le feu fut terminé, et que le comte d'Artois se fut retiré, les danses continuèrent jusqu'à une heure avancée de la nuit.

Le lendemain, sur les 8 heures 1/2 du matin, le prince, qui avait passé une bonne nuit, déjeuna en compagnie des autorités, et se rendit, accompagné des principaux fonctionnaires et escorté par la garde d'honneur, à l'église Saint-Michel. Le chanoine Collin, qui présidait la cérémonie, lui offrit la croix à baiser, lui présenta l'eau bénite et lui adressa une harangue ampoulée, où il se plaignait des persécutions subies par l'Eglise et affirmait l'alliance indestructible du trône et de l'autel. « Depuis vingt ans la religion captive, humiliée, dispersée, subsistant à peine, gémissait dans les fers et dans l'opprobre. Le légitime souverain, un Bourbon, remonte sur le trône de ses pères. Tous nos malheurs ont cessé, et l'avenir s'embellit des plus douces espérances. » L'heure était mal choisie pour cette manifestation, et pourtant le comte d'Artois tint à honneur de la souligner encore en répondant au chanoine : « Oui, le roi mon frère et toute notre famille nous pensons que la religion est le plus sûr appui des trônes. Assurez le clergé que nous ne laisserons échapper aucune occasion de rendre à la religion l'empire qui lui est dû et à ses ministres la considération qu'ils n'auraient jamais dû perdre. » Conduit en procession sur une estrade à deux marches, au centre du chœur, il se mit à genoux pour entendre la messe. Immédiatement après l'évangile, le général Liger-Belair fit apporter dans le chœur le drapeau que le Roi venait d'envoyer au 23e régiment de ligne. Ce drapeau fut béni par le célébrant, pendant que les soldats le saluaient par plusieurs décharges de mousqueterie, puis remis au régiment qui l'attendait, rangé en bataille sur la place Saint-Vincent.

Le comte d'Artois, rentré au palais, donna audience aux corps militaires, puis à la municipalité. A en croire le maire, jamais Dijon n'avait connu de plus heureux jour que celui où elle possédait dans ses murs l'héritier présomptif de la couronne : « avec les Bourbons on ne connaît d'autre éloquence que celle du cœur, mais les cris d'allégresse et de satisfaction de tous les habitants, leur empressement à se réunir autour du meilleur et du plus aimable des princes, leurs démonstrations d'amour et de dévouement, les dangers auxquels ils se sont exposés pour le triomphe de leur roi, pour la cause des Bourbons, en disent plus à Votre Altesse royale et sont plus satisfaisants que ces phrases brillantes, qui rarement sont d'accord avec les mouvements du cœur. » A la députation du corps municipal succéda celle de la garde d'honneur et des officiers de la garde nationale. Afin de leur témoigner sa satisfaction particulière, le comte les autorisa à ajouter un liseré vert au ruban blanc de la décoration du lis. Le conseil de préfecture, les députations du conseil général, de la cour royale et des tribunaux, de l'ordre des avocats, de l'académie, de l'université, des hospices et du clergé furent successivement présentées. On remarqua le discours du bâtonnier des avocats, Saverot, et surtout celui du chanoine Collin, qui appela l'attention du prince sur les anciens membres du clergé : « ils ont tous blanchi dans les fers ; tous, sous le poids de la persécution, restes précieux d'un grand naufrage, ils ont eu cependant le bonheur d'avoir assez survécu à la tempête pour voir renaître sur le trône de ses pères l'héritier des vertus de Saint Louis. » On signala également la mauvaise grâce du préfet lors des visites officielles (1). « Tous se plaignaient du préfet qui ressemble pour la grâce et l'affabilité à M. de Brissac, à peu près comme un sac de charbon ressemble à un plat d'œufs à la neige ! » Quelques instants après les réceptions, Mmes Terray, Durande et comtesse de Wal furent présentées au prince. A trois heures seulement furent achevées ces réceptions.

Le comte d'Artois monta alors à cheval pour passer en revue la garde nationale et le 23e de ligne. Les troupes étaient rangées en bataille au rond-point du parc. Malgré les effroyables défaites qu'on venait de subir, elles avaient bonne apparence. Bien que, au fond de leurs havre-sacs, la plupart des soldats gardassent encore la cocarde tricolore, leur attitude fut correcte. Il est vrai que le comte d'Artois se tenait bien à cheval et portait avec élégance un uniforme éclatant. Il n'avait à la bouche que bonnes paroles et compliments flatteurs. L'armée se montra satisfaite. Quant à la garde nationale elle poussa de tels vivats que le prince, bien qu'habitué à ces manifestations, témoigna à diverses reprises le contentement qu'il éprouvait. A la sortie du Parc il traversa une partie du faubourg d'Ouche et arriva à l'hôpital. Les administrateurs l'attendaient à la grille, décorée pour la circonstance d'une inscription de Chambelland :

> Dans ce triste séjour des misères humaines,
> Quel charme a suspendu le cri de la douleur ?
> D'Artois, un éclair de bonheur
> Ici semble briller et terminer les peines :
> Intéressant tableau pour ton généreux cœur !
> Prince, ton auguste présence

(1) Lettre de Peignot à Baulmont de Vesoul.

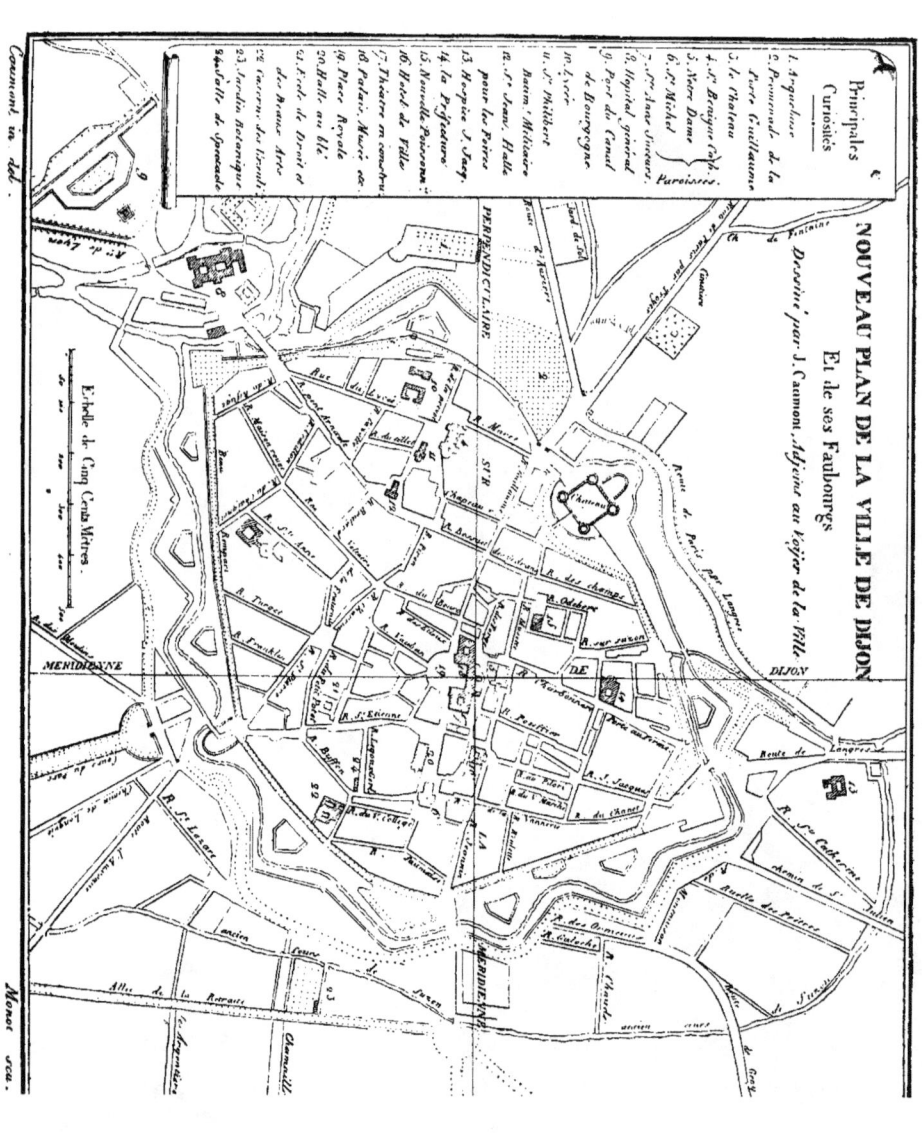

Chez les infortunés ranime l'espérance !
Faut-il être surpris ! En tout temps un Bourbon
A vu les malheureux soulagés à son nom.

Les sœurs hospitalières, entourées de ceux des malades qui avaient pu sortir de leurs lits et des pensionnaires de l'hospice, étaient rangées dans la première cour. Le comte d'Artois, après quelques paroles gracieuses, non seulement visita en détail les salles de malades, s'enquérant avec bonté des causes de la maladie, questionnant surtout les blessés militaires, mais encore voulut connaître les besoins et les ressources de l'établissement. Il distribua quelques décorations et prodigua les compliments aux sœurs hospitalières.

Une fois remonté à cheval, le prince traversa le pont de l'Ouche et revint à son palais, en passant par le chemin couvert qui existait alors tout autour de la ville, et faisait à Dijon comme une ceinture verdoyante. Il regagna la porte Condé, et traversa la ville, toujours accueilli par des transports d'allégresse. Un grand diner avait été préparé à la salle des statues, au musée. Escorté par les autorités et par le conseil municipal, et montant par le grand escalier, dont chaque marche était ornée par une jeune fille vêtue de blanc et tenant en main des fleurs de lis, il entra dans la salle décorée avec magnificence. Le maire s'était placé derrière le comte pour avoir l'honneur de le servir, mais il fut invité à prendre place à table et à s'asseoir à côté du prince. Le public avait été admis à circuler. « Jamais de ma vie je n'ai vu (1) tant d'habits brodés. J'en avais la berlue. Dans la

---

(1) Lettre de Peignot à Baulmont de Vesoul.

grande salle voisine, second repas. Ce n'était que le fretin, où cependant se trouvaient des broderies en diable. » Pendant le repas les musiciens exécutèrent divers morceaux d'harmonie. Au dessert on chanta une cantate, dont la musique était de Travasini et les paroles de Couturier, professeur au lycée. A ce moment on annonça l'arrivée du duc d'Orléans. Les deux cousins s'accablèrent de protestations et de compliments, et le nouveau venu prit place à la table d'honneur, à côté de son cousin.

Quand le repas fut terminé, le prince se montra au balcon de la place d'Armes, éclairée par 3,800 lampions. Ce fut le moment de la journée où l'enthousiasme populaire se manifesta avec le plus d'unanimité (1). « A l'aspect de Monsieur, les cris de Vive le Roi ! Vive Monsieur ! partirent de tous les cœurs et furent proférés par toutes les bouches ; les hommes levaient et agitaient leurs chapeaux en signe de joie et de contentement ; les femmes faisaient flotter leurs mouchoirs, et quelques-unes tendaient leurs bras au ciel comme pour remercier la Providence de leur avoir rendu leur bon roi et leur excellent prince. En même temps des orchestres établis sur la place exécutaient l'air chéri d'Henri IV. Une jeunesse, ivre de joie, essayait de danser, mais elle était tellement pressée par la foule qu'il lui fut impossible de figurer des contredanses. » Le comte semblait heureux de ces témoignages d'affection. Il resta près d'une demi-heure au balcon, répondant aux cris par des saluts affectueux, et il y serait sans doute resté davantage si on ne l'eût averti qu'on n'attendait plus que sa présence pour ouvrir le

(1) Relation citée, p. 30.

bal. Près de quatre cents dames, uniformément vêtues de blanc, avec des fleurs de lis en guirlande ou en coiffure, étaient assises sur un triple rang de banquettes, qu'on avait disposées dans le pourtour de la salle. Elles se levèrent toutes, quand on annonça l'arrivée du prince, qui fit le tour de la salle en leur adressant quelques-unes de ces banalités, qui ont tant de prix dans la bouche d'un grand personnage]: aussi le trouva-t-on charmant. « Comme je ne dansais pas, écrit Peignot, je causais avec tous mes amis, et nous nous amusions à scruter les physionomies, toutes également rayonnantes. Monsieur adressa la parole à la plupart des dames. Il daigna dire à toutes des choses gracieuses. Plusieurs répondirent avec esprit, d'autres avec ingénuité, quelques-unes gardèrent un respectueux silence, mais il ne donna point une idée défavorable de leurs sentiments. » Le comte d'Artois ne se retira dans ses appartements qu'à minuit, et il aurait prolongé son séjour, ainsi qu'il prit soin de le dire, s'il n'avait été obligé de songer au lendemain.

En effet, le 14 septembre, à 7 heures 1/2 du matin, après avoir entendu la messe à Saint-Michel, le prince partit pour Auxonne, où il avait promis de se rendre. Tous ceux des Dijonnais qui avaient des équipages ou des chevaux de luxe avaient été invités par le maire à aller à la rencontre du prince. En effet, vers les deux heures de l'après-midi, bon nombre d'équipages se portèrent sur les hauteurs de Neuilly, et s'alignèrent sur la route pour le laisser passer; mais il se rendit à Dijon avec une telle célérité, qu'il leur fut impossible de le suivre.

Après quelques instants de repos dans son palais, le comte reçut les sœurs grises qui lui furent présentées par Mme Terray, puis les officiers émigrés. « Il donna des louanges à leur zèle, à leur fidélité, leur parla des maux qu'ils avaient éprouvés et les assura qu'ils auraient toujours des droits à sa reconnaissance et à son affection. » Il procéda ensuite à la réception des chevaliers de Saint-Louis. Cet honneur fut conféré aux colonels Vernier et Cotard, aux chefs de bataillon Louis Quentin, Dard, Martin, Gilbert, Compris, Daru, Bayer et Dagailler, au capitaine Marinier, au marquis d'Agrain, à un ancien officier Louis Morelet, au commissaire ordonnateur Olivier et au commissaire des guerres Gillet de Thorey. On eut le tort de ne pas comprendre dans la promotion le général Veaux. C'était un soldat méritant, mais peut-être trop bonapartiste. Mme de Chastenay raconte dans ses Mémoires (1) qu'il espérait la croix de Saint-Louis. Mais on la lui refusa brutalement, et il en conçut un tel dépit, que bientôt il fut un des instigateurs du retour de l'île d'Elbe. Vint ensuite la distribution des croix d'honneur. On sait avec quelle prodigalité, soit pour déconsidérer l'institution, soit pour se populariser à peu de frais, les Bourbons décernèrent cette récompense nationale, que Napoléon avait au contraire réservée avec tant de parcimonie. Le préfet Terray et le président du tribunal civil Charbonnel furent nommés officiers de la légion et vingt-sept fonctionnaires ou partisans de la dynastie reçurent la croix de chevalier : de Montherot, colonel de la garde nationale, les adjoints Tardy et Lucan, Perret, sous-préfet de Dijon, Gayet Michéa, procureur du roi, Dupré de Saint-Maur, sous-préfet de Beaune, celui qui s'était naguère fait remarquer par son refus d'obéissance,

---

(1) Mme de Chastenay, *Mémoires*, II, p. 467.

Carrelet de Loisy, ancien conseiller au parlement, Barbier de Reulle et Ranfer de Monceau, conseillers à la cour royale, Petitot et Amanton, conseillers de préfecture, Saverot, substitut, Didier, ingénieur en chef, Saverot père, administrateur des hospices, Brenet, docteur en médecine, Collin, vicaire général, l'abbé Leprince, Deschamps, curé de Saint-Michel, Vétu, curé de Notre-Dame, d'Aubonne, proviseur du lycée, Charles Berbis et Henri Berbis, anciens officiers, Dubard, payeur, Cosson, lieutenant de gendarmerie, Nesle, quartier maître de gendarmerie, Lucotte, inspecteur des forêts et Moissenet, adjoint à Beaune. Le prince accorda également trois croix d'officier et trente-quatre de chevalier au 23e de ligne : en tout soixante-quatre promotions ou nominations dans la légion. C'était vraiment beaucoup pour un seul jour et pour une seule ville !

On s'étonnera de ne pas voir figurer le maire Durande parmi les élus du jour : il reçut une singulière distinction (1), qui, sans doute, ne le flatta que médiocrement. « Le prince lui a permis de porter son chiffre brodé en or sur un ruban vert ! »

La duchesse d'Orléans venait d'arriver à Dijon. Le comte d'Artois alla aussitôt lui rendre visite ; mais, avant de monter en voiture, il passa en revue les compagnies de pompiers qui l'attendaient dans la cour du Palais, et, pour mieux leur montrer sa satisfaction de leur bonne tenue, leur permit d'ajouter à leur uniforme un liseré vert. A ce moment, et par un hasard singulier, on annonça qu'un incendie venait de se déclarer près du grenier à foin. « Allez, mes amis, où le devoir vous appelle, s'écria

(1) Relation Chambelland, p. 22.

le prince. S'il y a du danger, si ma présence est nécessaire, je vous suis et je serai au milieu de vous. » Ce feu n'avait aucune gravité. Les pompiers s'en rendirent promptement les maîtres. Le prince put rendre visite à sa cousine qu'il invita pour le soir même. Ce ne fut pas un festin de gala : les principales autorités civiles et militaires furent néanmoins admises à l'honneur de partager ce repas.

Immédiatement après le dîner, le comte d'Artois monta en voiture et se rendit au spectacle. On représentait *Œdipe à Colone* et *le Meunier de Liersaint*. Ces deux pièces prêtaient à beaucoup d'allusions. Le public ne laissa échapper aucune occasion de les relever, prouvant ainsi au prince combien il lui portait d'amour et de dévouement. « Quel pinceau pourra jamais rendre ces moments d'ivresse et d'enthousiasme ! un père qui serait rendu aux vœux de ses enfants et qui reviendrait au milieu d'eux, après vingt-trois ans de souffrances et de captivité, ne recevrait pas un accueil plus flatteur, plus sensible et plus satisfaisant. »

Le lendemain 16, vers les neuf heures du matin, le prince monta en voiture et quitta Dijon en traversant les rues Condé et Guillaume, encore remplies d'habitants qui exprimaient à haute voix leurs regrets de ce départ. Arrivé à la porte Condé il trouva le maire et le conseil municipal qui l'attendaient pour lui faire leurs adieux. Durande prit le premier la parole et assura son Altesse Royale que, en quelque lieu qu'elle dirigeât ses pas, les vœux et les cœurs des Dijonnais seraient avec elle. « Adieu mes bons amis, répondit le prince. Je regrette de ne pouvoir rester plus longtemps avec vous », et, tendant la main au maire, il donna le signal du départ. La garde urbaine à cheval l'escorta jusqu'à Gevrey. Arrivé dans ce village, il chargea deux des maréchaux de camp qui l'avaient accompagné de porter au maire et aux Dijonnais l'expression de ses sentiments de gratitude. A la lueur des torches, et avec les joyeux refrains d'une musique militaire, Durande adressa alors la proclamation suivante à ses administrés : « Habitants, j'éprouve un plaisir bien vif à vous annoncer que Son Altesse Royale Monsieur, comte d'Artois, est très satisfait de votre zèle et de votre dévouement. Son Altesse Royale arrivée à Gevrey a chargé deux généraux de réitérer à votre maire les sentiments de bienveillance et d'affection dont elle daigne honorer les habitants de Dijon. Vous apprendre que votre conduite vous a mérité la bienveillance d'un Bourbon, c'est vous causer une vive allégresse. Habitants! le chemin de l'honneur vous est ouvert. Demeurez fidèles à ces sentiments que vous avez manifestés avec tant d'énergie pendant le séjour de Monsieur, et désormais vous ne connaîtrez plus que des jours de paix, de gloire et de bonheur. »

Ainsi se terminèrent des fêtes et des plaisirs dont aucune querelle ne ternit l'éclat, et dont aucun accident ne troubla la joie, malgré la foule qui se pressait dans les rues. Les Dijonnais (1) paraissent avoir été sin-

(1) A titre de curiosité nous rappelons les vers, composés par N., D... bisaïeul, et insérés dans les *Petites Affiches* du 25 septembre 1814.

    Amis, dans quel lieu du monde
    A-t-on mieux célébré Bourbon ?
    Qu'avec moi l'écho réponde :
    C'est à Dijon, c'est à Dijon !
    Il s'agissait de la conquête
    D'un cœur bien cher à tout Français.
    L'âme de d'Artois satisfaite
    Nous en assure le succès.

cères dans l'expression de leurs sentiments royalistes. Les Bourbons avaient l'heureuse chance de succéder à un gouvernement tombé par sa faute. Ils arrivaient les mains pleines de promesses. Ils n'avaient qu'à répandre autour d'eux des encouragements et de bonnes paroles. Le comte d'Artois, prince aimable et poli, désireux d'acquérir une popularité dont les princes sont toujours friands, était l'homme de la circonstance. Ainsi s'explique le bon accueil qu'il reçut à Dijon, ville d'ordinaire peu bruyante, et dont les habitants sont enclins à la raillerie. Il est vrai que la Restauration, par ses fautes et par ses maladresses, allait compromettre ces résultats heureux, et s'aliéner les esprits plus rapidement qu'elle ne les avait conquis.

Le 21 décembre 1814 Durande convoqua le conseil municipal pour solder les dépenses de la fête et prendre une décision au sujet des monuments à conserver ou à détruire. Le conseiller Ranfer n'avait pas encore réuni les notes de tous les fournisseurs, mais il crut pouvoir affirmer que la dépense ne s'élèverait pas au-dessus de 30,000 francs. Il demanda quelques jours pour présenter un compte définitif. Ce sursis lui fut accordé. Le conseil décida ensuite que l'on conserverait l'arc de triomphe de la porte Condé, mais que l'on démolirait celui de la porte Bourbon, ainsi que la pyramide de la place Royale. Seulement, pour perpétuer le souvenir de la visite princière, on placerait dans le lieu le plus apparent de la salle des séances de la mairie une plaque de marbre avec cette inscription (1), dont le lyrisme royaliste nous fait

(1) Sedatis civilibus procellis, eversa tyrannide, votis cunctorum, Divionensium imprimis, prole sacra Borbonidum restituta, IV aprilis MDCCCXIV, color albus, liliis exultans, in summo turrium culmine

aujourd'hui sourire, mais qui fut trouvée toute naturelle
à cette époque de sentiments exagérés : « Les tempêtes
civiles étant apaisées, la tyrannie renversée, et la dynastie sacrée des Bourbons désirée par tous et particulièrement par les Dijonnais nous étant rendue, au 4 avril 1814,
la blancheur des lis étant glorieusement arborée au sommet de nos tours, le roi Louis XVIII, cet autre Henri, si
longtemps attendu, enfin restitué à la France avec l'aide
de Dieu, envoya à Dijon son frère, le premier prince du
sang. Ce prince chéri, Charles-Philippe, entrait dans
notre ville, le 12 septembre 1814, et, en même temps que
lui, l'espoir, la joie et la félicité de tous. Le maire de la
ville et les conseillers, pour perpétuer le souvenir de ce
jour, ont érigé ce marbre. »

La note à payer ne se régla pas aussi facilement que
l'avait supposé le conseiller Ranfer. Les fournisseurs soulevèrent de nombreuses réclamations. On eut quelque
peine à leur faire entendre raison. Au 1ᵉʳ avril 1815 la
veuve Midan, Charron un ferreur, le sculpteur Bornier,
le peintre Denisot et plusieurs autres Dijonnais exposaient
au conseil d'alors « qu'ils ont tous travaillé et fait des
fournitures pour les fêtes données par la ville les 12, 13,
14 et 15 septembre 1814, pour l'arrivée et le séjour du
comte d'Artois ; ils observent que la plupart d'entre eux
n'ont encore rien touché, tandis que, soit par préférence
ou autrement, beaucoup d'ouvriers ont été entièrement
soldés à leur préjudice, qu'en général leurs mémoires

gloriose volitabat. Rex Ludovicus XVIII, exoptatus diu, alter Henricus,
Gallorum genti tandem redditus auxiliante Deo, fratrem suum solio
propinquiorem ad Divionenses misit. Ingrediebatur hic dilectissimus
princeps Carolus Philippus, anno MDCCCXIV, die sept. XII, et cum
eo spes, et lætitia et felicitas omnium. Ad perpetuam memoriam major
urbis et œdiles P. C.

ont subi un examen très rigoureux, plusieurs ont été réduits de moitié. Ils ont d'autant plus lieu de compter sur sa bienveillance qu'ils sont d'honnêtes et malheureux pères de famille dans le besoin. » La réclamation la plus forte, et qui d'ailleurs paraît la mieux fondée, fut présentée le 11 avril par Boulée, restaurateur cafetier : « Au mois de septembre dernier, lors de l'arrivée du comte d'Artois en cette ville, il fut chargé de préparer et servir plusieurs repas splendides que la ville de Dijon donna au prince et à sa suite, et de fournir les rafraîchissements d'un bal très nombreux, dont elle lui fit les honneurs. L'exposant ayant reçu l'ordre de ne rien ménager pour donner à cette réception toute la magnificence possible, et lui ayant été promis qu'il serait payé sur-le-champ avec des fonds à ce destinés, déposés chez le notaire Gaulot, il n'a pas craint, pour répondre aux réclamations empressées des commissaires, d'avancer toutes ses économies et une partie de son fonds de commerce. La dépense s'est élevée à 10,146 fr. 15. Or, on ne lui a jamais donné que des à compte. » Suit un véritable acte d'accusation dirigé contre l'ancien maire, qui n'a refusé justice au pétitionnaire que parce qu'il était bonapartiste. Aussi espère-t-il que le maire d'aujourd'hui saura lui faire obtenir ce qui n'est que la juste rémunération de ses avances et de ses peines.

Ce fut seulement en 1816 que le notaire incriminé, Gaulot, réussit à apurer les comptes de la fête et envoya à la municipalité les pièces de comptabilité avec prière de faire vérifier et de donner décharge. On avait emprunté 12.000 francs, les dons volontaires s'étaient élevés à la somme de 7978 fr. 35, et la vente des matériaux de la pyramide avait été de 801 fr. 62 ; total général,

20.719 fr. 97. Or on avait dépensé 20.837 fr. 78. Le notaire était donc en avance de 57 fr. 81. Il annonçait dans sa lettre qu'il abandonnait volontiers cette avance, et pourtant, ajoutait-il non sans amertume, on l'avait rayé des contrôles de la garde nationale, dont il faisait partie l'année précédente. Ce devait être le dernier écho d'une fête, dont les Dijonnais gardèrent longtemps le souvenir.

Un autre compte, autrement difficile à régler, fut celui des dépenses occasionnées à la ville par le séjour des troupes autrichiennes. Voici ce qu'écrivait, à la date du 17 novembre 1814, le maire de Dijon au préfet de la Côte-d'Or : « J'ai l'honneur de vous prévenir que le travail de la commission que j'ai nommée à l'effet de vérifier ce qu'il en avait coûté aux habitants de Dijon pour la nourriture des troupes alliées est trop volumineux et trop rempli de détails pour vous l'envoyer. D'ailleurs, d'après ce que vous m'avez dit, je pense qu'il vous suffit de connaître le résultat de ce travail. Les habitants de Dijon ont logé un grand nombre d'officiers dont la quantité de journées s'élève à 57.519, qui, à 3 fr. 50, donnent une somme de 199.318 fr. La commission évalue la nourriture de leurs chevaux à la somme de 98.550 fr. Les journées de soldat sont au nombre de 400.900, qui, à 1 fr. 50 par chaque journée, produisent 601.350 fr. Les charrois supportés par la ville sont estimés 8.655 fr. Quant aux objets enlevés, dégradations de meubles et de maisons, la commission, après avoir examiné sérieusement les plaintes de chaque particulier, croit que ces pertes doivent être estimées la somme de 102.095 fr., total général, 1,009,958 fr. MM. les commissaires m'ont observé qu'on aurait tort de croire cet état exagéré en raison de ce que plusieurs réclamants ont négligé d'envoyer l'état des pertes que leur a occasionnées le logement des troupes alliées, et un grand nombre celui des militaires français qui ont été nourris par les habitants de cette ville, jusqu'à ce que le service de la guerre fût réorganisé. »

Le règlement de ces dépenses ne fut en effet ni aussi simple, ni aussi commode à exécuter qu'on l'avait cru tout d'abord. Peu de personnes furent tentées d'imiter Jean-Baptiste Noellat, « membre de l'université royale, libraire à Dijon, qui, voulant donner des preuves de son entier attachement à la famille de notre bon roi, Louis le Désiré, vous prie de recevoir, au nom du gouvernement, la remise de 200 fr. environ qui lui reviennent pour valeur des objets de réquisition, dont il a été frappé pendant le séjour des troupes alliées dans notre ville ; il vous prie de croire que ses souhaits seront accomplis, s'il apprend que ce faible acte de dévouement peut servir d'exemple aux personnes qui, comme lui, sont entièrement dévouées au meilleur des rois » (14 décembre 1814). Chaque jour au contraire se présentaient de nouveaux réclamants, et le chiffre des indemnités à payer allait sans cesse grossissant. Ce fut même une des difficultés administratives contre lesquelles se heurta la bonne volonté des conseillers municipaux : et ces difficultés augmentèrent, lorsqu'une révolution nouvelle et une seconde invasion compliquèrent encore la situation, en l'embrouillant comme à plaisir. Qu'il nous suffise d'indiquer qu'en 1832 la liquidation des comptes de 1814 n'était pas encore achevée, et, à vrai dire, qu'elle ne le fut jamais.

Aussi bien, comme il arrive après toute commotion politique, les mécontentements, un instant comprimés, commençaient à se faire jour. Sans doute, à ne consulter que les apparences, les Dijonnais étaient tout dévoués à la légitimité. Le bruit des harangues officielles et des compliments exagérés dont on avait accablé le comte d'Artois remplissait encore les oreilles. Le 5 novembre Durande convoquait (1) les conseillers municipaux et les fonctionnaires de la mairie pour la prestation du serment de fidélité au Roi, et, trois jours plus tard, cette cérémonie s'accomplissait en grande pompe dans une des salles de la préfecture. Généraux, officiers, ecclésiastiques, fonctionnaires de tout ordre se trouvèrent réunis. Le préfet Terray se laissa aller à de furibondes attaques contre la Révolution, et tous ces personnages officiels, dont la plupart devaient leur situation à la Révolution, firent entendre un formidable cri de Vive le Roi ! Lorsque le secrétaire Vaillant commença l'appel nominal des personnes présentes, il n'y eut pas une seule protestation. Tous prêtèrent serment de fidélité.

Quelques jours plus tard, le 2 novembre, eut lieu la séance de rentrée de la cour d'appel. Après la messe du Saint-Esprit, le procureur général Ballant, bien connu par ses opinions bonapartistes, fit le discours d'usage sur les qualités et les devoirs des magistrats. Il avait à prononcer l'éloge funèbre du conseiller Morizot : n'eut-il pas le courage de le plaindre « de n'avoir pas survécu de quelques mois pour être témoin d'un événement qui était dans sa pensée et dans ses vœux, le retour des Bourbons sur le trône de France. » Ce ne fut pas la dernière palinodie des corps constitués. Le 24 novembre, le conseil général du département commençait sa session. Les

(1) Registre 1814, p. 288.

conseillers rédigèrent une adresse au roi, dans laquelle, après l'avoir accablé de compliments, ils s'exprimaient ainsi : « Votre département de la Côte-d'Or s'enorgueillit d'avoir, un des premiers du royaume, arboré sur les tours de sa capitale l'antique et pur drapeau de la monarchie, ce drapeau qui lui rappelait la gloire et les vertus des rois, vos augustes prédécesseurs, et lui donnait la certitude de trouver rassemblées dans le cœur de Votre Majesté toutes celles qui font et assurent le bonheur des peuples. » Ils continuaient en célébrant avec emphase la paix, plus qu'humiliante, qui venait d'être signée et terminaient en faisant appel à la générosité royale. Le 7 décembre, à l'occasion de l'installation du peintre Devosge comme directeur de l'école spéciale de dessin, peinture, sculpture et architecture de Dijon, égal redoublement de harangues hyperboliques et d'adulations ampoulées. L'hésitation n'était donc pas permise : Dijon et les Dijonnais comptaient parmi les plus fermes soutiens de la légitimité.

Ces apparences étaient trompeuses. Cette joie officielle n'existait qu'à la surface, et, si le nouveau gouvernement paraissait accepté par tous, c'était par lassitude plutôt que par conviction, par indifférence plutôt que par reconnaissance. En réalité la Restauration avait des ennemis, des ennemis sérieux, presque irréconciliables, et d'autant plus dangereux qu'ils s'appuyaient sur les masses profondes de la population. Les soldats par exemple ne cachaient pas leurs regrets. Ils avaient bien arboré la cocarde blanche, et ils obéissaient aux ordres qu'on leur donnait. Ils prenaient même part aux manifestations extérieures, alors si fréquentes, pour lesquelles on demandait leur concours, mais ce n'est pas impunément

que des militaires, plusieurs années de suite, se sont
habitués à se considérer comme les compagnons d'armes
et les amis d'un grand général. Depuis que Napoléon
leur avait versé le vin généreux de la victoire, et les avait
en quelque sorte grisés de sa propre gloire, ils s'étaient
dévoués à sa fortune. Jamais chef n'exerça sur ses hommes
pareil ascendant : aussi quand il tomba du trône, après
une série de catastrophes sans précédents dans l'histoire
et de péripéties dramatiques dont le souvenir hantait
encore les imaginations, non seulement il ne fut pas oublié,
mais encore on le regretta. Les chefs il est vrai se rallièrent assez facilement au nouveau régime. Plusieurs d'entre eux affectèrent même un zèle trop bruyant pour être
bien sincère (1), mais les soldats, malgré les ménagements et les complaisances qu'on ne leur épargnait pas,
restèrent partisans de la dynastie déchue. Plus d'un conserva dans son havre-sac la glorieuse cocarde qui, depuis
vingt-cinq ans, conduisait les Français à la victoire. Il
s'en trouva même qui ne voulurent pas la quitter. Le 7
mai le préfet de la Côte-d'Or écrivait au maire pour se
plaindre de ce que les militaires de passage n'arboraient
pas la cocarde blanche (2). « Il n'est aucun militaire, de

(1) Voici l'adresse du 23ᵉ de ligne, en garnison à Dijon (28 juillet
1814) : « Sire, les officiers, sous-officiers et soldats du 23ᵉ de ligne
réorganisé, s'empressent de faire parvenir aux pieds de Votre Majesté
le sincère hommage des sentiments qui les animent. Reconnaissance
bien sentie, fidélité sans bornes, l'attachement le plus inviolable, la
soumission la plus entière, voilà le tribut qu'ils lui garantissent. Toujours ferme dans le sentier de l'honneur, votre 23ᵉ régiment sera toujours prêt à combattre les ennemis des Bourbons et de la France. Sire,
les vrais Français n'ont jamais oublié l'illustre race des rois qui ont fait
le bonheur et la prospérité de l'état, et Votre Majesté nous en assure
l'heureux retour. »

(2) « Il en est de même, ajoutait-il, de quelques communes où le

quelque grade qu'il soit, ajoutait-il, qui puisse ignorer qu'il est de son devoir de se conformer aux ordres qui ont rétabli les fleurs de lis... Nous vous engageons et, en tant que besoin, ordonnons de vous empresser de réparer un tort que nous présumons venir plutôt d'insouciance que des suites de suggestions perfides de la part d'hommes vicieux et méchants. » Mais les soldats firent la sourde oreille. On eût dit qu'ils n'attendaient qu'une occasion pour se parer d'un emblème proscrit. Quelques-uns même, plus imprudents ou plus impatients, exprimèrent tout haut leurs sentiments et s'exposèrent à de graves punitions. Il est vrai que ce n'était jamais pendant le service qu'ils s'enhardissaient ainsi à manifester leurs regrets, mais souvent, très souvent même, assis à la table de cabarets tenus en général par d'anciens camarades, ils disaient tout haut leurs espérances, et les exprimaient en chansons grossières, que les circonstances rendaient séditieuses. Dès le mois de juillet 1814, le maire de Dijon était obligé de signaler (1) au préfet quelques-uns de ces imprudents : « J'ai appris que des militaires, buvant chez le sieur Berthet, cabaretier derrière Notre-Dame, s'étaient permis de chanter des chansons en l'honneur du tyran. J'ai mandé cet homme qui a nié le fait. Il a dit du moins que cela n'était pas à sa connaissance. C'est néanmoins un bruit public, d'après lequel j'ai cru devoir lui signifier que, s'il y avait récidive, et qu'il ne fût pas avéré qu'il y avait mis ordre, son cabaret serait fermé. »

maire et les habitants se montrent peu empressés à manifester leur dévouement au Roi, et ont différé jusqu'à ce moment d'arborer la cocarde blanche.

(1) Registre de 1814, p. 148.

C'était là un premier symptôme de désaffection, d'autant plus grave qu'il n'était pas isolé (1). Le 17 juin Colin, procureur du roi à Lons-le-Saulnier, renvoyait au maire de Dijon le nommé François Mary, natif de Dijon, vagabond, qui avait crié vive l'Empereur ! « Quoique ces propos séditieux paraissent avoir été tenus par indiscrétion ou légèreté et dans un moment d'ivresse, j'ai cru devoir retenir le dénommé pour le renvoyer à son domicile sous la conduite de la gendarmerie et le mettre sous votre surveillance. » Dans le cours du mois de juillet, cinq individus furent signalés à la police comme ayant tenu des propos séditieux. Le premier était un vieillard, qui « proférait des injures contre la personne du roi, et avait frappé un individu qui lui faisait des observations sur sa conduite ». Il fut condamné à seize francs d'amende, et mis en surveillance pendant deux ans. Deux autres, en plein café, avaient provoqué les assistants à la révolte en entonnant des chansons grivoises contre le roi. Ils furent condamnés à quarante francs d'amende et mis en surveillance pendant cinq ans. La quatrième, une ouvrière, et le cinquième, un vigneron de Gevrey, furent, pour le même délit, condamnés à seize francs d'amende, un mois de prison et cinq ans de surveillance. Quant aux soldats, et surtout aux soldats, alors si nombreux, qu'on licenciait sous prétexte d'économie, et uniquement parce qu'on se défiait d'eux, froissés dans leur amour-propre, et réduits aux expédients pour trouver du jour au lendemain des moyens d'existence, ils exhalaient leur

(1) Au théâtre il y avait souvent du bruit. Voir lettre du préfet au maire (20 décembre 1814) à propos de l'incarcération d'un certain Maillard « qui s'était permis des propos contre le gouvernement en plein théâtre. » Archives municipales, 1814, p. 355.

dépit ou leur fureur en termes amers, et bientôt, ne se contentant plus de propos inconsidérés, déblatérèrent en public contre les Bourbons et leurs adhérents.

Cette opposition militaire pouvait devenir dangereuse. Le général Liger-Belair crut nécessaire de sévir, et, le 23 août 1814, il lança contre les militaires licenciés ce sévère rapport : « Ordre de faire arrêter quiconque, dans un moment de licence, laisserait échapper des clameurs injurieuses et ce cri qui rappelle l'état de choses si heureusement renversé. La discipline militaire et les sentiments vraiment français doivent s'étendre à tous les individus, et ceux qui manifesteraient des opinions tendantes à la révolte, seraient traduits devant un conseil de guerre pour y être jugés, comme s'étant rendus coupables envers la dignité royale. J'invite les autorités locales à seconder mes efforts et à livrer à la gendarmerie, pour être conduits au quartier général de la division, les militaires qui tiendraient une semblable conduite. »

Quelques jours plus tard, le 31 août 1814, un acte de brutalité de la part d'un militaire de la garnison faillit amener une complication diplomatique. Lord Castelreagh, le plénipotentiaire anglais, se trouvait alors à Dijon. Il fut insulté par un soldat ivre, un certain Compère. Procès-verbal de l'insulte fut dressé, et le malencontreux soldat fut conduit à la prison municipale. Le maire (1) avertit aussitôt le préfet de l'incident : « M. le commissaire de police a dû vous envoyer hier soir le procès-verbal qui constate l'insulte faite à milord Castelreagh. Il est certain que le militaire était pris de vin et qu'il ignorait absolument qu'il s'adressait à milord Castelreagh.

(1) Archives municipales, Registre 1814, p. 222 (1er sept. 1814).

Je me suis occupé des moyens de connaître et de faire arrêter cet individu, qui, quoique dans un état d'ivresse, n'en est pas moins très répréhensible. » On ne sait quelle fut l'issue de l'affaire. Il est probable que lord Castelreagh ne daigna pas tirer vengeance d'un outrage qui, de la part d'un soldat ivre, n'en était pas un. Nous aimons même à croire qu'il demanda la grâce du coupable.

Malgré la surveillance de l'autorité militaire et la sévérité de circonstance déployée par les chefs de corps, la garnison de Dijon ne cessa pas pour autant de manifester ses sentiments bonapartistes. Au mois de décembre 1814, les grenadiers du 23e de ligne aimaient à se donner rendez-vous dans le cabaret d'un sieur Bizot, rue Chabot-Charny, et s'y répandaient en propos inconvenants et déplacés. Ils s'imaginaient que Bizot garderait le silence, mais le cabaretier tenait plus à son établissement qu'à sa clientèle bonapartiste. Il dénonça les grenadiers au procureur du roi, et ce dernier s'empressa de porter plainte au maire de la ville. Durande se crut obligé de prévenir le colonel du 23e : « La police des militaires ne m'appartient en aucune manière, mais c'est, je crois, rendre un service à MM. les chefs que de les instruire de propos ou de scènes scandaleuses qui pourraient compromettre la réputation dont jouit leur corps et leur faire perdre indirectement la confiance et la considération, qui sont le partage de la valeur et de la gloire militaire. » On ne sait si le colonel, dûment averti, prit ses mesures pour mieux faire observer les règlements militaires par les hommes de son régiment, mais nous n'avons plus trouvé trace dans les documents de l'époque de scènes de désordre amenées par des soldats. Il est probable que, se sentant mieux surveillés, ils ont été plus prudents : mais, pour être contenus, leurs sentiments, exaspérés par l'attente, n'en restaient pas moins plus violents que s'ils eussent été librement exprimés. Aussi lorsqu'on leur annoncera, quelques semaines plus tard, que Napoléon a débarqué en Provence, se déclareront-ils en sa faveur, avec une véritable explosion d'enthousiasme guerrier.

Il n'y avait pas à Dijon que les soldats de mécontents. Le peuple commençait à s'agiter, car on ne tenait aucune des promesses dont les Bourbons s'étaient montrés si prodigues à leur rentrée en France. On sait que, s'ils furent en général si bien accueillis, c'est parce qu'un des princes de la maison royale, le comte d'Artois, sans doute mal instruit du nouvel état de choses qui avait succédé à l'ancien régime, et connaissant peu les institutions que s'était données la France, avait promis l'abolition du plus impopulaire et du plus vexatoire des impôts indirects, celui des droits réunis, autrement dit de la régie. On l'avait pris au mot : cabaretiers et habitués de cabaret, débitants et consommateurs ne voulaient plus payer de droits sur les vins. Or cet impôt constituait une des sources les plus importantes de la fortune publique. Y renoncer c'était se priver de ressources indispensables. Le directeur des impôts indirects, Léjéas, reçut donc l'ordre de continuer à percevoir les mêmes droits que par le passé. Des rassemblements se formèrent dans les rues, et autour de la maison du directeur. On parlait déjà de tout briser et de jeter à l'Ouche les malencontreux employés. Le maire, inquiet à juste titre, fit venir les principaux débitants et les engagea à patienter. Il s'adressa même directement (1) à la population : « Votre

---

(1) Proclamation du 19 mai 1814. Registre 1814, p. 59.

maire, vos magistrats doivent vous prévenir que rien n'est innové relativement à l'impôt, que tous seront perçus comme par le passé, jusqu'à ce que le souverain et le corps législatif aient avisé dans leur sagesse aux modifications dont notre bon roi s'est déjà occupé. Habitants! nous avons souffert, mais comparons avec nos pertes l'avantage inexprimable de posséder nos princes légitimes, et bientôt nos maux seront oubliés. Pénétrés de l'importance de l'acquittement de l'impôt, nous nous presserons à l'envi, nous aiderons notre bon roi de toutes nos ressources, ce sera de notre part une offrande, si ce n'est un devoir. »

Certes ces exhortations étaient sages, mais Durande n'était que médiocrement persuadé de leur légitimité, puisqu'il écrivait en même temps à Léjéas pour l'engager à supprimer l'exercice et à se contenter d'abonnements. A vrai dire il se montrait hésitant. Au fond il trouvait que ses administrés avaient raison, et, s'il n'avait pas été chargé de faire exécuter les lois, peut-être aurait-il dit comme eux que certaines de ces lois auraient gagné à être modifiées. La lettre qu'il adressait à ce propos à Léjéas (2 août) est celle d'un honnête homme et d'un citoyen clairvoyant : « La proclamation (1) de Monsieur, comte d'Artois, que nous fimes afficher dans les rues de Dijon, la promesse que nous donnâmes aux cabaretiers, et qui alors devenait nécessaire pour anéantir le crédit des partisans de Napoléon ; toutes ces circonstances ont exaspéré les cabaretiers et les ont fortifiés dans l'opinion que l'impôt indirect sur les vins devait être aboli. » Que faire en la circonstance ? Il est certain qu'il faudra recou-

---

(1) Registre 1814, p. 177.

rir à la force armée pour contraindre les turbulents, mais, et ces mots sont bien caractéristiques, « sommes-nous sûrs des militaires ? Quand même les militaires exécuteraient les ordres qui leur seraient donnés, les cabaretiers et les aubergistes, intimement convaincus de leurs dispositions en leur faveur, ne seront désabusés que lorsqu'ils auront tiré des coups de fusil. Si quelques habitants sont blessés, pouvons-nous contenir la populace ? La Révolution ne nous a que trop appris ce que devenait le peuple, lorsqu'il était furieux. Ce sont de vrais cannibales que rien ne peut arrêter, qui ne consultent que leur rage, et qui se livrent à tous les excès possibles. » Durande concluait en proposant de s'en tenir aux déclarations du comte d'Artois, et il ajoutait avec mélancolie « qu'on avait grand besoin de l'ordre après tant de désordres, suite nécessaire des maux qu'entraîne la guerre, et surtout au sortir d'un gouvernement qui a démembré les trois quarts de la France et habitué les Français à ne plus connaître d'autre règle que leur intérêt, d'autre langage que celui de leur passion ».

Le préfet Terray, consulté par Léjéas, n'hésita pas à se prononcer pour le respect de la loi, et par conséquent pour le maintien de la régie. Il crut même nécessaire de faire connaître les intentions formelles du gouvernement et adressa non plus seulement aux Dijonnais, mais à tous les habitants de la Côte-d'Or une proclamation très ferme, très résolue, bien qu'enveloppée de formules doucereuses (4 août 1814) : « Je sais que les impôts indirects se perçoivent avec des formes qui excitent des réclamations générales, je sais, et toute la France le sait, que le premier désir du Roi est d'en affranchir ses peuples », mais, ajoutait-il, on cherche en ce moment une nouvelle assiette des impôts : or on ne peut improviser du jour au lendemain un pareil remaniement. « Il s'agit d'un délai de peu de mois, d'un délai indispensable, car on ne peut anéantir une partie importante des revenus de l'état avant d'avoir pourvu à son remplacement. » Il terminait par ces paroles menaçantes, les seules vraies, car il ne s'agissait plus de promesses, mais d'exécution immédiate : « Je vous ai parlé comme à de bons Français et à des citoyens amis de l'ordre et soumis aux lois. J'aime à croire que vos villes et vos campagnes n'en renferment point d'autres. Si malheureusement il existait au milieu de vous des hommes animés d'un esprit différent, je ne leur dirai qu'un mot, c'est qu'ils trouveront dans les magistrats la volonté et le pouvoir de faire exécuter les lois. »

Ces salutaires avertissements furent inutiles. Les esprits étaient montés. On ne croyait pas aux rigueurs administratives. Quelques imprudents se laissèrent aller à de fâcheuses démonstrations. Le 1er, le 18 et le 19 août 1815 des émotions populaires eurent lieu. Treize personnes furent arrêtées et traduites en police correctionnelle. Par jugement du 22 octobre 1814, dix des délinquants, convaincus d'avoir par leurs discours provoqué à la rébellion contre la perception des impôts indirects furent condamnés le premier à un mois de prison et vingt-cinq francs d'amende, quatre autres à quinze jours et à seize francs, et cinq seulement à six jours, tous solidairement aux dépens. Désormais on se le tint pour dit. Quelques récalcitrants essayèrent bien de désobéir aux agents des contributions, mais la majorité des débitants jugea prudent de ne pas se heurter à la force brutale. Les droits réunis continuèrent donc à être perçus, en dépit des promesses royales, et, une fois de plus, les Dijonnais apprirent à leurs dépens que les révolutions ont lieu souvent en faveur des individus, mais presque jamais en faveur des institutions.

Parmi les matières que frappaient les droits réunis il en était une, la poudre, que, pendant les dernières années de l'Empire, on s'était habitué à dépenser en grandes quantités. Le passage des troupes à travers la province, les combats acharnés qui s'y étaient livrés, les dépôts d'armes et de munitions, c'étaient là tout autant de causes qui avaient mis à la disposition de nos grands-pères des provisions de poudre. Ils en profitaient pour se livrer à de véritables débauches de chasse, de feux d'artifice ou d'exercices à tir. C'était surtout la poudre étrangère, spécialement la poudre autrichienne, introduite à Dijon par les rouliers francs-comtois, qui alimentait cette consommation inusitée. Sans parler du préjudice causé au trésor par cette introduction en contrebande de matières soumises à des droits, on pouvait craindre qu'à un moment donné cette poudre ne servît à des usages dangereux. Dès le 30 août 1814, le maire Durande avait signalé à la surveillance du commissaire de police des dépôts de poudre clandestins. « Je reçois une lettre de M. le Préfet qui se plaint amèrement de ce qu'il se fait à Dijon, et notamment dans le faubourg Saint-Pierre, un débit de poudre étrangère. Ce magistrat fait voir dans cet abus, qu'il attribue au défaut de surveillance de la police, un préjudice notable pour le trésor de l'État, en même temps un sujet d'inquiétude pour la sûreté publique, puisque les agitateurs et les malveillants peuvent par ce moyen se mettre en état de résister à la force armée dans le cas où l'on se trouverait forcé de la déployer contre eux. »

Le maire ordonnait donc de poursuivre les délinquants, et de saisir, partout où il la trouverait, cette poudre de contrebande.

Les Dijonnais prirent-ils mieux leurs précautions ou bien cherchèrent-ils à taquiner l'administration? toujours est-il que l'on continua à faire parler la poudre. Non seulement on tirait des coups de fusil en pleine rue, mais encore les enfants eux-mêmes s'amusaient, dans les fossés qui entouraient alors la ville, à faire partir pétards et fusées. Quelques accidents avaient eu lieu. Il était urgent de recourir à de sévères pénalités (1). Aussi, le 16 novembre 1814, le maire ordonnait-il au commissaire de police de faire citer par-devant lui tous ceux qui n'obéiraient pas. « Il lui est même enjoint de faire arrêter les enfants qui chercheraient à cacher leur domicile et leur nom, et de les faire conduire de suite à la prison de la police municipale. » Le commissaire était-il en désaccord avec la mairie, ou jugeait-il opportun de fermer les oreilles à ces pétarades, ainsi qu'il les qualifiait avec esprit, on l'ignore ; mais les coups de fusil et les fusées continuèrent de plus belle. Cette fois le préfet fut obligé d'intervenir directement. Il se plaignit à Durande de la mollesse de ses agents, et ce dernier, poussé à bout, et furieux de voir ses ordres méconnus, rédigea *ab irato* une verte semonce qu'il adressa (2) à son subordonné : « Il est étonnant que vous soyez si insouciant sur les accidents qui peuvent résulter de tels abus, et que vous laissiez sans exécution les arrêtés qu'à diverses époques j'ai pris et renouvelés sur cet objet

(1) Archives municipales, Registre 1814, p. 299.
(2) Id., p. 301.

important… La police se fait si mal sous tous les rapports, du moins tout le monde s'en plaint, et les avertissements que je vous ai donnés sur cet objet ont été jusqu'à ce jour si peu fructueux que c'est toujours à regret que je vous écris parce que je pense que c'est un temps perdu. Vous ne cessez de dire que vous êtes entravé, et n'est-ce pas le comble de l'extravagance et de la mauvaise foi que de débiter de pareilles sottises ? Tous les cas sont prévus ; des arrêtés sont pris sur tous les objets, et, s'ils restent dans l'inaction, n'est-ce pas la faute à celui qui est chargé d'en suivre rigoureusement la stricte et entière exécution ? »

Le commissaire de police persista dans son mauvais vouloir. Quelques jours après, le 23 novembre 1814, le maire était obligé d'adresser au préfet de nouvelles plaintes sur son compte. Il l'accusait de mollesse et d'indifférence. « Toutes les lettres que je lui écris restent sans réponse. Je ne puis pas même obtenir de lui des accusés de réception. » Durande finit par se fatiguer de cette opposition et demanda le changement de son subordonné. Il ne devait l'obtenir qu'en mars 1815, quelques jours seulement avant la révolution, qui allait lui enlever pour quelques semaines les fonctions de maire (1).

Aussi bien Durande allait avoir à se débattre bientôt

---

(1) Le nouveau commissaire se nommait Gilbert Daunou. Il fut installé dans ses fonctions le 4 mars 1815. Le procès-verbal de son installation (Archives municipales, Registre 1815, p. 73, 74) renferme le discours prononcé par Durande à cette occasion. On y remarque le passage suivant : « dans un gouvernement paternel cette place sera facile à remplir. Le Roi veut le bonheur de son peuple. Tous les moyens vexatoires sont abolis, et l'on ne doit connaître d'autres mesures que celles qui sont commandées impérieusement par les lois et par les mesures de police. »

contre des difficultés autrement graves. Le mécontentement en effet grandissait de jour en jour, et le gouvernement de la Restauration, par ses maladresses répétées, semblait avoir pris à tâche de l'augmenter. Un des actes qui fut jugé le plus sévèrement (1) fut la fameuse ordonnance du 8 octobre 1814, dite de l'observation du dimanche. Tous les travaux devaient être suspendus les dimanches et jours de fête reconnus. Défense aux marchands d'étaler et de vendre, les ais et volets des boutiques ouverts, aux colporteurs et étalagistes de colporter et d'exposer en vente, aux artisans et ouvriers de travailler extérieurement et d'ouvrir les ateliers, aux charretiers, aux voituriers et à tous les employés à des besoins et services locaux de faire des chargements. Dans les villes au-dessous de 5000 âmes, défense expresse aux « cabaretiers, marchands de vin, débitants de boisson, traiteurs, limonadiers, maitres de paume ou de billard de tenir leurs maisons ouvertes, et d'y donner à boire et à manger les dits jours pendant le temps de l'office divin. » Toute contravention sera constatée par un procès-verbal, jugée par les tribunaux de simple police et punie d'une amende, la première sera de cinq francs au moins. Cette ordonnance draconienne et intempestive jetait un soudain désarroi dans les habitudes. Non seulement elle violait la liberté de conscience, mais encore elle gênait des intérêts multiples. En outre, par cet audacieux retour vers le passé, elle défiait en quelque sorte l'opinion publique. Le plus singulier c'est qu'elle ne fut pas rendue en conseil des ministres. Le comte Beugnot, alors chargé des fonctions

(1) Mme de Chastenay, *Mémoires*, t. II, p. 469. Elle plaisante le préfet sur son refus d'assister à des bals pendant le carême, et dit que « l'effroi du règne de la superstition fut bientôt répandu ».

de ministre de l'intérieur, crut faire un acte d'habile politique en la proposant à la signature de Louis XVIII. On ne saurait croire combien cette loi du 8 octobre enleva de partisans à la légitimité. L'Église avait peut-être espéré que ce coup d'autorité affermirait son pouvoir : il l'ébranla. Au mois de décembre 1814, deux mois à peine après la publication de l'ordonnance, on en était à redouter à Dijon des désordres pour la nuit de Noël. Le maire écrivait (23 décembre) au général Simon, commandant du département, pour le prier d'organiser des patrouilles pendant cette nuit, et au colonel de gendarmerie pour qu'il plaçât des gendarmes dans les églises. « Cette précaution me paraît nécessaire pour le maintien de l'ordre et de la tranquillité. » Par un singulier renversement des rôles, il mettait ces gendarmes sous les ordres des curés, et donnait à ces derniers l'autorisation de distribuer à leur guise dans l'église ces protecteurs improvisés. On était donc bien peu sûr de l'état des esprits, puisqu'on prenait de telles précautions !

Une autre maladresse commise par le gouvernement fut de réveiller les souvenirs les plus malheureux de la Révolution, et d'exciter des rancunes ou des regrets en ordonnant des fêtes expiatoires en l'honneur de certains anniversaires. Du moment où le roi, en rentrant en France, avait accepté la situation, il avait, par cela même, accordé une amnistie générale. Il n'aurait pas dû écouter quelques conseillers malavisés, qui le persuadèrent de la nécessité d'affirmer en quelque sorte la foi monarchique de la France par des services funèbres, célébrés dans le pays entier, au jour anniversaire de la mort de Louis XVI. Quand on apprit à Dijon qu'une messe solennelle serait célébrée à la cathédrale à cette occasion, et que tous les fonctionnaires étaient invités à y assister, la surprise fut générale. Assurément les royalistes purs furent heureux de trouver cette occasion d'étaler au grand jour leurs sentiments réactionnaires, mais les fonctionnaires qui devaient leur situation à la Révolution furent sans doute peu flattés d'avoir à faire amende honorable en figurant à une cérémonie, qui était la condamnation de leur conduite. Aussi bien le maire, en s'adressant (1) soit à ses collègues du conseil, soit à ses concitoyens pour leur faire part de l'invitation préfectorale, ne leur avait pas ménagé les objurgations : « Il n'est aucun de vous qui ne frémisse d'horreur et d'effroi en se rappelant la journée du 21 janvier. Vous savez combien ce jour qui fut si funeste à la France coûta de larmes aux véritables Français. Habitants, il m'est prouvé que vous avez partagé ces sentiments de douleur et de regrets, du moins la conduite que vous avez tenue depuis le rétablissement du trône prouve à tous les Français que vous chérissiez Louis XVI votre roi légitime, et que vous renaissez au bonheur sous le gouvernement de sa majesté Louis XVIII. Comme vous, pénétré de ces sentiments, je m'empresse de vous prévenir qu'il sera demain, samedi 21, célébré un service dans toutes les églises paroissiales de cette ville pour Sa Majesté Louis XVI. J'invite ceux qui ont des boutiques, et c'est sans doute entrer dans leurs vues... à les fermer pendant le temps de la célébration du service divin, c'est-à-dire depuis neuf heures et demie du matin jusqu'à midi. » Quant aux soldats et surtout aux officiers à demi-solde, qui avaient versé leur sang sur tous les champs de bataille de l'Europe pour maintenir,

---

(1) Archives municipales, Registre 1815, p. 17.

avec toutes ses conséquences, l'événement du 21 janvier, leur irritation fut plus grande encore que celle des fonctionnaires : d'autant plus que le maréchal de camp, commandant la Côte-d'Or, Simon, leur adressa un ordre du jour presque comminatoire : « Messieurs les officiers en retraite ou à la demi-solde résidant à Dijon sont invités à assister à la cérémonie funèbre qui aura lieu dans l'église cathédrale de cette ville, samedi prochain 21 janvier, à dix heures du matin, jour anniversaire de la trop fameuse époque qui a attiré tant de malheurs sur la France, et pénétré de douleur tous les cœurs vraiment français et amis de la patrie. »

La cérémonie ne fut d'ailleurs troublée par aucun incident. Au milieu de la nef on avait dressé un catafalque, avec les attributs de la royauté. On l'avait surmonté d'un poêle à crépines d'argent, semé de fleurs de lis. Les autorités, la garnison tout entière, officiers crêpe au bras et drapeaux avec écharpes noires, assistaient à la messe. Sur le parcours du cortège se pressait le peuple, assez froid et d'allure légèrement frondeuse, mais ne témoignant que par des haussements d'épaules le peu de cas qu'il faisait des énergumènes s'évertuant à crier vive le Roi. L'évêque officia en personne. Tenait-il à faire oublier son zèle bonapartiste et concordataire, ou bien se croyait-il obligé en conscience d'accomplir les devoirs de sa charge : pourtant il n'osa prendre sur lui de prononcer l'allocution d'usage, et confia cette mission délicate au curé Girarde.

Excités et mis en goût par cette première démonstration, les royalistes songèrent à célébrer un autre service, non plus seulement pour le repos de l'âme de Louis XVI, mais aussi en l'honneur des autres victimes de la famille royale. Le 4 février 1815, au nom des chevaliers de Saint-Louis en résidence à Dijon, le comte du Quesnay invita « messieurs les chevaliers de tous ordres français et étrangers à leur faire l'honneur d'assister au service solennel qui aura lieu le vendredi 10 février prochain, à dix heures du matin, dans l'église cathédrale de Dijon, pour le repos de l'âme de Sa Majesté Louis XVI et des autres victimes de la famille royale. On sera, autant que possible, en uniforme, le crêpe au bras et à l'épée, ou en habit noir ». Il est vrai que les fonctionnaires et les officiers en demi-solde ne furent pas obligés d'assister à cette cérémonie, mais il est probable que beaucoup d'entre eux, craignant que leur absence ne fût signalée et mal notée, se crurent forcés de prendre part à une manifestation, dont ils déploraient l'inopportunité. Quant au peuple, il ne parait pas s'être associé à ces regrets intempestifs, car les documents de l'époque ne parlent pas de son attitude en cette circonstance : ils ne signalent même pas sa présence.

Si donc la Restauration avait été bien accueillie au début, tant de fautes avaient été commises, tant de maladresses accumulées qu'une réaction devenait inévitable. Or les ennemis du gouvernement se tenaient aux aguets : le souverain de l'île d'Elbe n'attendait qu'une occasion pour profiter de ces fautes, et, en effet, on apprenait tout à coup, en mars 1815, qu'il venait de débarquer en France et précipitait sa marche sur Paris. La première Restauration était terminée.

CHAPITRE TROISIÈME

LES CENT-JOURS A DIJON

On commençait à parler à Dijon (1), déjà depuis quelque temps, d'un retour possible de l'Empereur Napoléon en France. Ce n'étaient encore, il est vrai, que des bruits sans consistance, mais les partisans du régime déchu ne cachaient plus leurs espérances. Quelques-uns d'entre eux, surtout les officiers à demi-solde, prenaient même une attitude provocante. La police signalait des allées et des venues suspectes, des conciliabules mystérieux. On était, en un mot, dans l'attente de quelque grave événement, et, dans tous les rangs de la société, on éprouvait ce malaise étrange que les nations ressentent lors des crises qu'elles traversent. Tout à coup, c'était dans les premiers jours de mars 1815, on apprend à Dijon le débarquement de l'Empereur sur les côtes de Provence. On

---

(1) Extrait de la *Revue de la Révolution*, 1894.

ne peut encore donner aucun détail, mais le fait semble
certain. Personne ne sait qui a répandu cette nouvelle,
mais elle doit être vraie, car le gouvernement ne la dément pas, et, à l'attitude des fonctionnaires, il est permis
de conjecturer que de graves événements se préparent (1).
Bientôt les bruits se confirment, les détails se précisent.
On raconte que l'Empereur est en marche sur Grenoble
à travers les Alpes, et que les populations non seulement
ne s'opposent pas à sa marche, mais encore se pressent
sur ses pas et l'accueillent avec enthousiasme.

A Dijon ce fut seulement au 8 mars que le gouvernement se décida à faire connaître la vérité, si du moins
nous ajoutons foi à une convocation (2) adressée par le
maire Durande aux conseillers municipaux, et conçue en
ces termes : « Vous êtes invité à vous rendre ce soir, à
six heures précises, à l'hôtel de ville, pour objet d'une
haute importance. » Le 9 mars on apprenait à la fois les
premiers succès de Napoléon et sa mise hors la loi. Le
maire Durande priait aussitôt le préfet de convoquer
d'urgence le conseil municipal, et le général Heudelet,
commandant la division militaire, proclamait la loi martiale. Plus on s'était attardé dans une trompeuse confiance, plus on avait hâte de réparer le temps perdu.

Dans sa lettre au préfet, le maire s'exprimait ainsi (3) :
« Connaissant les sentiments dont sont animés MM. les
membres du conseil municipal pour la personne du roi

(1) *Mémorial* de J. Bénigne T*** (mars). « On répand ce matin une affreuse nouvelle. Buonaparte est en France avec 1500 hommes déterminés. Il a débarqué à Cannes, je ne sais par quel moyen, et parcourt en dévastateur le département du Var... Les honnêtes gens sont décidés à périr plutôt que de le laisser remonter sur le trône. »
(2) Archives municipales, Registre 1815, p. 80.
(3) Id., id.

et la famille des Bourbons, je suis convaincu que je partage leurs vues et leurs désirs en vous priant de m'autoriser à convoquer le conseil municipal pour rédiger et envoyer au roi une adresse relative aux événements qui viennent de se passer. » Le préfet s'empressa d'accorder l'autorisation sollicitée, et les conseillers, convoqués le jour même, rédigèrent l'adresse suivante (1) : « Sire, l'apparition de Napoléon Bonaparte sur le sol de la France a porté l'indignation dans nos cœurs. Sa présence, son nom seul rappellent et l'humiliant despotisme sous lequel nous gémissions et les malheurs sans nombre, dont nous fûmes accablés. Votre Majesté connaît la conduite des Dijonnais. Elle a daigné apprécier leur énergie. Sire, ils ne se démentiront jamais. Pénétrés d'amour pour votre auguste personne, fidèles à nos serments, nous déjouerons la malveillance et la trahison, nous signalerons toute personne qui, s'écartant de son devoir, compromettrait la sûreté du trône et la prospérité de l'État. Amour, dévouement, fidélité, tels sont, Sire, les sentiments que déposent aux pieds du trône les membres du conseil municipal. Ils supplient Votre Majesté de daigner en agréer l'expression. »

L'adresse de la municipalité dijonnaise n'était, comme tous les documents de cette nature, qu'une banale protestation, mais elle répondait aux exigences officielles du moment. Elle fut aussitôt transmise à Paris, au ministère de l'intérieur, et, sans doute, fut remarquée, car le secrétaire général du ministère, Guizot, qui, bien que jeune encore, préludait par cette haute position au rôle important qu'il devait jouer plus tard, répondit au maire

(1) Archives municipales, Registre, p. 81.

(15 mars 1815), pour le remercier de son initiative : « J'ai eu l'honneur, ajoutait-il (1), de mettre cette adresse sous les yeux du roi, et je me suis empressé de la faire insérer au *Moniteur*. J'ai vu avec beaucoup de satisfaction les nouvelles preuves du bon esprit qui anime vos administrés dans les circonstances délicates où nous nous trouvons. »

Le général commandant la division, comte Heudelet, avait été plus catégorique. Il avait ordonné l'exécution immédiate des décrets lancés par le gouvernement et qui mettaient hors la loi Napoléon et ses adhérents : « Les troupes stationnées dans la 18e division militaire, lisons-nous dans son ordre du jour du 9 mars (2), et tous les militaires qui s'y trouvent y verront une preuve de la sollicitude avec laquelle Sa Majesté veille au salut de son royaume et de la confiance qu'Elle a mise dans la bravoure et la fidélité de son armée. Vainqueurs tant de fois hors de nos frontières, les soldats français n'ont plus à combattre que celui qui a osé concevoir le projet insensé d'armer les citoyens contre les citoyens, et de livrer la France aux horreurs de la guerre civile. »

Heudelet ne s'était pas contenté des mesures draconiennes édictées par le gouvernement, il avait cru pouvoir prendre sur lui d'appeler aux armes tous les militaires en non activité, domiciliés dans la division, et, feignant de croire « qu'ils partagent le saint enthousiasme de tous les bons Français qui veulent repousser la guerre civile et donner au roi des preuves de leur dévouement et de leur fidélité », il les avait engagés à se réunir aux

---

(1) *Petites Affiches de Dijon*, p. 199.
(2) Ordre du jour du 9 mars, *Petites Affiches*, p. 202.

gardes nationales pour le maintien du bon ordre. Il s'agissait, ajoutait-il, d'un malheur public. Peu importaient les grades et les distinctions. « Tout militaire qui n'est pas employé doit au besoin prendre un fusil et un sabre, et se placer dans les rangs de la garde nationale. » Le brave général était vraiment excessif dans son zèle, et il connaissait bien peu la nature humaine, s'il s'imaginait que d'anciens soldats, sur un simple mot de lui, allaient prendre les armes contre le chef qui les avait si souvent conduits à la victoire, et cela au moment même où le gouvernement affectait de dédaigner leurs services. Cette proclamation, en effet, parait n'avoir été suivie d'aucun résultat. Pas un ancien soldat ne bougea. Pas un officier n'offrit ses services au général. Bien au contraire plusieurs d'entre eux se préparèrent à rentrer en campagne, mais sous les ordres de celui que les journaux officiels continuaient à accabler d'imprécations.

Quant au représentant direct du gouvernement, le préfet H. Terray, il se crut obligé d'affirmer lui aussi ses sentiments royalistes, et adressa aux habitants de la Côte-d'Or (10 mars) une proclamation (1) légèrement emphatique, où il appelait la vengeance des lois contre celui « qui attira les armées étrangères jusqu'au sein de vos foyers, qui entreprend de vous donner la guerre civile, et débarque sur nos côtes avec une poignée d'hommes sans espoir, sans moyen, hors ceux que pourrait lui offrir la trahison. » Il leur montrait avec une certaine habileté que le gouvernement n'avait jusqu'alors cherché qu'à réparer les maux de la guerre, et que l'usurpateur, au contraire, allait rouvrir la période des luttes sans merci

(1) *Petites Affiches de Dijon*, p. 202.

et des sacrifices quotidiens. « Vous ne souffrirez pas, ajoutait-il, qu'une entreprise criminelle et insensée vienne troubler le repos et la paix dont vous fûtes si longtemps privés. Vous appellerez la juste vengeance des lois sur tout homme qui serait assez coupable pour faire entendre au milieu de vous le langage de la révolte et de la trahison. »

Pendant que les autorités, ainsi surprises dans leur quiétude, essayaient de prendre leurs précautions contre l'Empereur, et s'efforçaient de retenir dans le devoir des populations manifestement hésitantes, Napoléon continuait sa marche triomphale, et, sans tirer un coup de fusil, prenait possession de tous les départements du sud-est de la France. Les soldats dirigés contre lui grossissaient, les uns après les autres, les rangs de sa petite armée, les fonctionnaires se ralliaient à lui sans résistance, et le peuple le saluait de ses acclamations. Les Bourguignons de leur côté, ou du moins la grande masse des citoyens, n'attendaient que sa présence pour se déclarer. Sans doute le drapeau blanc flottait encore sur les édifices publics, mais les soldats commençaient à montrer la cocarde tricolore, qu'ils avaient précieusement gardée au fond de leurs havresacs, les ouvriers parcouraient les rues d'un air narquois, et dans les cabarets retentissaient déjà des chants bonapartistes. Le maire de Dijon ne pouvait plus se dissimuler l'imminence de la crise. D'un moment à l'autre l'insurrection allait éclater et, pour la réprimer, il ne pouvait compter sur les soldats consignés dans leurs casernes et ne cachant plus leur mécontentement. Durande était un royaliste déterminé. Il voulait conserver Dijon au roi. Comme il avait besoin de la force armée, il crut pouvoir s'assurer le concours de la garde nationale, composée de bourgeois aisés, partisans de l'ordre établi, ou de fonctionnaires que leur intérêt engageait à rester fidèles, au moins en apparence. Il écrivit (1) donc au marquis d'Andelarre, maréchal de camp, inspecteur de la garde nationale : « Sans avoir aucune crainte pour la tranquillité publique, je n'en suis pas moins d'avis que la précaution est mère des sûretés, et, d'après ce que je pense, il est urgent de prendre des mesures pour maintenir l'ordre et déjouer la malveillance. Vous m'objecterez peut-être que l'organisation de la garde nationale n'est pas terminée, mais il est des circonstances qui parfois autorisent des mesures qu'on ne peut craindre de voir blâmer lorsqu'elles ont pour but la sûreté du trône et le maintien de la tranquillité » (11 mars). Il le priait donc d'organiser un corps d'élite d'environ 400 hommes, disponibles au premier signal, et qui chaque jour renforceraient d'une dizaine d'hommes à toute épreuve le corps de garde de l'hôtel de ville ; mais, comme il n'avait pas le droit de disposer ainsi de la force armée, et qu'il voulait se couvrir contre l'accusation d'outrepasser ses pouvoirs, Durande invita les membres du conseil municipal à se « rendre tout de suite à l'hôtel de ville pour objet important (2) » (12 mars), et les déclara en permanence.

Les municipaux rédigèrent aussitôt une adresse à la population pour l'informer des mesures relatives à la garde nationale : « Notre premier devoir, dans les circonstances difficiles où nous nous trouvons, est de songer au

---

(1) Archives municipales, Registre 1815, p. 85.
(2) Id., p. 86.

salut de notre ville et de prendre les mesures les plus sages pour le maintien de l'ordre et de la tranquillité publique. Nous nous occupons en ce moment d'assurer le service de la garde nationale de manière à en imposer aux malveillants et aux perturbateurs s'il en existait, qui fussent tentés de profiter des circonstances pour troubler et diviser les citoyens, et amener le désordre et l'anarchie (1). » Ce sage appel à la concorde ne devait pas être entendu. Au moment même où on affichait la proclamation sur les murs, n'apprenait-on pas que le maréchal Ney, envoyé au-devant de Napoléon pour l'arrêter au passage, venait de se déclarer en sa faveur ! Ce fut comme une explosion soudaine d'enthousiasme bonapartiste à travers la ville. Les rues furent en un clin d'œil remplies d'ouvriers et de bourgeois, qui colportaient la grande nouvelle et ne cachaient pas leur joie. Il devenait impossible de résister au courant populaire. Les autorités sentaient se briser entre leurs mains tous les moyens de résistance, et les soldats, bien que consignés encore dans leurs casernes, n'attendaient plus qu'un signal pour se déclarer en faveur de Napoléon.

On a prétendu plus tard que, de longue date, un vaste complot bonapartiste avait réuni à Dijon les principaux partisans de la dynastie déchue, et que de puissants personnages, traîtres à leur mandat, avaient été les machinateurs de cette soudaine révolution. Un procès reten-

(1) Archives municipales, Registre 1815, p. 86. Vingt-trois conseillers, sans parler du maire Durande et de l'adjoint Lucan, signèrent cette proclamation. Voici leurs noms : Belot, Bornier, Brenet, Damotte, Legoux, Legoux de Saint-Seine, Léjéas, Locquin, Maulbon, Mielle, Morizot, Muteau, Poincedé, Pelletier de Cléry, Petitjean, Pelletier de Suzenet, Ranfer de Monceau, Tartelin, Vaillant, Saverot.

tissant devait même, en 1816, amener devant la justice les principaux instigateurs de ce complot. On citait parmi eux le général Veaux, le receveur général Léjéas, le conseiller de préfecture Royer, et deux avocats Hernoux et Marinet. Il n'est que juste de remettre les choses au point et de restituer à qui de droit sa part de responsabilité dans les événements qui vont suivre.

Le général Veaux avait été mis en disponibilité par les Bourbons. Ce n'était pas qu'on se défiât de lui plus que d'un autre, car il passait pour un brave soldat, mais pour un homme politique sans consistance : seulement il avait fait toutes les guerres de l'empire, et Napoléon lui gardait, comme à tous ceux de ses officiers qui l'avaient suivi en Egypte une secrète prédilection. Veaux (1) s'était retiré d'abord à Daix, puis à Beaune, et paraissait décidé à vivre à l'écart, mais de temps à autre il se rendait à Dijon. A partir de janvier 1815 ses visites devinrent plus fréquentes. On remarqua qu'il n'avait peut-être pas renoncé à jouer un rôle actif, car il donnait ses uniformes à réparer, et même ses housses de cheval à décrasser. En outre, malgré la modicité de sa fortune, il avait pris à son service un valet de chambre et un cocher : ce qui laissait supposer quelque arrière-pensée de retrouver

---

(1) Procès Veaux. Déposition de l'instituteur Prieur : « En février 1815 la cuisinière de Mme de Saint-Firmin m'a donné à décrasser deux culottes de grand uniforme, dont une galonnée en or. Elles appartenaient au général Veaux. Il était alors à Dijon incognito, logé dans une petite chambre chez Mme de Saint-Firmin. Lorsque je rapportai ces effets, on ne me laissa pas parler au général, mais j'entendis sa voix dans le fond d'un corridor. » Le même Prieur déclara qu'il a aussi décrassé une housse de cheval en velours vert, galonnée d'or : « Je trouvai cela d'autant plus extraordinaire que tout le monde disait à cette époque que le général Veaux s'était retiré à Beaune pour y vivre en simple particulier. »

prochainement une situation en harmonie avec ses dépenses : mais à ces visites et à ces dépenses peut-être exagérées se bornait la participation du général à ces mystérieux conciliabules qu'on lui reprocha plus tard.

Le receveur général, baron Léjéas, paraît avoir joué un rôle beaucoup plus actif. Sincèrement dévoué à l'Empereur, auquel il devait sa fortune, il ne cachait pas ses sympathies pour le gouvernement tombé. C'est lui qui distribuait de l'argent à ceux qu'on lui signalait comme disposés à jouer un rôle actif dans la prochaine révolution. Un de ses commis, un nommé Chauvelot, avait établi son quartier-général dans un des cafés de Dijon, le café tenu par la dame Boulée, au coin de la place des Cordeliers et de la rue Madeleine. Il avait ouvert un large crédit aux habitués de la maison et y attirait de nouveaux clients qu'il s'efforçait de convertir à ses opinions. Léjéas connaissait et encourageait ces manœuvres. Parfois même il ne dédaignait pas d'y prendre une part directe. N'est-ce pas lui par exemple (1) qui décida un ancien soldat de Napoléon, un tout jeune homme, le fils du tapissier Paris, à se déclarer un des premiers ? Par son rang dans la société, par son influence, et par les capitaux dont il disposait, Léjéas était donc appelé à jouer un des grands rôles dans la Révolution de mars 1815.

Le conseiller de préfecture Royer et l'avocat Hernoux furent amenés plutôt par les circonstances que par leurs sentiments personnels à se montrer au premier rang : il n'en fut pas de même pour l'avocat Marinet qui n'attendit pas pour se déclarer contre les Bourbons qu'ils eus-

---

(1) Procès Veaux. Déposition de M. et Mme Paris. — (Archives de la cour d'appel de Dijon.)

sent commis assez de fautes pour compromettre l'avenir de leur dynastie, car, dès leur rentrée en France, il se posa comme leur implacable adversaire. Lors du procès qui lui fut intenté en 1816, les témoins appelés à déposer contre lui furent unanimes à le représenter comme le principal instigateur des troubles. Voici comment s'exprimait sur son compte le légiste (1) Dupré : « En 1814 j'ai entendu Marinet tenir au café Boulée des propos affreux contre le Roi et son gouvernement. Sa haine éclata surtout en septembre, lors du passage de Monsieur dans cette ville. Il ne craignit pas de dire en présence de M. Bartet qu'il voudrait que les trophées élevés pour ce prince puissent s'écrouler et l'ensevelir sous leurs ruines. Sur la place Saint-Michel, à la salle de spectacle où était Monsieur, Marinet tint des propos atroces qui lui attirèrent chaque fois des reproches des personnes qui étaient près de lui. Je crus d'abord que ces sentiments venaient d'une ambition trompée dans ses espérances, mais à mesure que le temps avançait, je reconnus que c'était un plan au développement duquel Marinet donnait tous ses soins. » Il est probable en effet que d'autres personnes avaient déjà formé le projet de s'associer au mouvement qui ramènerait Napoléon de l'île d'Elbe à Paris. On cite parmi ces adhérents de la première heure un officier de santé, le Corse Portafax, qui était en garnison à Dijon et demanda un passeport pour son pays. Il avait convenu avec Marinet de lui donner des nouvelles de l'empereur qu'il désignerait sous le nom de cousin Charles. En effet il se rendit à l'île d'Elbe, eut une ou plusieurs entrevues avec Napoléon, et n'hésita plus à adresser à Marinet des lettres signées

(1) **Procès Veaux**. Déposition Dupré.

Moustache qu'il mit à la poste à Toulon et qui arrivèrent à leur destination. Portafax disait dans ces lettres que le cousin Charles reviendrait avant le printemps de 1815. Marinet n'avait aucune raison pour cacher la nouvelle. Les bonapartistes de Dijon, pleins de joie, la colportèrent (1). L'un d'entre eux, un certain Poulot, répétait à qui voulait l'entendre que Bonaparte coucherait aux Tuileries pour les fêtes de Pâques. Ces propos imprudents arrivèrent bientôt aux oreilles de la police, et l'arrestation de Marinet fut ordonnée; mais il avait des intelligences dans la place. Le premier président Larcher, le procureur général Ballant, et Prudhon, le doyen de la faculté de droit, intervinrent en sa faveur, et il fut relâché sous caution. Il n'en devint pas plus prudent et ne cessa de déblatérer, même en public, contre la famille régnante. L'avocat Mastaing, qui avait un jour causé avec lui en pleine rue, fut tellement stupéfait par ses audacieuses déclarations qu'il crut de son devoir de bon citoyen de le dénoncer au préfet Terray ; mais ce dernier n'osa pas le faire jeter en prison (2) et se contenta d'ordonner une surveillance spéciale.

Marinet, enhardi par la quasi-impunité dont il était l'objet, continua sa propagande bonapartiste. C'étaient

---

(1) Procès Veaux. Dépositions Dupré et Mouzin.
(2) Marinet fut pourtant mis en prison pour scandale au théâtre. Nous avons retrouvé l'ordre d'arrestation, écrit de la main de Durande: 20 décembre 1815 : « J'ai l'honneur de vous prévenir que, par voie de police administrative, je viens de faire incarcérer dans la prison de police municipale le sieur Marinet qui, dans la soirée d'hier, s'est permis d'injurier et de frapper un agent de police. Il paraît même qu'il s'est conduit d'une manière fort indécente par rapport au parterre. Au surplus il est inutile que je vous donne des détails sur cette affaire, puisque j'ai l'intime conviction que vous l'instruisez en ce moment. » Lettre au préfet, Registre de 1814, p. 355.

surtout les soldats et les officiers dont il cherchait à ébranler la fidélité : « Je m'aperçus qu'il ne quittait pas les officiers du 23° de ligne, déposa plus tard contre lui le légiste (1) Dupré. Sans cesse il était au café Boulée, même aux manœuvres, avec le sieur Gothard, colonel en second du 23°, les sieurs Matinet, Emery, Pradier, Messner, officiers au même corps, et beaucoup d'autres dont j'ignore les noms, notamment un chef de bataillon marié à la demoiselle Pennetier, qui est actuellement à Dijon. Il ébranlait par tous les moyens la fidélité qu'ils auraient dû garder au Roi. Il leur parlait d'asservissement, de féodalité, il se livrait à des systèmes de politique, desquels il devait résulter que Murat ferait la guerre au roi de France, et qu'il rétablirait Bonaparte sur le trône. Chacun de ces officiers promettait de faire son devoir en quittant l'armée du roi pour passer à l'ennemi; plusieurs allaient jusqu'à répondre qu'ils entraineraient leur compagnie. Un de ces officiers fit même une démarche bien significative, et l'on s'étonne qu'il n'ait pas été puni pour cette grave infraction à la discipline et aux convenances. C'était le colonel du 23° de ligne, Vernier (2). Pendant le séjour de Talma à Dijon, on lui offrit un grand diner au Chapeau-Rouge, diner auquel assistèrent le colonel et quelques-uns de ses officiers. Il y porta la santé de Napoléon qui fut accueillie par tous les convives avec enthousiasme. « J'ai entendu dire à Marinet, dans le temps qu'il était en prison, que, s'il était aussi lâche que le colonel Vernier, il dénoncerait aux autorités du roi que ce colonel du 23° régiment avait lui-même porté la santé de l'Empereur

---

(1) Procès Veaux. Déposition Dupré.
(2) Id., Déposition Dupré, confirmée par déposition Mouzin.

dans un repas que l'on donna à Talma, au Chapeau-Rouge. »

Il y avait donc sinon conspiration, au moins échange de vues et de souhaits au sujet d'un retour probable de l'Empereur. Marinet était l'intermédiaire le plus remuant de ces menées, mais en même temps que lui, nous citerons un certain Guillon qui aurait porté à l'île d'Elbe les dépêches du duc de Bassano, Chauvelot le commis de Léjéas, le sieur Poulot et surtout la femme Boulée. C'est au café Boulée que se réunissaient ces ouvriers de la première heure. « Sans cesse, déposera plus tard le témoin Dupré, le café était plein d'une foule empressée à crier Vive l'Empereur ! Vive Murat ! A bas les Bourbons, les nobles et les prêtres ! On buvait toutes sortes de liqueurs sans payer, et l'on passait les nuits dans des orgies épouvantables. » Personne à Dijon n'ignorait ces rassemblements et ces manœuvres. Une première fois déjà, en décembre 1815, la mairie avait voulu fermer le café : « Considérant que le café Boulée, nonobstant les arrêtés de M. le Préfet et ceux de M. le Maire, reçoit des étrangers jusqu'à minuit, ainsi qu'il conste par la déposition de l'agent de police, à dater du 15 décembre le café sera fermé pendant huit jours, et, en cas de récidive, fermé pour toujours (1). » Lorsque, dans les premiers mois de 1815, les bruits se répandirent d'une tentative bonapartiste, quelques royalistes bien informés réclamèrent (2) la fermeture du café. « Les renseignements que nous avions ne permettaient pas de douter que le café Boulée ne fût le lieu où se tramaient des complots contre la sûreté de

---

(1) Archives municipales, Registre 1814, p. 344.
(2) Procès Veaux. Déposition Mielle, conseiller municipal.

l'Etat, et où s'organisait, dans d'effroyables orgies, la révolte qui éclata depuis. Je proposai de le faire fermer, mais je ne pus l'obtenir. »

L'horizon politique en effet s'était soudainement obscurci. On venait d'apprendre le débarquement de l'Empereur. On savait même qu'il avait pris la route des Alpes et marchait sur Grenoble. Ce fut comme un effarement dans le monde officiel, mais les partisans de Napoléon ne cachèrent pas leur joie, et, plus que jamais, le café Boulée devint le théâtre des manifestations contre le gouvernement établi. Voici à ce propos les dépositions de divers témoins lors du procès de 1816 : « Dès qu'on apprit l'arrivée de Bonaparte en France, beaucoup de jeunes gens se réunissaient au café Boulée pour crier *Vive l'Empereur!* et boire à sa santé. J'ai vu la dame Boulée elle-même porter la santé de l'Empereur. Au nombre de ceux qui y étaient le plus souvent j'ai remarqué Chevalot, Poulot et Marinet (1). » — « Dès qu'on eut appris le retour de Bonaparte en France dans les premiers jours de mars, il se réunit chez la dame Boulée un assez grand nombre de mauvais sujets, qui poussaient les vociférations les plus horribles contre le roi en faveur de Bonaparte. J'ai eu occasion d'aller plusieurs fois, étant de garde, avec un commissaire de police et une patrouille pour faire fermer le café. A onze heures du soir il y avait toujours du monde. La dame Boulée répondait qu'elle allait fermer son café, et, à peine étions-nous hors la porte que l'on poussait en chœur des cris de Vive l'Empereur qui retentissaient fort loin dans la rue (2). »

(1) Procès Veaux. Déposition Conteru, garçon de café âgé de 15 ans 1/2.
(2) Id., Déposition Claude Paris, tapissier. Cf. déposition Dromard :
« Pendant plusieurs jours avant l'arrivée de Ney j'ai fait soigneusement

D'après Françoise Lemelle, domestique, et Dromard, avoué, dès les premiers jours de mars la femme Boulée et Marinet distribuaient des estampes violettes représentant l'Empereur. La femme Boulée était même si exaltée qu'elle voulait mettre sur son enseigne : Amis, café Napoléon. « Je l'ai vue très souvent (1) sur sa banque crier Vive l'Empereur ! A bas les Bourbons ! A bas les nobles ! et tout le monde lui répondait par les mêmes cris. Elle disait aussi : heureusement Ney est arrivé, car nous serions bien tous guillotinés aujourd'hui. Depuis longtemps on faisait dans ce café et dans les chambres au fond de la cour des orgies horribles pendant la plus grande partie de la nuit. »

Au lieu de sévir comme l'aurait exigé l'attitude provocatrice des bonapartistes, les autorités ne surent que se résigner. Tel était le désarroi des esprits que, à l'exception du général Heudelet qui ne quitta point son poste, les principaux fonctionnaires, redoutant les vengeances impériales, les prévinrent par la fuite. Le maire Durande donna l'exemple et chercha un asile à la campagne. Le préfet de son côté quitta l'hôtel où il résidait, laissant à un de ses conseillers, Petitot, la direction des affaires (2).

---

des patrouilles dans l'intention de faire fermer les cafés et les cabarets. Je suis allé très souvent pour cet objet dans celui de la femme Boulée. J'y étais toujours assailli des cris de Vive l'Empereur ! »

(1) Déposition Françoise Lemelle.

(2) Leur attitude, il est vrai, fut assez sévèrement jugée par les contemporains. Voici comment s'exprime à ce sujet, dans son Mémorial inédit, Jean-Bénigne T*** : « Ces messieurs, effrayés du langage énergique de certains esprits exaltés de notre ville, ont gagné Paris, à l'époque où ils ont appris que Napoléon s'avançait de nos côtés. Bien loin de les chasser, les habitants de Dijon se sont plaint de leur départ, et ont blâmé M. Terray de quitter ainsi ses administrés sans prendre aucune mesure... Quant à Durande, dire ici qu'il n'y a jamais eu de plus

Les plus compromis des légitimistes s'enfermèrent dans leurs hôtels, et firent en hâte, comme aux plus mauvais jours de la terreur, leurs préparatifs de départ. Un seul homme, un adjoint démissionnaire, Tardy, eut le courage de se montrer. Bien que le général Heudelet lui eût conseillé de rester tranquille, il n'hésita pas à se présenter à la mairie et à reprendre ses anciennes fonctions, ainsi qu'il eut soin de le consigner sur les registres de la mairie : « Vu les circonstances (1), il m'importe, et comme citoyen et comme chevalier de la légion d'honneur, de prouver que je suis digne de ces deux titres, et que le moment du danger sera celui que je chercherai à partager avec mes concitoyens. » Néanmoins, comme il était prudent de se mettre en garde contre une accusation possible d'usurpation de fonctions, il eut soin de prévenir le préfet intérimaire Petitot qu'il ne (2) « remplirait la charge de maire que jusqu'au moment où il plairait au gouvernement de renvoyer le maire à ses fonctions ». C'est grâce à cet honnête homme que Dijon fut préservé de tout excès. Sans doute, dans le premier moment, il y eut dans les rues quelques scènes regrettables. Les soldats se livrèrent même à des voies de fait contre quelques bourgeois qu'ils accusaient de tiédeur, mais Tardy eut bien vite réuni autour de lui quelques citoyens aussi énergiques et aussi dévoués que lui. Des patrouilles de gardes nationales rétablirent promp-

---

mauvais administrateur que lui, qu'il a la plus mauvaise tête que l'on puisse imaginer, qu'il n'a fait, pendant les dix ans de son administration, que sottises sur sottises, ce serait une lâcheté, puisqu'il est en disgrâce. Plaignons-le et invitons-le à s'occuper exclusivement de l'administration de sa fortune et de l'éducation de ses enfants. »

(1) Archives municipales, Registre 1815, p. 88.
(2) Id., p. 90.

tement l'ordre, et l'on n'eut plus à redouter que du tapage et des chants déplacés. L'arrêté rendu en toute hâte le 14 mars au soir prévint même toute possibilité de désordre : « L'adjoint et le conseil considérant que, malgré les mesures qu'ils avaient prises pour maintenir l'ordre et la tranquillité publics dans la ville, le repos des citoyens a été troublé, et qu'on s'est même porté à des excès et à des voies de fait, prévient les habitants qu'il sera fait jour et nuit des patrouilles par la garde nationale pour dissiper les rassemblements et arrêter les perturbateurs (1). »

Tardy ne resta pas longtemps chargé des fonctions qu'il avait prises moins par ambition que par patriotisme. Le maréchal Ney, investi par l'Empereur de la haute administration des départements de l'Est, venait en effet d'annoncer sa prochaine arrivée à Dijon, et les bonapartistes, sans l'attendre, prenaient résolument la direction du mouvement.

Dès le 13 mars, Marinet et quelques-uns de ses amis, Lesénécal, Lozeraud, Causse, Mouzin et Bachillot, étaient allés au-devant de Napoléon, qui venait d'arriver à Chalon. Marinet s'arrêta en chemin, à Chagny, où on lui remit des dépêches importantes destinées à divers fonctionnaires dijonnais. Causse, Lesénécal et Lozeraud poussèrent jusqu'à Chalon, où ils furent reçus par l'Empereur, qui les accabla de compliments, leur promit monts et merveilles, et les chargea de divers messages pour ses amis de Dijon (2). A la même heure le général Veaux se présentait également à l'audience de Napoléon.

(1) Archives municipales, Registre 1815, p. 58.
(2) Procès Veaux. Dépositions Mouzin et Dupré.

Il prétendit plus tard qu'il avait simplement déféré à un ordre (1) ; mais il est plus probable qu'il n'attendit pas cette invitation et courut de lui-même à la rencontre de son ancien général. Il fut d'ailleurs très bien reçu par lui. L'Empereur le saisit par les deux mains et par la tête, en lui disant : « Ah ! te voilà ! vieil Egyptien ! On n'a pas placé un vieux militaire comme toi : Eh bien ! je te récompenserai (2), et il le nomma en effet commandant de la 18e division militaire. Veaux ne résista que pour la forme. « Je ne veux pas de réaction, aurait ajouté l'Empereur (3). Je sais que vous jouissez dans votre pays de l'estime et de la confiance générales. Je veux un homme qui puisse maintenir l'ordre et la tranquillité. Je vous ordonne de vous rendre à Dijon. » « Je voyais la révolution faite. Je recevais l'ordre de maintenir la paix et la tranquillité. Je crus que je pouvais être utile à mes concitoyens et je promis d'obéir. »

Avant que le général n'eût pris possession de son commandement, la Révolution était déjà, dans toute la Bourgogne, un fait accompli. Marinet avait couru à Dijon avec les dépêches dont il était porteur (15 mars). Il y en avait pour Léjéas père, pour ses deux fils Louis et Martin et pour le conservateur des forêts Maldant. Sa première station fut au café Boulée. La maîtresse de l'établissement fut si heureuse de connaître la bonne nouvelle qu'elle se chargea (4), malgré l'heure avancée, de faire parvenir toutes les dépêches à leurs destinataires. Marinet se rendit

---

(1) Procès Veaux. Mémoire justificatif du général Veaux : « Je crus qu'il pouvait être dangereux de m'y opposer, et je partis dans la nuit accompagné d'un seul individu. »
(2) Id. Déposition Dupré.
(3) Id. Mémoire justificatif du général Veaux.
(4) Id. Déposition Dupré.

ensuite à l'hôtel de ville. Il était accompagné d'un officier, aide de camp du général Bertrand (1). Il communiqua les lettres du grand maréchal, annonçant la prochaine arrivée de l'Empereur à Dijon et ordonnant de tout préparer pour le recevoir. Un conseiller municipal, Decléry, lui fit remarquer que rien ne prouvait l'authenticité de ce message, et l'éconduisit avec assez de rudesse.

Marinet et l'officier qui l'accompagnait s'étaient présentés à l'hôtel de ville avec la cocarde tricolore au chapeau (2). Ils espéraient qu'à la vue de cet insigne respecté, conseillers et gardes nationaux s'empresseraient de les imiter. Très déconcertés par l'accueil plus que froid dont on les avait gratifiés, ils retournèrent au café Boulée, où du moins ils étaient assurés d'une cordiale réception. « Malgré que la nuit fût très avancée, le café était rempli de monde (3). » La femme Boulée avait tout un assortiment de cocardes sur son comptoir, et les distribuait à tous ceux qui entraient. Un de ses clients habituels, Poulot-Belnet, se faisait remarquer par son exaltation. Il avait arboré à son chapeau une cocarde « grande comme une assiette ». Chauvelot et le fils Paris poussaient des cris de joie, lisaient avec des commentaires virulents la proclamation de Napoléon, et annonçaient à tout venant la chute d'un régime odieux. On ne tarda pas à passer à des actes plus compromettants. Un drapeau tricolore fut arboré à la porte du café, aux acclamations de tous les assistants, et une enseigne improvisée annonça aux passants que l'établissement porterait dorénavant le nom de Café Napoléon.

(1) Procès Veaux. Déposition Claude Paris.
(2) Déposition Moreau.
(3) Déposition Claude Paris.

Sur ces entrefaites le jour était venu et on apprenait l'arrivée imminente du maréchal Ney à la tête des troupes qu'il avait lui-même détournées de leurs devoirs à Lons-le-Saulnier, et qu'il conduisait à l'Empereur. En effet, le 16 mars, dans l'après-midi, un gendarme à cheval arriva à l'hôtel de ville et intima aux gardes nationaux de faction l'ordre, donné par le maréchal Ney, de prendre la cocarde tricolore. « Avez-vous un ordre écrit?» lui demandèrent quelques-uns des hommes de garde, l'avoué Dubard, le conseiller Mielle, Mathieu, juge de paix du canton Est, et le négociant Audiffred. « Non ! » — « Eh bien, apportez-en un. Nous verrons ce que nous aurons à faire. » C'est à ce moment que Louis Léjéas, qui assistait à l'entretien s'écria tout furieux : « Nous n'avons pas besoin d'ordre pour prendre la cocarde tricolore (1) », et il sortit avec son frère, et les nommés Chevalot, Dromard et Reinhard. Quelques instants après, ils revenaient avec des cocardes à leurs chapeaux, poussant des cris de Vive l'Empereur ! et suivis par une foule confuse qu'attirait l'étrangeté du spectacle. « Ce qui m'a beaucoup frappé, déposa plus tard le négociant Bullion (2), chef du poste, c'est qu'ils étaient suivis d'une femme du peuple qui n'avait pas même l'air d'une marchande, et qui, accompagnée d'une petite fille, portait dans un tablier de cuisine une immense quantité de cocardes tricolores, qui n'étaient pas réunies par douzaines,

---

(1) Procès Veaux, Dépositions Chevalot, Dromard, Reinhard.
(2) Id., Déposition Bullion. Cf. déposition Vallot, contrôleur du bureau de garantie : « Nous ne cédâmes qu'à la force et sur un ordre par écrit. Bientôt arriva au corps de garde une femme portant une petite corbeille de cocardes tricolores qui furent distribuées à la garde, mais j'ignore par l'ordre de qui elle était venue. »

comme elles le seraient chez un marchand. » Cette femme se porta sous le péristyle de l'hôtel de ville, et distribua ses cocardes à tout venant.

Ce fut à ce moment qu'on annonça l'arrivée du maréchal Ney. Il descendit à l'hôtel de la Cloche. Un poste d'honneur fut aussitôt commandé. Les gardes nationaux qui furent désignés pour en faire partie ne crurent pas devoir décliner cet ordre. A peine furent-ils signalés que le maréchal se présenta au perron de l'hôtel et leur adressa une harangue enflammée qui, ont raconté les témoins de la scène, fut accueillie par un morne silence. Tout le monde en effet se rendait compte de l'importance de cette déclaration. On savait que le maréchal jouait sa tête et aucun des paisibles bourgeois qui l'écoutaient ne se souciait de prononcer une parole compromettante. Pourtant, lorsqu'ils virent arriver les frères Léjéas, les avocats Hernoux et Jacquinot, et bon nombre d'autres bonapartistes connus à Dijon, ils devinrent plus expansifs, et acceptèrent même un diner à l'hôtel. Sur la fin du repas on leur apporta du champagne. Ils avaient été rejoints par deux grenadiers de l'ex-garde impériale, qu'on avait emprisonnés, sans doute à cause de quelques paroles imprudentes, et dont le maréchal avait ordonné la mise en liberté. Ils poussaient des cris d'enthousiasme. Leur exemple entraîna. Bientôt le poste entier retentit des acclamations naguère proscrites, et c'est au milieu des cris de Vive l'Empereur que s'acheva la nuit (1).

Pendant ce temps Ney était en conférence avec les frères Léjéas et les principaux partisans de l'Empereur (2).

(1) Procès Veaux, Déposition Forey, épicier.
(2) On raconte que Ney, pendant que défilaient les troupes, se montra au balcon. Il fut accueilli par les cris de Vive l'Empereur ! A

Comme il ne pouvait prolonger son séjour à Dijon, et qu'il avait grande hâte de rejoindre Napoléon et de lui apporter le concours de ses soldats, il s'occupa tout d'abord d'organiser la marche de son corps d'armée. Léjéas et Hernoux lui furent très utiles en la circonstance : Léjéas lui avança 6000 francs en pièces d'or et d'argent, et chargea son caissier Boulmier de les porter au maréchal qui en fit donner par un de ses aides de camp une reconnaissance explicite. Quant à Hernoux il s'occupa avec une grande activité du transport des troupes (1), et mit à leur disposition voitures, charrettes et chevaux, partout où il put se les procurer. Lors du procès qu'on lui intenta en 1816, ce devait être un des principaux chefs d'accusation dirigés contre lui.

En vertu des pouvoirs extraordinaires que lui avait conférés l'Empereur, le maréchal Ney fit, avant de partir, dans la nuit du 16 au 17 mars, quelques nominations de fonctionnaires. La plus importante fut celle du maire. Il désigna pour remplir cette charge difficile l'avocat Hernoux, bien connu par ses opinions avancées et son zèle bonapartiste. La nomination fut signée au milieu de la nuit. Hernoux la fit proclamer à la clarté des flambeaux et prit aussitôt possession de l'hôtel de ville. L'adjoint Tardy était resté à son poste. Dès qu'il fut prévenu, il envoya ses compliments au nouveau maire et se mit à sa disposition. « Si pendant le passage des troupes qui

---

bas la noblesse. A ce dernier cri il se contenta de répondre en souriant : Pas toute ! Voir CLÉMENT-JANIN, *Hôtelleries Dijonnaises*, p. 33.

(1) Mme de Chastenay raconte dans ses *Mémoires*, t. II, p. 483, que les régiments de Ney étaient mal disposés, et que, sans le général Veaux, ils auraient quelque peu violenté et pillé les Dijonnais. « Ce que je dis de l'entrée à Dijon, entre autres d'un régiment appelé alors de Berry, je le dis sur le témoignage des Dijonnais sensés que j'ai vus. »

nous sont annoncées (1), lui écrivait-il, je puis vous être de quelque utilité, je vous prie de disposer de moi. Je désirerais cependant que vous voulussiez vous rendre à l'hôtel de ville. Il est onze heures du soir, et je n'ai pas quitté mon poste depuis sept heures du matin. » Tardy avait d'autant plus besoin d'être remplacé que la révolution menaçait de ne pas rester pacifique. Les partisans de l'Empire ne s'étaient pas contentés d'arborer le drapeau tricolore et de se parer de la cocarde naguère proscrite. Ils avaient formé des rassemblements tumultueux et parcouraient les rues en poussant des cris devant la demeure silencieuse des royalistes. Chauvelot, Poulot-Belnet et quelques autres enfants perdus du parti se permettaient même des actes délictueux. Ils forçaient les passants à prendre la cocarde tricolore. Ils détruisaient les fleurs de lis et les autres insignes royalistes qui ornaient la porte Guillaume. Ils avaient intimé l'ordre (2) à l'architecte Caumont d'ôter le drapeau blanc et de placer lui-même un drapeau tricolore sur la tour du logis du roi. Déjà des cris on passait aux menaces. Si par malheur on eût opposé quelque résistance à ces bandes d'énergumènes, on ne sait à quels excès se serait portée la populace enfiévrée par ces vociférations. C'étaient surtout les militaires soit de la garnison, soit de passage, qui manifestaient le plus haut leurs sentiments bonapartistes. Ainsi que le constate un rapport officiel en date du 18 mars (3) : « les cris de Vive l'Empereur se font entendre dans tous les quartiers ; c'est surtout à l'arrivée et au départ des corps, qui y répondent avec la plus grande

(1) Archives municipales, Registre 1815, p. 90.
(2) Journal des comptes de l'architecte Caumont.
(3) *Petites Affiches*, p. 227.

effusion, qui les provoquent ou les renouvellent eux-mêmes que ces acclamations retentissent davantage. » Il n'était que temps de saisir d'une main résolue la direction des affaires, ou l'ordre allait être compromis. Heureusement le nouveau maire, Hernoux, bien secondé par ses bureaux, prit tout de suite les mesures nécessaires pour apaiser les esprits, et on n'eut plus à redouter soit une effusion de sang, soit des troubles civils.

L'ancien préfet, Terray, n'avait pas attendu pour se retirer l'arrivée du maréchal Ney. Son successeur intérimaire, le doyen des conseillers de préfecture, Petitot, avait un instant espéré qu'on le maintiendrait s'il donnait des gages aux partisans de l'Empire. « Il avait fait abattre l'écusson aux fleurs de lis qui se trouvait devant l'hôtel de la Préfecture, et avait déjà autorisé la convocation du conseil municipal pour voter une adresse à Napoléon (1). » Ses avances furent repoussées. On se défiait de lui. Le comte Léjéas, père du trésorier général, étant venu, au nom de ses fils, lui demander s'il avait reçu des ordres du ministère au sujet des fonds en caisse, ne lui cacha pas que bientôt il serait remplacé. « Je remarquai très bien que, dans l'entretien que nous eûmes pour cet objet, M. Léjéas se servait toujours de cette locution : « Si vous « êtes encore préfet, » ce qui m'annonçait que le projet de m'écarter était déjà arrêté (2). » Un des premiers actes de commandement du général Veaux, quand il prit possession de son commandement, dans la journée du 18, fut en effet de notifier au préfet intérimaire sa destitution et son remplacement par un de ses collègues, le conseiller Royer.

(1) Procès Veaux. *Mémoire justificatif de Royer.*
(2) Id. Déposition Petitot.

Ce dernier ne crut pas devoir accepter tout de suite cette marque de faveur. Ainsi qu'il l'écrivit dans le *Mémoire justificatif* qu'il adressa, en 1816, aux membres de la chambre d'accusation chargés d'instruire le procès qu'on lui intenta : « Je ne (1) voulus point accepter que je n'en eusse fait la déférence à un collègue que j'avais toujours estimé. » Petitot reconnut qu'il ne pouvait plus longtemps diriger l'administration, et se retira de lui-même. « L'administration allait se trouver sans chef (2) dans un moment orageux, lisons-nous dans le *Mémoire* de Royer. La loi et l'absence du préfet appelaient le conseiller le plus ancien. J'étais le plus ancien. J'ai donc pu, j'ai dû même prendre les fonctions de préfet : je ne les ai point usurpées. » Ce Royer était un très honnête homme. Ses ennemis l'accusèrent plus tard d'avoir été l'un des instigateurs de la révolte. Il s'en défendit avec énergie et prouva qu'il n'avait fait que son devoir : « Comment aux époques de la Révolution, en aurais-je dirigé tous les mouvements ? Moi qu'on a vu constamment y apporter la plus courageuse opposition, moi qui, dans l'honorable sphère où je me trouvais placé, n'ai pas craint d'attaquer les suppôts de Robespierre et de Marat au club des Jacobins et au comité de Salut Public, soit pour avoir exercé des actes d'humanité envers les malheureuses victimes des démagogues, soit pour avoir osé résister pendant six mois aux partisans de la Montagne ? Comment pourrais-je être regardé comme ministre de Bonaparte moi qui, jusqu'au moment de son retour, n'ai jamais exercé que les moindres fonctions de conseiller

---

(1) Procès Veaux, Déposition Petitot.
(2) Id., id.

de préfecture ? Comment pourrais-je être considéré comme confident intime de sa pensée, moi qui ne l'ai pas vu une seule fois de ma vie ? » Royer, en effet, paraît n'avoir été qu'un estimable fonctionnaire, que les circonstances mirent tout à coup en relief, mais qui ne s'occupa jamais que des devoirs de sa charge, et, sans reculer devant la terrible responsabilité qui lui incombait, fit son possible pour calmer les esprits et empêcher une réaction bonapartiste.

Le général Veaux, le principal des personnages appelés à prendre en main la direction des affaires, n'arriva à Dijon que le 17 mars. Son premier soin fut de supprimer le Journal administratif de la Préfecture, et de faire imprimer, pour les répandre dans le public, les décrets rendus à Lyon par Napoléon et une proclamation qu'il avait composée pour notifier son retour aux Dijonnais. On trouva cette proclamation modérée, trop modérée même, car on dénonça le général à l'Empereur comme ayant défendu les royalistes. Telles n'étaient pas les intentions de ce vieux militaire, mais il faut lui savoir gré d'avoir essayé de ménager la transition et de s'être opposé à toute mesure de rigueur. Ainsi qu'il l'écrira plus tard, non sans fierté, dans un mémoire justificatif (1) : « J'aime à croire qu'aucun particulier ne peut élever contre moi de plaintes fondées... J'ai accepté le commandement que Bonaparte m'a donné impérativement, parce que le pays était conquis, la révolution faite, et parce que je pouvais et devais être utile à mes compatriotes. J'ai fait une proclamation pour engager les habitants à la tranquillité et à la concorde. Je n'ai point employé la

---

(1) Procès Veaux, *Mémoire justificatif du général.*

violence, ni résisté à la force publique ; je n'ai envahi ni livré aucune ville ; je n'ai jamais voulu exciter la guerre civile, et j'ai toujours fait mes efforts pour l'éviter. Je sais combattre et exposer ma vie, mais je ne sais ni conspirer, ni trahir. Je me crois innocent. »

Ce furent donc ces trois hommes, le maire Hernoux, le préfet intérimaire Royer et le général Veaux qui, unis par la communauté de leurs opinions et plus encore par la nécessité, évitèrent à Dijon une révolution dont les conséquences auraient pu être désastreuses.

Il s'agissait avant tout de créer dans le département un mouvement d'opinion, dont l'unanimité, réelle ou apparente, légitimerait en quelque sorte le retour de l'Empereur. Hernoux prit l'initiative de ce mouvement. Dès le 17 mars, il convoqua les conseillers municipaux à l'hôtel de ville, et leur proposa de signer une adresse à l'Empereur, où ils protesteraient de leur dévouement et de leur satisfaction. C'était beaucoup demander à des hommes, dont la plupart étaient des royalistes avérés, qui n'avaient ménagé au gouvernement tombé ni les flatteries, ni les assurances de fidélité. Aussi l'adresse fut-elle repoussée à l'unanimité. « Nous (1) refusâmes tous de signer, déposa plus tard un des conseillers, un ancien magistrat, Poultier de Suzenet, car nous voulions rester fidèles au roi, auquel nous venions de le promettre encore huit jours auparavant. » — « Plusieurs membres, ajoute un autre conseiller, Mielle (2), objectèrent que l'adresse était inutile. D'autres dirent que ce serait se déshonorer, et nous dîmes tous que, le roi étant encore dans sa ca-

---

(1) Procès Veaux, Déposition Poultier de Suzenet.
(2) Id., Déposition Mielle.

pitale, nous devions garder la fidélité que nous lui avions jurée. » Hernoux fut dépité et se fâcha : « Je ferai cette adresse sans votre coopération, s'écria-t-il, car j'ai des ordres pour agir ainsi. » Comme il ne pouvait vaincre la résistance (1) de ses collègues, et que, d'un autre côté, ce premier échec, à son entrée en fonctions, lui était fort sensible, il courut à la préfecture et pria Royer de lui venir en aide.

Le préfet intérimaire n'eut pas un moment d'hésitation. Dès le 18 mars (2), il rédigeait une proclamation, curieuse à étudier dans ses détails, car elle résume en quelque sorte les principaux griefs de la nation contre le gouvernement de la Restauration. Elle est comme l'expression légèrement déclamatoire des sentiments qu'éprouvaient la majorité des Français, et elle aide à comprendre avec quelle facilité tomba la royauté : « Citoyens, le héros qui couvrit la France de sa gloire et que 600,000 combattants n'avaient pu vaincre fut arrêté dans le cours de ses triomphes par la trahison. A son départ un crêpe funèbre couvrit la France. Aux jours de gloire qui l'avaient illustrée vous vîtes succéder des jours d'inquiétude et d'a-

---

(1) Cf. lettre de Durande au préfet, du 26 juillet 1815. « On doit dire, à la louange de la majorité du conseil, que cette adresse fut repoussée avec indignation, malgré la terreur qu'inspiraient les soldats de Ney, par quelques membres courageux du conseil. Ils ne craignirent pas de faire entendre le langage de l'honneur et du devoir, et représentèrent ce que doit être pour des âmes honnêtes la foi des obligations et des serments sacrés de fidélité à Louis XVIII. »

(2) Royer a prétendu plus tard que sa proclamation n'a été composée que le 22 mars et imprimée le 23. Il est vrai que le journal, où elle fut insérée (*Petites Affiches*, p. 236), ne parut que le 23 ; mais ce qui nous porte à croire qu'elle fut composée antérieurement à cette date, ce sont les actes administratifs et l'ensemble de la conduite de ce fonctionnaire.

larme; aux idées libérales qui imprimaient à la France un mouvement de grandeur succédèrent ces idées sombres et rétrécies qui rappelaient les torches du xii° siècle, et, à la place de ces monuments superbes qu'avait élevés le génie, vous vîtes jeter les fondements des cloîtres qui devaient l'étouffer. Les honneurs, les dignités, les récompenses devinrent la récompense de ceux qui avaient abandonné nos étendards, et nos guerriers, couverts d'honorables cicatrices, languissaient dans une indigne retraite. Nos lauriers étaient flétris, nos triomphes étaient traités de folie, et déjà on élevait des monuments pour les vouer à la honte des siècles à venir. Rochers de Quiberon qui avez été témoins de la valeur de nos braves, vous alliez l'être bientôt de leur humiliation, et vingt-cinq ans de gloire allaient être perdus pour toujours. » Cet appel aux souvenirs glorieux de l'épopée impériale et aux idées révolutionnaires n'était pas sans habileté. Il est certain qu'en présentant l'Empereur comme le protecteur des principes nouveaux, on attirerait à lui non seulement la masse de la nation toujours sensible à la gloire militaire et en quelque sorte affamée d'égalité, mais aussi les classes moyennes, qui auraient volontiers accepté la Restauration sans ses imprudences gratuites. Royer ne l'ignorait pas, et, afin de se concilier les sympathies des indifférents ou de rallier les ennemis, il faisait remarquer que le premier mot de l'Empereur, quand il remit le pied sur le sol national, avait été le suivant : « Tout ce que des individus ont fait, dit ou écrit depuis la paix de Paris, je l'ignorerai toujours et cela n'influera en rien sur le souvenir des services qu'ils ont rendus. »

Royer ne se contenta pas de cette première adresse. Il écrivit encore au maire de Dijon (20 mars) pour le prier de réunir les maires et les adjoints des trois cantons de Dijon : « C'est aux maires de commencer à exprimer dans cette circonstance les sentiments de leurs administrés, et à témoigner à notre auguste Empereur leur reconnaissance de ce qu'il a fait pour sauver notre patrie et la replacer au rang qu'elle doit occuper dans le monde. Les vœux des habitants de la campagne, de ces citoyens dont le dévouement s'est déjà manifesté avec tant d'éclat pendant la dernière guerre, ne pourront être que chers à l'Empereur, et je vais au-devant de vos désirs en vous procurant les moyens de faire connaitre à Sa Majesté impériale le bon esprit qui anime les habitants de ce département. Je vous autorise donc à convoquer sur-le-champ les maires et adjoints des communes de votre canton pour rédiger une adresse à Sa Majesté. »

Hernoux avait déjà pris les devants. Les conseillers municipaux, convoqués une seconde fois à l'hôtel de ville, avaient consenti à signer un acte d'adhésion à l'Empire (22 mars 1815). Ce document (1) sort de la banalité ordinaire. On ne se contente pas de complimenter l'Empereur uniquement parce qu'il occupe le trône, mais surtout parce qu'il est l'héritier et le représentant de la Révolution, et parce qu'il a promis de détruire la féodalité et de donner une constitution. « Il est dans les destinées de Votre Majesté d'être toujours le sauveur du peuple français. Vous l'avez retiré des mains sanglantes de l'anarchie : vous venez aujourd'hui le délivrer du joug de la féodalité. Gloire vous soit rendue pour nous avoir restitué notre dignité de français. Nous méritons ce bienfait, car la reconnaissance nationale égale la gran-

---

(1) Archives municipales, Registre 1815, p. 93.

deur de l'entreprise... Votre bonne ville de Dijon partage vivement l'enthousiasme national. Le fer de l'étranger, les intrigues de la diplomatie étaient parvenus à faire passer dans ses murs le cri de la révolte et à élever le signe de l'avilissement féodal; mais le peuple de Dijon est toujours resté étranger à cette honteuse trahison. Opprimés, mais non avilis, nos concitoyens déposent au pied du trône l'hommage de leur inaltérable attachement à la dynastie que l'honneur et la reconnaissance nationale ont choisie. Ils s'enorgueilliront de redevenir français avec une constitution également digne du prince et de la nation, consentie par l'un et par l'autre, protectrice des droits de tous. »

En même temps, et conformément à l'invitation du préfet intérimaire, les maires et les adjoints des trois cantons de Dijon se réunissaient à l'hôtel de ville et rédigeaient une adresse à l'Empereur, non pas dans les mêmes termes, mais avec le même esprit. La note patriotique y est peut-être plus nettement accusée. On y parle également des droits et des devoirs réciproques du prince et des sujets. On dirait une leçon de politique intérieure. Aussi nous a-t-il paru utile de reproduire cette pièce (1), qui démontre que nos pères ne demandaient qu'à obéir, mais à condition qu'on respectât leurs droits : « Nous avons oublié tous les maux de la guerre. Nous sommes récompensés de tous nos sacrifices. Vous connaissez le dévouement des habitants des campagnes de la Bourgogne et vous l'avez proclamé. Oui, Sire, nous allions spontanément prendre les armes pour achever la déroute des armées ennemies, lorsque la trahison vous a fait perdre

---

(1) Archives municipales, Registre 1815, p. 94.

le fruit de vos brillants succès. Depuis ces funestes et honteuses journées, le peuple des campagnes a gémi sur le sort qu'on lui préparait. Déjà les privilèges seigneuriaux attaquaient nos droits, menaçaient nos personnes et nos propriétés, nous allions retomber sous cet ancien régime où les hommes étaient divisés en maîtres et esclaves. Vous avez vu notre humiliation et vous venez nous arracher à nos oppresseurs. Ce grand bienfait, cette victoire éclatante sans combat, cette régénération subite de la France sont l'effet de l'heureuse influence qu'exerce votre nom sur le soldat et sur le peuple français, puisque vous avez vu la nation entière courir au-devant de vous. Après cette admirable conquête de tous les cœurs français, pourrions-nous n'être pas heureux sous un prince qui revient consolider notre bonheur par la destruction des privilèges politiques, par l'établissement d'une constitution conforme à nos vœux, et digne à la fois de la grande nation et du grand homme qui la gouverne. »

La lecture de ce document fit une grande impression. On l'adopta à l'unanimité, aux cris de Vive l'Empereur ! et l'on désigna, pour le porter à Paris, Causse, maire de Vantoux, et Perrey, adjoint de Chevigny-Saint-Sauveur. Comme l'heure était déjà avancée, et que la plupart des magistrats municipaux étaient pressés de regagner leur résidence, tous les membres présents autorisèrent le maire de Dijon à signer pour eux au procès-verbal. Il est vrai que, de retour dans leurs communes, ils firent acte public d'adhésion à l'Empire, et ordonnèrent d'arborer le drapeau tricolore. « On remarque (1) que les drapeaux qui décorent chaque village sont pour la plupart ces

(1) *Petites Affiches*, p. 304.

vieilles enseignes, acquises au commencement de la Révolution, et qu'on avait religieusement conservées. Leur remplacement a été un jour de fête pour chaque commune. » A Pluvault, à Longeault, à Collonges, à Premières, à Pluvet se réunirent en banquets fraternels plusieurs centaines de paysans. A Merceuil une trentaine de jeunes gens, exercés par un adjudant-major retraité, Buy, saluèrent le drapeau national par des feux de peloton, et, sur le soir s'organisèrent de joyeuses danses.

L'adresse rédigée par la cour d'appel de Dijon contraste par son ton de servilité avec cette fière et patriotique lettre des maires et adjoints des communes suburbaines. Il est vrai que président et conseillers avaient beaucoup à se faire pardonner. Ils s'étaient prononcés en faveur de la Restauration, et avaient appuyé toutes les mesures réactionnaires prises par le gouvernement tombé. Compliments emphatiques, protestations de dévouement, ils n'avaient rien épargné. Ils s'étaient associés à toutes les manifestations légitimistes. Aux anniversaires maladroitement célébrés, ils s'étaient fait remarquer par l'affectation de leur zèle. A la première nouvelle du débarquement de Napoléon, ils transmettaient encore au Roi l'expression de leur inaltérable fidélité, et voici qu'il leur fallait se déjuger ! Mais, en politique, il est facile de trouver des accommodements. Ce n'était pas à la personne du roi, mais au principe qu'il représentait que ces magistrats de facile composition avaient prêté serment. Puisque Napoléon était remonté sur le trône en vertu de la volonté nationale, n'était-il pas le souverain légitime ? Dès lors pourquoi hésiter plus longtemps à lui renouveler l'expression des sentiments de fidélité, dont ils ne s'étaient jamais départis envers le chef de l'état ? D'ailleurs quelques-uns des membres de la compagnie avaient été traités en suspects par le gouvernement tombé. Sans doute on n'avait osé destituer personne, mais on les avait en quelque sorte désignés aux vengeances des alliés, et, quand les Autrichiens avaient exigé des otages, ils avaient eu soin de choisir quelques-uns des membres de la Cour. C'est sans doute ce qui explique la singulière facilité avec laquelle se déclarèrent pour l'Empire président et conseillers. Peut-être auraient-ils bien fait d'être plus ménagers de termes laudatifs (23 mars) : « Sire (1), tant de miracles se sont opérés sous votre règne, tant d'événements se sont succédé pendant votre absence, qu'à peine nos neveux croiront une partie des faits que l'histoire leur transmettra. Votre cour impériale de Dijon n'a à se dégager d'aucun serment qu'elle aurait prêté à tout autre gouvernement qu'à celui du héros qui avait rendu la grande nation le premier peuple du monde. Nous pouvons donc avec un entier abandon réitérer à Votre Majesté le même serment de fidélité et de dévouement que nous lui avons prêté lors de notre installation. »

Il est vrai que, sans doute pour colorer cette palinodie, la cour impériale mêlait à ces fades compliments quelques avis politiques : « Quel est le français digne d'un si beau nom qui ne bénirait et ne chérirait le chef magnanime, qui réprouve avec tant d'indignation ce principe violateur des droits les plus sacrés du peuple : que la nation est faite pour le trône et non le trône pour la nation ? Oui, Sire (2), vous mettrez le dernier sceau à votre gloire et à

---

(1) *Petites Affiches*, p. 241.
(2) La cour était ainsi composée : premier président, Larcher ; présidents de chambre, Morisot, Buvée ; conseillers, Lesage, Ruelle, Maurier, Bijou, Baudot, Godinet, Duclos, Delagoutte, Trullard-Bernard,

notre bonheur, en nous donnant, dans la réunion à jamais mémorable du champ de mai, une constitution qui consacre votre légitime pouvoir et les droits inaltérables et imprescriptibles d'un peuple si digne de la liberté. Tels sont, Sire, les sentiments qui animent tous les Français et les membres de cette cour impériale. Ils sont heureux de pouvoir en cet instant en donner à Votre Majesté l'éclatant témoignage. »

Pendant que les fonctionnaires et les corps constitués s'évertuaient ainsi à faire parvenir à l'Empereur l'expression de leurs sentiments de fidélité, les événements se précipitaient. On apprenait coup sur coup (23 mars) le départ de Louis XVIII et l'entrée de Napoléon aux Tuileries. Quand cette nouvelle parvint à la municipalité, le maire et les conseillers, malgré la pluie qui tombait par torrents (1), voulurent eux-mêmes « annoncer l'issue d'une entreprise qu'on taxait d'extravagante, parce qu'on ne connaissait pas tout ce que pouvait l'opinion d'un grand peuple et le talisman d'un grand nom ». La foule les suivit dans les rues en poussant des cris d'allégresse, et le maire crut (2) pouvoir prendre sur lui « d'enjoindre à tous les habitants de Dijon d'illuminer ce soir la façade de leurs maisons, pour célébrer l'entrée de Sa Majesté l'Empereur Napoléon dans sa capitale ». Le préfet intérimaire avait été plus prudent, non pas qu'il péchât par défaut de zèle, mais il craignait de s'engager pour une

Barbier de Reulle, Ranfer, Benoist, Henrys-Marcilly, Bertrand, Audé ; conseillers auditeurs, Lefebvre de Planque, Joly, Morel, Delagoutte ; procureur général, Ballant ; avocat général, Dézé ; substituts, Mathieu, Desestangs.

(1) *Petites Affiches*, p. 245, 25 mars.
(2) Archives municipales, Registre 1815, p. 99.

trop forte dépense : aussi avait-il pris ses précautions en écrivant au maire : « Je vous prie de me faire connaître (1), si, d'après l'usage, votre intention est de faire les dispositions nécessaires pour que la façade de l'hôtel de la préfecture soit illuminée ce soir. J'attendrai votre réponse pour donner, s'il y a lieu, des ordres pour cette illumination. » L'appel d'Hernoux fut entendu. Bien qu'improvisées, les illuminations furent générales. Les habitants du faubourg d'Ouche se signalèrent par leur empressement. On avait cru tout d'abord que l'Empereur, dans sa marche sur Paris, passerait par Dijon, et, dans cette prévision, les habitants de ce faubourg avaient fait de grands préparatifs pour recevoir leur souverain. Ils avaient improvisé un arc de triomphe surmonté d'aigles et orné de drapeaux tricolores, avec l'inscription Honneur et Patrie, et quelques vers, malheureusement perdus, « qui ne brillent pas, ainsi que le constate le rédacteur des *Petites Affiches* (2), par la finesse des pensées, mais dans lesquels, ce qui vaut bien mieux, on aurait vu l'expression du cœur. » Cet arc de triomphe, ces drapeaux et ces vers restèrent sans objet, puisque l'Empereur passa par Autun et Auxerre et non par Dijon : au moins les habitants du faubourg utilisèrent-ils leur construction en l'illuminant le soir de cette fête nationale, et en dansant autour de ce monument désormais inutile.

Le général Veaux, entraîné par l'exemple, annonçait que l'armée fêterait de son côté le retour de l'Empereur (3). Les autorités civiles et militaires, les chefs du clergé et

---

(1) Archives municipales, Registre 1815, p. 100.
(2) *Petites Affiches*, p. 246.
(3) Ibid., p. 260.

les officiers de la garde nationale furent conviés à un grand festin qui eut lieu dans la salle des États, à l'hôtel de ville, le dimanche 26 mars. Le buste de l'Empereur, couronné de lauriers et d'oliviers, semblait présider à la cérémonie. Une musique militaire était installée à la tribune et une batterie d'artillerie, que le général avait mandée d'Auxonne pour la circonstance, s'apprêtait à accompagner les toasts de ses salves. Le général porta le premier la santé de l'Empereur. « Son retour, dit-il, comble les vœux de tous les bons Français. Il assure leur bonheur et va donner la paix au monde entier. Puisse son règne s'étendre à nos derniers neveux ! » Aussitôt le canon gronde, et la foule enthousiasmée répète le toast aux cris mille fois répétés de vive l'Empereur ! Le premier président Larcher (1) prend ensuite la parole et porte la santé de l'impératrice et du roi de Rome. Feignant de croire à leur prochaine rentrée en France, comme s'il était probable que l'Autriche allait se dessaisir de ces précieux otages, « leur retour, dit-il, va nous consoler des pleurs que nous avons versés à leur passage dans cette ville ». Sa voix est couverte d'acclamations, mais l'enthousiasme se convertit en délire lorsque le préfet intérimaire, Royer, boit aux six cents braves de l'île d'Elbe : « Ils l'ont suivi dans son exil, dit-il, ils l'ont rendu à la patrie, ils l'ont replacé sur le trône et nous rapportent ses aigles victorieuses. » Puis c'est le tour

---

(1) Ledit président n'était que médiocrement satisfait. On lui avait imposé, « en vertu d'ordres militaires et pour le service de Sa Majesté l'Empereur Napoléon », une réquisition d'un char à deux chevaux. Il avait répondu au maire : « M'étant physiquement impossible de fournir cette réquisition je prie M. le maire de me débarrasser des deux hommes qui ne veulent pas sortir de chez moi. » Pièce originale communiquée par M. Fourier.

du maire de Dijon qui se croit obligé de ne pas oublier le prince Eugène, « qui a fait revivre dans notre siècle le chevalier sans peur et sans reproche ». Veaux reprend la parole en l'honneur de ceux des ministres de l'Empereur qui sont d'origine bourguignonne. Un inconnu, ou du moins un personnage que n'ont point nommé les contemporains, s'adresse alors au général et s'écrie : « Il a été salué brave par celui qui fait les braves : saluons le compagnon d'armes de l'Empereur ! » Il n'est pas jusqu'à la femme du général qui ne reçoive une bordée de compliments, tout à fait dans le goût de l'époque : « Les grâces furent toujours la divinité des Français : tous nos cœurs lui rendent hommage. »

Pendant que se débitaient ces protestations de joie officielle, le peuple accompagnait les toasts de ses chants, et le canon mêlait sa grande voix aux acclamations populaires. Il est vrai qu'il fallut payer les frais de la fête et que le général se trouva fort embarrassé pour les solder, si du moins nous savons lire entre les lignes de la lettre (1) qu'il adressa, dès le lendemain 27 mars, au maire Hernoux : « Je renvoie à Auxonne la batterie d'artillerie que j'avais fait venir ici pour célébrer le retour de notre auguste souverain, il est nécessaire qu'il soit fourni douze chevaux pour les conduire ; veuillez en conséquence donner vos ordres pour qu'elle soit rendue à sa destination dans la journée. »

Ce ne devait pas être la dernière des fêtes célébrées à Dijon en l'honneur du retour de l'Empereur. Le 30 mars les officiers en retraite offrirent un grand dîner au général

---

(1) Archives municipales, Registre 1815, p. 101.

Veaux et aux autorités civiles. « On y a porté (1), avec la plus vive effusion du cœur, des toasts nombreux à celui sous les ordres duquel on avait été tant de fois vainqueur, à l'auguste famille impériale, à toutes les autorités et à toutes nos armées. » Ce fut probablement à cette occasion que les officiers en retraite rédigèrent une adresse à l'Empereur, que nous avons retrouvée dans les archives de la mairie : « Si nos blessures et nos infirmités ne nous permettent plus de rentrer dans la glorieuse carrière que nous avons parcourue sous vos ordres, nous servirons encore notre pays utilement en donnant aux générations qui se préparent l'exemple des vertus civiles et sociales, et d'un attachement inviolable au gouvernement choisi par le peuple français. »

Sept jours plus tard, le 6 avril, dans la grande salle d'un des restaurants les plus renommés de Dijon, le Chapeau Rouge, se réunissaient le général Veaux, le préfet Royer et les principales autorités. L'arrivée inattendue du général Boyer, aussitôt invité, donna un entrain tout particulier à cette fête. Veaux porta la santé de l'Empereur, et, comme l'écrit non sans une amusante candeur le rédacteur anonyme (2) du *Journal de la Côte-d'Or*, « l'explosion du canon n'est pas plus prompte que la rapidité avec laquelle tous les cœurs républicains répondirent à ce toast désiré. » Un certain Josselin avait pour la circonstance improvisé une chanson patriotique sur l'air du *Chant du Départ*. Nous ne la reproduirons pas pour la beauté des vers ou la nouveauté des idées, mais elle donne assez vivement l'impression contemporaine :

(1) *Journal de la Côte-d'Or*, p. 270.
(2) Ibid., p. 270.

c'est uniquement à ce titre que nous avons conservé cette poésie plus que médiocre.

>
> Un grand homme en touchant le sol **de la patrie**
> Nous a rendu la liberté ;
> La France, trop longtemps dans sa gloire **flétrie**,
> Reprend enfin sa dignité.
> Peuples conjurés, rois parjures,
> Redoutez l'heure des combats :
> Nous saurons venger nos injures
> Et vous trouverez le trépas.
> Du char brillant de la victoire
> Nos guerriers vont se ressaisir.
> Le Français est né pour la gloire :
> Pour elle un Français doit mourir.
>
> Souverain délaissé, votre destin s'achève
> A l'aspect de Napoléon.
> D'un règne de vingt ans allez finir le **rêve**
> Parmi les enfants d'Albion.
> On vit, au sein d'une tempête,
> Louis disparaître autrefois :
> Son trône, au milieu d'une fête,
> S'écroule une seconde fois,
> Du char brillant, etc.
>
> Que peuvent contre nous tous les rois **de la terre** ?
> S'ils venaient encor nous troubler,
> Nous saurions bien sur eux rejeter le **tonnerre**
> Dont ils voudraient nous accabler.
> Au feu d'un immortel génie
> Le Français retrempe son cœur,
> Et prend pour devise chérie
> Ces mots : la patrie et l'honneur.
> Du char brillant, etc.

Vil esclave du Nord, courbe ton front sauvage
Devant le peuple souverain ;
Fier de quelques succès étrangers au courage,
Oserais-tu franchir le Rhin ?
Demeure au sein de ta patrie,
Reprends tes serviles travaux,
Et ne viens plus, dans ta furie,
Souiller la terre des héros.
Du char brillant, etc.

Le lendemain 7 avril, le premier président réunissait à sa table les autorités civiles et militaires. Le buste de l'Empereur présidait encore à la cérémonie, orné non plus seulement de lauriers, mais de violettes, « c'est-à-dire de cette fleur printanière dont les soldats ont donné le nom à leur père (1), parce que, comme elle, il a reparu au printemps. » Même répétition de toasts, de compliments et de protestations, le tout entremêlé de salves d'artillerie, et d'airs patriotiques. Toutes ces fêtes officielles se ressemblent. Elles se célèbrent d'après un programme convenu d'avance, et dont les articles sont uniformément exécutés.

A ne considérer que les apparences, on était donc tout à la joie du retour de Napoléon. Les fonctionnaires paraissaient s'accommoder du nouveau régime, le peuple et les soldats semblaient satisfaits. Il n'y avait plus à redouter que le mécontentement des royalistes froissés dans leurs opinions ou lésés dans leurs intérêts, mais ils se renfermaient dans un mutisme prudent et n'essayaient même pas de protester.

Ils ne protestaient, du moins, que dans le silence du

---

(1) *Journal de la Côte-d'Or*, p. 301.

cabinet. Tel ce Foulquier qui passait son temps à aligner des alexandrins qu'il eut soin de ne publier qu'à la chute de l'Empereur. L'une de ces philippiques est intitulée : *A Bonaparte, qui se fait appeler le Père la Violette :*

>Qu'a de commun, dis-moi, ce nom avec le tien ?
>Et pourquoi te parer de l'image touchante
>D'un cœur toujours modeste et d'un homme de bien,
>Toi dont le nom proscrit nous remplit d'épouvante ?
>
>Cruel usurpateur que l'enfer en courroux
>A vomi de son sein pour ravager le monde,
>Enfin voici le jour, incestueux époux,
>Où tu vas terminer ta course furibonde.
>
>Soit par fatalité, soit plutôt par clémence,
>Des cœurs trop généreux ont épargné tes jours :
>La France avec horreur a revu ta présence ;
>Mais tremble ! tous les rois volent à son secours.

Onze autres strophes, aussi puérilement déclamatoires, sont consacrées par le Juvénal Dijonnais à l'expression de ses ressentiments. Il nous semble mieux inspiré dans une autre pièce qu'il intitule : *Boutade sur Dijon pendant le retour de l'usurpateur.*

>Que des écrivains sans pudeur
>Outragent les lois de l'honneur,
>C'est ce qui me désole !
>Mais, pour couronner leur talent,
>Le froid Tobolsk les attend ;
>C'est ce qui me console !

Ne plus voir en place aujourd'hui
Le maire qui fut notre appui,
C'est ce qui me désole !
Mais bientôt nous le reverrons,
Car il est aimé des Bourbons ;
C'est ce qui me console !

Plus de lois, plus de magistrats ;
Les brigands se donnent le bras,
C'est ce qui me désole !
Ventre saint gris, n'ayons pas peur !
Le ciel sera notre vengeur,
C'est ce qui me console !

Que des traîtres et des ingrats
De honte ne rougissent pas,
C'est ce qui me désole !
Ne pouvant se justifier,
L'avenir doit les effrayer,
C'est ce qui me console !

Que le Robespierre à cheval
Soit toujours l'instrument du mal,
C'est ce qui me désole !
Mais voir d'illustres souverains
Du ciel seconder les desseins,
C'est ce qui me console !

Toujours des cris séditieux
Payés de l'or des factieux,
C'est ce qui me désole !
Opposons-leur vive le Roi !
Ce cri du cœur est sur ma foi
Le seul qui nous console !

Laissant les royalistes aiguiser leurs peu dangereuses épigrammes, les partisans du régime impérial croyaient la partie gagnée. Le nouveau préfet nommé par Napoléon, Maurice Duval, venait de faire son entrée à Dijon (4 avril). Il crut lui aussi à l'avenir de la dynastie impériale, et lança (5 avril) une proclamation, qui devait plus tard lui être amèrement reprochée. « La nouvelle cour des Tuileries, disait-il, n'était autre chose que la cour de Coblentz poursuivant ses plans de contre-révolution. Chaque jour offrait avec le développement de ses arrière-pensées le dessein de nous enlever jusqu'aux faibles droits qu'elle venait, non de reconnaître, mais de nous octroyer par une ordonnance révocable, et bientôt, sous le nom dérisoire de Restauration, les honneurs, les places, les fortunes se seraient concentrés dans les mains de quelques émigrés. » Le rédacteur du *Journal de la Côte-d'Or* est plus explicite, car, dans son article du 2 avril, il publie contre le gouvernement tombé un véritable acte d'accusation, sans doute exagéré dans la forme, mais vrai dans le fond, et qu'il importait de remettre en lumière, car il donne comme la note du jour. « Les Bourbons paraissaient ne régner que pour un petit nombre de familles, dont les prétentions devenaient chaque jour plus insoutenables. La France humiliée avait perdu un quart de son territoire, et les impositions qui l'écrasaient étaient au milieu de la paix aussi fortes que pendant la guerre. L'armée était désorganisée et on cherchait à la peupler de ceux qui furent vingt ans ses ennemis. Les administrateurs les plus éclairés étaient privés des fonctions qu'ils avaient longtemps remplies avec honneur, ils étaient remplacés par des misérables, dont les titres aux faveurs du prince étaient une insulte à la nation. On portait les réformes jusque dans le sanctuaire des sciences. Il ne manquait plus, pour faire disparaître jusqu'aux moindres traces de notre glorieuse révolution, que d'anéantir les titres de nos victoires, et de revenir sur la vente des biens nationaux. Deux ministres en préparaient déjà les moyens. »

C'est sans doute à la même inspiration, c'est-à-dire à une direction officielle que nous reporterons une brochure anonyme, composée à cette époque, et intitulée : « A qui les Bourbons doivent-ils imputer leur revers de fortune? » C'est un mélange bizarre de vers et de prose, de déclamation et de raison, d'attaques passionnées et de reproches légitimes. On nous permettra, à titre de curiosité, de citer les vers qui servent de conclusion :

Que chassés de nouveau du trône de la France
Ils (les Bourbons) aillent à leur gré, rêvant à leur grandeur,
Contre nous en propos exhaler leur fureur,
C'est un plaisir qu'on doit permettre à leur vengeance.

Nous consentons aussi qu'au fond de leur asile
Ils prennent tour à tour le titre de nos rois.
Louis peut le transmettre au doucereux Artois.
Ce titre en voyageant ne peut être qu'utile.

Pourquoi leur disputer cet innocent délire ?
Si, contents de régner au milieu des forêts,
Ils savent être rois sans avoir de sujets.
Ne leur envions pas un si plaisant empire.

Mais qu'ils ne viennent plus, ces misérables princes,
Sur la foi des sermens nous préparer des fers.
Leurs perfides calculs les ont trop découverts,
Pour qu'ils puissent encor regagner nos provinces.

Pendant que l'Empereur et les partisans de sa fortune s'efforçaient ainsi de justifier ce que les royalistes continuaient à appeler leur usurpation, de graves dangers menaçaient la France. Les souverains alliés, réunis en congrès à Vienne, avaient été surpris et exaspérés par le retour de Napoléon. Ils l'avaient aussitôt mis au ban de l'Europe, et avaient ordonné à tous leurs soldats d'entrer de nouveau en campagne contre le perturbateur de la tranquillité publique. Napoléon avait été fort surpris par cette déclaration. Peut-être croyait-il encore à l'amitié du czar Alexandre. Ou bien se persuadait-il trop aisément que son beau-père, l'Empereur d'Autriche, écouterait la voix du sang, et ne contribuerait pas une seconde fois à priver d'une couronne son petit-fils. D'ailleurs il ne se dissimulait pas que le peuple français était comme épuisé par les vingt-cinq années de guerre qu'il venait de subir, et qu'il n'aspirait plus qu'au repos. Il eut donc grand soin de se présenter comme animé d'intentions pacifiques et ordonna à ses ministres d'agir dans ce sens sur l'opinion publique. Fidèle écho de la pensée gouvernementale, le rédacteur (1) du *Journal de Dijon* s'empressa d'annoncer à ses lecteurs que la guerre n'était pas à redouter : « Occupées chez elles, écrasées de dettes, affaiblies dans leur population, les puissances voisines ont besoin de repos, elles savent que la France, rendue au fils aîné de la victoire, a toujours ces vieilles bandes qui ont battu l'Europe conjurée, et à qui la trahison seule a fait poser les armes, qu'elles ressaisiraient sur-le-champ. Elles savent combien elle est peuplée malgré ses désastres, elles savent que toute la jeunesse y respire l'amour de la gloire et de la patrie. Que leur importe d'ailleurs l'exclusion d'une famille qu'elles avaient depuis

(1) Article du 26 mars 1815, p. 246.

longtemps abandonnée à son sort, et qu'elles n'étaient pas venues pour replacer sur le trône ! Elles respecteront un peuple qu'elles craignent autant qu'elles sont forcées de l'estimer. Elles le laisseront reprendre un souverain de son choix, sans oser l'inquiéter. Loin donc de nous la terreur panique d'une guerre étrangère. Comme la guerre civile dont on nous faisait peur, elle fuira le sol de la France, et ne troublera pas la prospérité dont nous allons jouir. » Ces prévisions optimistes ne devaient pas se réaliser, et bientôt le flot de l'invasion allait de nouveau battre le territoire national : mais n'est-il pas curieux de montrer que l'opinion générale était alors bien hésitante, et que réellement de nombreux Français croyaient, avec le rédacteur du *Journal de Dijon*, qu'ils n'auraient pas plus à redouter la guerre étrangère qu'ils n'avaient eu à se débattre contre les horreurs de la guerre civile.

Tenace dans ses illusions, ou fidèle à la consigne qu'il avait reçue, le rédacteur de la Côte-d'Or persista longtemps à ne pas croire à la guerre prochaine. Voici ce qu'il écrivait (1) à la date du 15 avril : « Ceux qui n'ont pas réussi à nous donner la guerre civile cherchent à terrifier les faibles par la perspective rapprochée d'une affreuse guerre étrangère. Ce ne sont pas 300.000 à 400.000 hommes qu'ils dirigent contre nous, ce sont 500.000 hommes seulement que, dans leurs absurdes prétentions, ils font marcher à grandes journées contre nos frontières, mais la Russie n'a-t-elle pas la Pologne à contenir ? La Prusse n'a-t-elle pas la Saxe à dévorer ? L'Autriche n'observe-t-elle pas l'Italie ? L'Espagne, en proie aux plus funestes dissensions, n'est-elle pas au moment de

(1) *Journal de la Côte-d'Or*, p. 315.

voir ses citoyens se déchirer entre eux? Nous n'avons pas à redouter une nouvelle invasion. L'esprit de 1814 ne débilite plus la France : c'est celui de 1792 qui nous anime. »

On n'aurait certes pas mieux demandé à Dijon que de croire à la perpétuité de la paix, mais il était difficile de ne pas accepter les mauvaises nouvelles qui arrivaient de tous côtés. N'apprenait-on pas que les puissances alliées, réunies par une haine commune, venaient de diriger contre la France leurs nombreux bataillons? La frontière était menacée sur tous les points. Les princes allemands, impitoyables dans leurs haines et leurs convoitises, étaient déjà sur le pied de guerre. L'Angleterre, sans même dénoncer les hostilités, capturait nos vaisseaux sur toutes les mers. L'Autriche et la Russie armaient leurs réserves. Les Espagnols eux-mêmes s'apprêtaient à franchir les Pyrénées. Le doute n'était plus possible : c'était une seconde invasion qui se préparait, plus sérieuse que la précédente, car ce n'était pas cette fois à Napoléon seulement mais aussi à la France, complice de son chef, que l'Europe déclarait la guerre. Ne valait-il pas mieux accepter franchement la situation, et, puisque la guerre était inévitable, se préparer à la soutenir? Un seul homme en France parait avoir eu le sens net de la situation; c'est le ministre de la guerre, le maréchal Davout, qui, dès le 28 mars, avait lancé cette belle proclamation : « Présentons une frontière d'airain à nos ennemis et apprenons-leur que nous sommes toujours les mêmes. Soldats, soit que vous ayez obtenu des congés absolus, soit que vous ayez obtenu votre retraite, si vos blessures sont cicatrisées, si vous êtes en état de servir, venez. L'honneur, la patrie, l'Empereur vous appellent. Quels reproches n'auriez-vous pas à vous faire si votre belle patrie était encore ravagée par ces soldats que vous avez vaincus tant de fois, et si l'étranger venait effacer la France de la carte de l'Europe ? »

Aussi bien, si tant est qu'on ait cru à Dijon à la continuation de la paix, les illusions se dissipèrent promptement. Thibaudeau, l'ancien conventionnel, l'ancien conseiller d'état, venait d'être nommé commissaire impérial avec pouvoirs extraordinaires, et Dijon était la résidence qu'on lui avait assignée. Il s'y rendit en toute hâte, car le préfet Maurice Duval venait d'être envoyé dans l'Hérault. Son successeur désigné, Savoye-Rollin (1), avait refusé de rejoindre son poste, et, bien que remplacé immédiatement par Maillard, la préfecture était vacante (2). Thibaudeau s'y installa, et, dès le 7 avril, prit une série de mesures que justifiaient sans doute les circonstances, mais qui durent singulièrement atténuer l'enthousiasme des premiers jours. Il annonçait en effet que les royalistes du Midi avaient pris les armes sous la conduite du duc d'Angoulême, qu'ils remontaient la vallée du Rhône et ne cachaient pas leur intention de marcher sur Paris. « Des bandes de forcenés se sont organisées. Elles s'avancent en désordre sur Lyon. Tous leurs pas sont marqués par les dévastations et les proscriptions. Les insensés ! ils prétendent, à travers des flots de sang, vous dépouiller de vos biens nationaux, rétablir les dîmes et les droits

(1) Savoye-Rollin était fort âgé. Il avait été avocat général au Parlement de Grenoble, tribun, et préfet de la Seine-Inférieure.

(2) La préfecture devait être occupée définitivement par Legras de Bercagny, ancien administrateur de Magdebourg. J.-Bénigne T***, dans son Mémorial inédit (9 mai) rapporte « qu'on a fait sur M. de Bercagny mille contes que je ne rapporterai ici que dans le cas où ils se vérifieraient ».

féodaux, vous remettre sous le joug des émigrés et des Bourbons ! » Pour parer à ce danger, Thibaudeau décrétait un appel aux armes de tous les citoyens valides et non armés. Ils seraient commandés par des officiers en retraite, qui, afin d'activer les enrôlements, pourraient déléguer leurs pouvoirs soit à des sous-officiers, soit à des citoyens « connus par leur patriotisme ». On dirigerait les levées sur les chefs-lieux de canton, où elles seraient organisées et armées. A cet effet les maires étaient autorisés à requérir toutes les armes de calibre, et même, en cas d'insuffisance, les fusils de chasse. Tout individu qui ne livrerait pas ses armes, et tout maire qui n'ordonnerait pas des perquisitions à domicile serait poursuivi. Ces mesures (1) étaient draconiennes et les périls de l'heure présente ne les justifiaient pas. Après tout l'armée ou la prétendue armée du duc d'Angoulême n'était formée que de bandes tumultueuses, qui perdaient leur force en s'éloignant de leur base d'opération, et il n'était pas nécessaire de provoquer la levée en masse de tous les citoyens disponibles du département pour dissiper ce rassemblement : les soldats de l'armée régulière auraient suffi. Quoi qu'il en soit les ordres de Thibaudeau reçurent leur exécution immédiate. Les maires des communes mirent même un véritable empressement à lui obéir. En deux jours dans les quatorze cantons de l'arrondissement de Dijon furent réunis près de 7000 hommes. Dans les autres arrondissements les gardes nationaux

---

(1) Archives municipales, Registre 1815, p. 117. Du 7 avril, ordre à tout citoyen de faire remise à l'hôtel de ville des armes de guerre qu'il possède. Le prix en sera payé tout de suite. En cas de refus, confiscation et amende de 300 fr. — Ordre aux commissaires Trullard et Durand de recevoir la déclaration des armuriers qui possèdent des armes de guerre, sinon confiscation et amende de 300 francs. »

répondirent avec une égale ardeur à l'appel du commissaire extraordinaire. A Saint-Seine on célébrait un grand mariage, auquel étaient invités bon nombre des futurs soldats. Le jour de la cérémonie fut avancé, et tous partirent pour Dijon, au nombre de plus de 400. Les gardes nationaux d'Is-sur-Tille, excités par les fortes paroles d'un pasteur protestant, prirent les armes sans plus attendre, et allèrent à Dijon, où ils furent très bien reçus. Cette bonne volonté devait rester stérile (1). Le général Grouchy venait en effet de disperser les bandes royalistes et d'imposer au duc d'Angoulême la capitulation de la Palud. Il n'y avait plus rien à craindre des ennemis de l'intérieur, et les hommes, levés en hâte par Thibaudeau, n'avaient qu'à regagner leurs foyers.

Les volontaires de Saint-Jean-de-Losne et de Seurre avaient déjà pris le chemin de Lyon, quand arriva l'ordre de suspendre la marche. Ils obéirent allègrement, car beaucoup d'entre eux se souciaient peu de prendre part à une lutte fratricide. Quant aux volontaires de la Côte-d'Or, qui étaient réunis à Dijon, et s'apprêtaient à entrer en campagne, ils reçurent avec un égal plaisir la nouvelle de leur licenciement. Au moins assistèrent-ils à une fête. Les étudiants en droit avaient résolu d'inaugurer un buste de l'Empereur. Ils invitèrent les volontaires, spécialement ceux d'Is-sur-Tille, à se joindre au cortège,

---

(1) Archives municipales. Registre 1815, p. 126. Lettre du maire au préfet (20 avril (1815). « J'ai l'honneur de vous transmettre l'état nominatif des volontaires de la ville de Dijon, qui étaient partis pour combattre les insurgés du Midi et qui sont rentrés dans leurs foyers d'après les ordres de M. le lieutenant général Boyer. J'ai pensé, Monsieur, qu'il convenait de vous faire connaître des citoyens qui ont montré tant de dévouement pour la cause commune et qui ont si bien mérité de la patrie. »

qui parcourut les principales rues de la ville, en poussant des cris tumultueux. Le général Veaux avait autorisé la musique militaire à prendre part à cette manifestation. Les étudiants portèrent le buste de l'Empereur jusque dans la cour de la faculté de droit, où les attendait le doyen, l'éminent jurisconsulte Proudhon. Ce dernier, bonapartiste déterminé, heureux de l'occasion qui se présentait d'affirmer ses sentiments politiques, leur adressa un discours (1), qui lui fut plus tard bien souvent reproché. « La jeunesse n'est pas seulement la portion la plus aimable ; elle est aussi la portion la plus intéressante de la société, puisque c'est sur elle que reposent toutes nos espérances pour l'avenir ; mais combien cet intérêt qu'elle inspire ne devient-il pas plus touchant encore, quand elle se trouve réunie par l'impulsion du plus noble des sentiments, celui de l'amour de la patrie... Avant de vous séparer, vous avez voulu déposer dans cette enceinte le buste du grand Napoléon ; c'est aussi dans cette enceinte qu'en méditant les codes immortels de ce héros, on apprend à bénir en lui le restaurateur de nos institutions libérales... Puisse la providence, dont les décrets l'ont si miraculeusement rendu aux vœux de la nation, veiller longtemps sur son sort et assurer la perpétuité de sa dynastie. Puisse ce souverain magnanime, qui sut étouffer toutes nos discordes civiles, et qui a fait retentir la gloire du nom français jusqu'aux extrémités du monde, recueillir les bénédictions de ses contemporains, et celles de la postérité. Puisse cette image sacrée, à laquelle se rattachent tant de souvenirs glorieux, ranimer aussi toutes les nobles affections et effacer dans tous les cœurs tous sen-

---

(1) *Journal de la Côte-d'Or*, p. 302.

timents contraires à ceux de l'amour de la patrie, de la concorde et de la soumission aux lois.

Proudhon était sincère dans l'expression de ses vœux. Il croyait à la perpétuité de l'empire, mais ses désirs ne devaient pas se réaliser. De graves dangers menaçaient en effet la France. De toutes parts s'ébranlaient les armées de la coalition. Malgré les protestations officielles, l'Europe entière marchait contre nous, et il fallait s'apprêter à la résistance. Il y avait par bonheur d'énormes ressources à utiliser : d'abord tous les prisonniers rentrés de captivité, puis les conscrits de 1815, tous les retraités qui voudraient reprendre du service, les matelots des anciennes escadres et surtout la garde nationale qui pouvait former des bataillons mobiles pour la défense des places fortes et d'inépuisables réserves à l'armée de ligne. Certes Napoléon ne négligea aucun de ces moyens, mais il n'y recourut qu'avec hésitation, et en quelque sorte avec timidité. Ainsi, pour la garde nationale, elle fut réorganisée par un décret en date du 10 avril. 3131 bataillons à 6 compagnies et à 720 hommes chacun furent créés, ce qui donnait le formidable total de 2,254,320 hommes, mais on ne requit que 417 bataillons, devant donner 300,240 soldats, et encore n'atteignit-on jamais que la moitié de cet effectif, car les autorités impériales semblaient n'exécuter qu'à regret leurs instructions à cet égard. Si pourtant Napoléon avait eu du temps à lui pour donner à ces régiments improvisés les habitudes et l'esprit militaire qui leur manquaient, il est probable que ces gardes nationaux auraient fait aussi bonne figure sur les champs de bataille ou derrière les remparts des forteresses que leurs camarades en 1814, à la Fère-Champenoise ou à Paris, mais ils ne reçurent jamais qu'un commencement d'organisation et n'eurent pas l'occasion de paraître devant l'ennemi.

A Dijon, par exception, la garde nationale fit campagne. C'est dans cette ville que se réunissaient de tous les points du département les compagnies en formation. Le général baron Pierre Boyer, nommé commandant des gardes nationales des départements composant la 18e division militaire, mit un grand empressement à les armer, à les équiper, à les encadrer surtout, car tous les officiers valides avaient déjà rejoint leurs corps. Il déploya même dans cette œuvre de défense nationale une telle ardeur que les ennemis de la dynastie lui adressèrent des lettres anonymes remplies de menaces et de railleries : « Je te recommande de mettre de la prudence dans l'organisation de la garde nationale, car je te préviens que personne ne partira, et je te donne ma parole, et ce n'est pas une pareille à celle que vous avez donnée, vous autres chevaliers français, à Louis XVIII, que tu pourras devancer un voyage, que tous les parjures feront bientôt avec le Néron du siècle. » Pierre Boyer se contenta de mettre cette lettre à l'ordre du jour, en l'accompagnant de paroles méprisantes, et continua son travail d'organisation. Dès le 10 mai un premier (1) bataillon de gardes était équipé et se mettait en marche sur Besançon, après avoir été passé en revue et harangué par le général Veaux et par le préfet. La population les escorta en dehors de la ville aux accents de la *Marseillaise*. Quatre jours plus tard, le 14 mai, un second bataillon partit également pour Besançon et on lui fit aussi une escorte d'honneur. Au 17 mai départ d'un troisième bataillon, mais il contenait déjà quel-

---

(1) *Journal des comptes de l'architecte Caumont.*

ques récalcitrants, car le préfet, par une note officielle affichée sur les murs, « remerciait deux de ses administrés qui lui ont indiqué, en signant leur déclaration, quatre citoyens de Dijon en contravention avec les lois sur la mise en activité d'une partie de la garde nationale. Ces quatre individus ont été de suite incorporés dans le bataillon ». Le 30 juin lettre du préfet au maire et ordre de faire partir pour Auxonne, afin d'y remplacer des troupes parties pour Paris, quatre compagnies de gardes nationales. « Si quelque cultivateur pouvait regretter de laisser des travaux importants, qu'il pense que ses moissons ne peuvent être assurées que par la conservation de la place d'Auxonne, et que cet appel n'est que momentané. » En effet un contre-ordre de départ arrivait le 7 juillet, car la bataille de Waterloo et la prise de Paris suspendirent toute opération militaire.

Comme c'est à Dijon que se concentraient et se formaient ces bataillons, il en résulta, à divers moments, des encombrements qui ne laissèrent pas que de gêner la population. En juin 1815, le maire Hernoux se plaignait, non sans raison, de cette accumulation exagérée de recrues dans une seule ville. « Il résulte de là, écrivait-il (1), que les généraux et les conseils chargés de l'organisation sont encombrés, et que les habitants de Dijon, qui sont obligés de nourrir les soldats jusqu'à la formation des bataillons, sont surchargés de logements militaires. » Il est vrai que, tout en se plaignant des nécessités du moment, le maire savait que des sacrifices étaient nécessaires. L'ancien général Liger-Belair ayant eu la malencontreuse pensée de demander, au nom de sa

---

(1) Archives municipales, Registre 1815, p. 154.

femme, d'être exempté de loger des gens de guerre, Hernoux répondit au notaire Gaulot, qui lui avait transmis cette demande, une lettre railleuse où il tournait en ridicule ces prétentions déplacées. Il lui infligea même la punition de transcrire cette réponse dans les archives de la municipalité, où nous l'avons retrouvée (1). Aussi bien il n'était pas toujours facile non seulement de loger, mais surtout d'équiper ces gardes nationaux. On fut même obligé de contracter une sorte d'emprunt forcé pour leur venir en aide. Voici ce qu'Hernoux, le 22 juin 1815, faisait savoir, par voie d'affiche, à ses administrés (2) : « Chargé de vous faire connaître les dispositions prises à cet égard, je n'ai pas besoin, pour exciter votre patriotisme, de vous rappeler combien il est urgent que les bataillons de nos frères, qui doivent partager avec nos frères l'honneur de la campagne qui va s'ouvrir, soient pourvus promptement de tous les effets nécessaires à leur équipement. »

Hernoux se trompait. La campagne ne s'ouvrait pas ; elle était terminée, et lamentablement. Les gardes nationaux dijonnais firent pourtant bonne contenance. Nous avons retrouvé le journal de marche de l'un d'eux, l'architecte Caumont (3). Appelé le 6 mai à faire partie de la première compagnie d'élite des grenadiers, il s'était montré peu sensible à cet honneur, et même avait fait quelques démarches pour rester, mais on ne l'écouta pas, et, dès le 10 mai, il partait de Dijon avec une modeste somme de 220 francs en poche. Il passa successivement par

(1) Archives municipales, Registre 1815, p. 154.
(2) Id., p. 197.
(3) *Journal des comptes de l'architecte Caumont*, appartenant à M. Fourier.

Genlis, par Auxonne que l'on fortifiait avec activité, par Dôle, Besançon, Gray, Vesoul, Lure, Belfort, Delle, et prit définitivement garnison à Montbéliard. Cette petite place avait été fortifiée à la hâte. L'énergique général Lecourbe, rappelé à l'activité après une longue disgrâce, faisait inspections sur inspections, mais il ne trouva pas l'occasion de déployer les qualités de résistance, qui déjà l'avaient signalé à l'admiration de ses concitoyens, lors de la campagne de 1799 contre Sowororoff ; car, dès le 25 juin, il était obligé d'annoncer à ses troupes l'abdication de Napoléon. Tout n'était pas cependant fini, car les Autrichiens arrivèrent devant Montbéliard, et, comme la place n'ouvrait pas tout de suite ses portes, la canonnèrent furieusement. La garnison réussit à s'enfuir et les Autrichiens prirent enfin possession de Montbéliard, « mais, ajoute Caumont, le général qui est un tigre a demandé toutes les armes quelconques, sous peine de mort, aux habitants, et que ceux qui feraient partie de la garde nationale bourgeoise seraient tenus de lui porter leurs habits, les officiers leur épée, costume, épaulettes. Il a frappé la ville, dont la population est de 4,200 âmes, d'une réquisition de 4,000 aunes de drap, 4,000 souliers, 1,000 bottes, 4 cartes du département, 80 kilos de café, 80 de sucre, 4,000 aunes de toile, 4,000 rations d'avoine, foin, pain, vin, eau-de-vie, et pour sûreté il a fait prendre les quatre plus riches propriétaires qu'il envoie au quartier général. » Comme si ce n'était pas assez des fureurs autrichiennes, et comme pour ajouter à l'amertume de la défaite nationale les inquiétudes et les angoisses de la persécution, un sous-préfet arriva dès le 3 juillet dans les fourgons de l'ennemi, qui donna le signal de la réaction en choisissant parmi les acquéreurs de biens nationaux vingt-cinq otages pour la répartition des réquisitions, et en proscrivant le citoyen Japy, de Beaucour, dont le seul crime était d'avoir voulu former un bataillon de corps francs. « Les enragés royalistes, ajoutait Caumont, disent qu'il faut faire payer la guerre aux acquéreurs de biens nationaux. Toutes les boutiques sont fermées, et personne n'ose circuler dans les rues. » Ce fut seulement le 10 juillet que les hostilités furent suspendues d'un commun accord. Caumont et ses camarades eurent le crève-cœur de rendre leur drapeau à l'ennemi. Ils s'attendaient à être licenciés tout de suite, mais on ne leur permit de quitter Montbéliard et de rentrer dans leurs foyers que le 4 août. Ils allaient trouver les Autrichiens installés à Dijon, et, moins insolents peut-être, mais tout aussi exigeants qu'à Montbéliard.

Sans parler de la garde nationale, dont une partie fut ainsi convoquée pour renforcer l'armée active, tous les soldats, dont la présence au corps était prévue par les règlements, reçurent l'ordre de rejoindre. Dès le 17 avril on lisait sur tous les murs de Dijon l'avis suivant : « Tous les militaires absents de leurs corps, sujets à rappel d'après le décret impérial du 28 mars dernier, et qui doivent se trouver à la réunion qui aura lieu à la préfecture le 24 du courant, sous peine d'être considérés et punis comme déserteurs, sont invités à se faire inscrire dans les bureaux de la mairie, d'ici au 22 du présent mois. » Pour plus de sûreté le maire (1), sur la prière de

---

(1) Archives municipales, Registre 1815, p. 131. « J'ai l'honneur de vous adresser ci-joint l'état des militaires domiciliés en cette ville, qui sont porteurs de congés limités ou illimités, et de ceux qui, par une fausse interprétation de l'arrêté du gouvernement provisoire du 4 avril 1814, ont quitté leur corps. »

la préfecture, fit dresser la liste nominative de tous les militaires domiciliés à Dijon, qui se trouvaient atteints par l'article précité. Ces précautions furent inutiles. Le zèle des autorités et le sentiment du devoir firent rentrer au régiment la plupart de ceux qui l'avaient abandonné. Ainsi que le constate avec plaisir le rédacteur (1) anonyme du *Journal de Dijon*, « les militaires rappelés sous les drapeaux s'empressent d'obéir à la voix de l'honneur et de la patrie. On croit que, dans la Côte-d'Or, ce rappel produira plus de deux mille hommes. Tous forts et robustes, tous anciens soldats, tous brûlant de venger des humiliations récentes. Que ne doit-on pas attendre de la valeur de ces braves unie à la valeur de ceux qui marchent sous les couleurs nationales, si les ennemis osent nous attaquer ! Déjà ce matin des détachements nombreux de cette belle jeunesse se sont mis en marche pour rejoindre leurs aigles victorieuses. » Au 3 mai, 800 d'entre eux « tous animés du meilleur esprit, malgré les pièges que la séduction n'a cessé de leur tendre pendant tout leur séjour », partaient de Dijon, escortés par la garde nationale et reconduits par les autorités et la population jusqu'à la porte Guillaume, d'où ils prenaient diverses directions et rejoignaient leurs corps respectifs.

On avait également songé à utiliser les services des militaires retraités. Tous ceux d'entre eux qui demandèrent à rentrer dans le rang furent aussitôt enrôlés et organisés en bataillons d'élite. Dès les premiers jours de juin (2), un de ces bataillons était réuni à Dijon. Le 10 du même mois il était passé en revue par les généraux

---

(1) *Journal de Dijon*, p. 349.
(2) *Journal de la Côte-d'Or*, p. 483.

Chambarlhac et Simon. Un bataillon de conscrits du 37ᵉ de ligne passait le même jour la revue de départ. Les rangs se mêlèrent. Il y eut entre les deux troupes échange de poignées de main, et promesse de se rencontrer sur les prochains champs de bataille.

Si les événements qui se précipitèrent et aboutirent à la catastrophe que l'on sait avaient permis aux conscrits Dijonnais de se battre à côté de leurs ainés, il est probable qu'ils auraient maintenu la réputation des vieilles bandes bourguignonnes ; mais ce sont surtout les fédérés qui se montrèrent animés des résolutions les plus viriles. On donna ce nom à tous ceux des Français qui s'unirent pour la défense des libertés et de l'indépendance nationales. Partisans des conquêtes de la Révolution, et déterminés à ne pas s'en laisser dépouiller, ils se déclarèrent partisans de l'Empereur, puisque l'Empereur se proclamait bien haut le représentant de la Révolution et de la nation, et ils s'unirent, ils se fédérèrent, pour la soutenir au besoin par les armes.

Ce curieux mouvement d'opinion commença en Bretagne. Il se répandit rapidement dans la France entière. Un premier appel aux hommes de bonne volonté fut inséré le 11 mai dans les journaux bourguignons : « nos frères les Bretons ont prévenu les vœux et les besoins de la patrie. Ils se sont fédérés pour la plus sainte des causes. Hâtons-nous de suivre leurs pas ! Que la France connaisse à notre élan les mêmes Bourguignons qui, dans les plaines de la Champagne et sur mille champs de bataille ont scellé de leur sang la cause de la liberté ; puisque nous n'avons pu donner ce bon exemple, soyons les premiers à l'imiter : fédérons-nous contre les rois. Accoutumés à vaincre sur les traces de Napoléon, nos braves enfants ont formé la première barrière d'airain que vous devez franchir, ô rois ! Nous, leurs frères, leurs amis nous allons seconder leurs magnanimes efforts, et bientôt deux millions d'hommes armés se riront de vos menaces, et vous forceront à réclamer encore sa clémence. » Ce n'étaient pas là de vaines paroles. Non seulement dans la Côte-d'Or, mais aussi dans Saône-et-Loire, et même dans la Haute-Marne se formèrent des fédérations particulières, encouragées par les municipalités, soutenues par les administrations, qui bientôt eurent enrôlé plusieurs milliers de volontaires. A Dijon (1) le chef d'escadron Chambure organisa un corps franc dans lequel on accueillait « tous ceux que ne réclame pas le service de l'armée active, et qui veulent suivre la route de la gloire et celle de la fortune, car ils ont part dans tout ce qu'ils font de prises, et leurs prisonniers leur sont payés en raison de l'importance du grade qu'ils occupent dans l'armée ennemie. » Ainsi que l'écrivait (2) le rédacteur du *Journal de Dijon*, « le sentiment de l'honneur national et de l'indépendance, le dévouement à l'Empereur vont faire accepter cette union sacrée, qui offre une nouvelle garantie au maintien des principes pour lesquels nous avons si longtemps combattu, à la sûreté intérieure et au gouvernement de notre choix. » Si les circonstances s'y fussent prêtées, il est probable que les fédérés bourguignons n'auraient pas fait mauvaise figure à côté des régiments ou des gardes nationales de la province.

(1) *Journal de Dijon*, p. 386. Les engagements étaient signés chez Latour, maison Badet, chez Guenot, rue des Forges, et à la mairie. — Le 26 mai le sieur Rebilly, coutelier, fut autorisé à fabriquer pour les futurs officiers des poignards de forme spéciale.

(2) *Journal de Dijon*, p. 395.

Dijon avait été désigné comme chef-lieu de la fédération bourguignonne : c'est à Dijon que se réunirent les délégués des départements de l'ancienne province. Le 16 mai on reçut avis de l'arrivée des fédérés du Rhône, ou plutôt de leurs délégués, Segaud, Bony et Chèze, qui venaient proposer l'union. Cette nouvelle fut accueillie avec transport. Les fédérés bourguignons (1) s'étaient donné rendez-vous à sept heures du soir, à la place Saint-Jean, pour aller à la rencontre des délégués de Lyon. Ils furent accueillis par des vivats prolongés et escortés par la foule jusque dans la salle des États, fraîchement décorée, toute tapissée d'abeilles et ornée du buste de l'Empereur couronné de lauriers. Les autorités les y attendaient. Segaud prit la parole et lut l'adresse de la ville de Lyon à la Bourgogne, harangue creuse et déclamatoire, dont voici le passage le plus saillant : « la fédération bourguignonne et la fédération du Rhône forment le second anneau de cette chaîne de fer que les valeureux Bretons tiennent d'une main, que les braves Dauphinois attacheront au pied des Alpes, et qui bientôt, ceignant la France du nord au midi, opposera, s'il le faut, à nos ennemis une invincible barrière. » Le préfet intérimaire Royer, les généraux Veaux et Boyer prirent à leur tour la parole, et, au milieu d'un enthousiasme qui paraît trop sincère pour être de commande, scellèrent l'union en donnant l'accolade aux délégués de Lyon, pendant que l'assistance entonnait sur l'air de la *Marseillaise* une chanson de circonstance, *la Fédération*, dont on nous saura gré de rappeler ici deux des six couplets, le premier et le troisième :

(1) *Journal de Dijon*, p. 420.

Entendez-vous ce cri de guerre
Qui retentit de toutes parts ?
Levez-vous, enfants de la guerre,
Accourez sous nos étendarts.
Qu'un ennemi toujours perfide
Trouve partout un prompt trépas.
Volez à ces derniers combats :
L'aigle vous servira de guide.
Aux armes, fédérés ! suivez l'aigle vainqueur,
Marchez ! vous défendrez la patrie et l'honneur.

Comment ! une ligue étrangère
Viendrait, en nous dictant ses lois,
Porter une main téméraire
Sur les plus sacrés de nos droits !
Faut-il sous la verge allemande
Courber un front humilié ?
Français, ont-ils donc oublié
Que Napoléon nous commande ?
Aux armes, fédérés ! etc.

Le lendemain un banquet fraternel réunissait aux principaux citoyens de Dijon leurs hôtes lyonnais, et, de part et d'autre, on se jurait mutuelle assistance et résistance à l'ennemi commun. On rédigeait même une adresse à l'Empereur : « Sire, les nobles fruits de vingt-cinq ans de travaux et de victoires allaient être perdus, la France retombait sous le joug honteux du despotisme et de la féodalité. Vous avez entendu les gémissements d'un peuple à qui on ravissait ainsi tout ce qu'il a de plus cher, son honneur et sa liberté. Vous avez reparu, et votre présence a encore une fois sauvé la patrie. Vainement les rois de l'Europe se liguent de nouveau contre nous ; vainement ils prétendent séparer notre cause de la vôtre ; vous êtes le monarque de notre choix, nous n'en voulons pas d'autre, et ce vœu national le peuple français tout entier, prêt à marcher à votre voix, le fera respecter. » Certes ces banquets répétés, ces chants, ces serments ces protestations sont légèrement ridicules, mais ils étaient sincères. Un même sentiment unissait tous ces hommes, une sorte d'instinct de conservation les rapprochait des uns des autres. Ils ne voulaient pas plus de la réaction royaliste que de la prépotence étrangère, et c'était du fond du cœur qu'ils se promettaient aide et secours réciproque. Aussi les réflexions inspirées par ces événements au rédacteur du *Journal de Dijon* (1) semblent-elles comme l'écho de l'opinion publique. « Il est possible que l'Autriche, qui semble méconnaître ses véritables intérêts dans la situation actuelle de l'Empire ; que les princes de la Confédération du Rhin, qui ne craignent pas de ramener dans leurs états les dangers et les malheurs d'une guerre de vingt ans dirigent leurs bataillons contre la France ; il est possible que la Prusse, qui a oublié la campagne de 1806, et que la Russie qui veut étendre ses limites jusqu'aux colonnes d'Hercule, accélère la marche de ses cosaques vers nos frontières ; il est possible que l'évêque de Rome joigne encore ses nombreuses et saintes cohortes de moines, de prêtres, de jésuites, etc., mais il est certain que les cultivateurs qui ne veulent plus payer la dîme, ni être condamnés à la corvée, que les acquéreurs des domaines nationaux qui ne veulent pas être dépouillés, que les marchands, les fabricants qui ne veulent pas voir telle ou telle place jouir d'une franchise dont ils seraient privés ; que tous les Français qui ne veulent pas courber la tête sous le joug de la tyrannie des ci-devant et du

---

(1) Article du 11 mai, p. 397.

despotisme des prêtres, se réuniront sous la bannière nationale, contre laquelle viendront se briser les efforts impuissants de leurs ennemis. »

On était donc, à Dijon, bien résolu à soutenir le gouvernement impérial, et, de tous ces hommes qu'appelait aux armes la voix toujours obéie de l'Empereur, il n'en est pas un, garde national ou soldat de ligne, ancien militaire ou fédéré, qui ne se soit juré à lui-même de rester fidèle au drapeau tricolore. Personne pourtant n'ignorait que la situation était grave et le péril extrême. N'eût-on pas soupçonné l'imminence du danger, que les moins clairvoyants l'auraient compris, aux préparatifs que l'on faisait, non seulement pour défendre la frontière, mais encore pour mettre en état de résistance certaines places de l'intérieur, Langres par exemple, Auxonne, Saint-Jean-de-Losne et même Dijon. Dès le 22 mai le préfet intérimaire Royer écrivait au maire Hernoux pour le prier de mettre tout de suite à sa disposition des ingénieurs civils et les ouvriers nécessaires à la confection d'ouvrages de campagne tout le long de la Saône. Il le prévenait que Borot, ingénieur à Pontailler, demandait quinze à vingt charpentiers ou charrons, et le priait d'ordonner lui-même la réquisition. Ces ordres (1) furent exécutés, mais avec une certaine mollesse, car, au 25 mai, on avait bien envoyé à Borot dix ouvriers charpentiers, mais, le 28 mai, ce même Borot écrivait que huit seulement des ouvriers réquisitionnés étaient arrivés, et encore signalait-il deux d'entre eux, Jean Marchand et Romaniac, comme particulièrement insoumis et se dispensant de toute corvée. Le 7 juin, et bien qu'on leur eût alloué double

(1) Archives municipales, Registre 1815, p. 156.

ration de pain et d'eau-de-vie, les ouvriers, fatigués de leur travail, réclamaient leur départ. Royer était alors obligé d'écrire de nouveau à Hernoux pour lui demander d'autres ouvriers, « car il est juste que les réquisitions pèsent un peu sur chacun » (9 juin). — Il lui avait déjà écrit (1) le 26 mai pour lui demander, sur les instances du colonel du génie commandant à Auxonne, vingt scieurs de long pour établir des palissades à Saint-Jean-de-Losne. Le lendemain 27, nouvelle lettre ainsi conçue : « M. le préfet me charge de prendre auprès de vous des renseignements sur les quantités de plomb propres à faire des balles, qui pourraient exister chez les marchands de votre ville. Je vous prie de me faire passer dans le plus bref délai les renseignements que vous serez parvenu à vous procurer. »

A Dijon surtout, bien qu'on les eût commencés tardivement, les travaux de fortification étaient poussés avec vigueur. L'Empereur avait songé à faire de Dijon une place de résistance. Dès le 22 mai il avait écrit (2) à Davout, ministre de la guerre : « Envoyez un officier du génie et un officier d'artillerie à Dijon, pour concerter ce qu'il y a à faire à cette place pour la mettre à l'abri d'un coup de main. Y a-t-il un bas fossé, un parapet? J'ai idée qu'il y a une bonne enceinte. Il ne faudrait que l'armer et défendre les portes. Si le parapet est démoli, on pourrait le rétablir sur-le-champ, en commençant par le bastion. » Ces ordres avaient été exécutés. Le ministre de l'intérieur Carnot avait écrit, à la fin de mai, au préfet de la Côte-

(1) Archives municipales, Registre 1815, p. 184. « M. le préfet me charge en outre de vous prier d'activer cette mesure par tous les moyens possibles. »
(2) *Correspondance de Napoléon*, Lettre 21.946.

d'Or pour lui annoncer la décision prise : « Je ne chercherai point, avait-il ajouté, de vous faire sentir l'importance de ces dispositions commandées par la plus sage prévoyance. Vous reconnaitrez combien il est urgent de donner aux travaux qui vont avoir lieu à Dijon toute la célérité possible. » Dès lors il ne perdit jamais de vue cette affaire. C'était le colonel Michel qui avait été chargé de la direction des travaux : la ville prendrait à sa charge les matériaux, les moyens de transport et les ouvriers, mais après accord avec la préfecture, ainsi qu'il résulte de la lettre suivante adressée le 21 juin par le préfet au maire : « Je vous prie de vouloir bien me faire connaître quel serait le mode de réquisition de bras et de matériaux, que vous jugerez le moins onéreux aux habitants de la ville ; et en même temps le plus facile et le plus prompt pour garantir les fournitures demandées » ; et il ajoutait dans une lettre du même jour : « Je crois superflu de recommander à vos soins et les intérêts de la ville, et le service qu'exige sa défense. Vous en connaissez l'importance, et je m'en rapporte tout à fait à votre patriotisme et à votre zèle connus. »

Le maire en effet n'hésita pas à seconder les efforts du gouvernement. De nombreux ouvriers, charpentiers, maçons, terrassiers ou marchands de bois, furent réquisitionnés pour la défense de la ville. On a conservé les noms de quelques-uns d'entre eux (1) : Damongeot, Decotte, Lagoutte, Dumont, Rémond, Neuman, Sicardet. Les uns allèrent abattre et débiter à Ouges du bois pour la service de l'artillerie (2), les autres improvisèrent aux portes de la ville des ponts-levis et des palissades, ceux-

---

(1) Protestation du 4 février 1819 (Archives municipales).
(2) Lettre du préfet au maire, 23 juin 1815.

ci charrièrent des pierres et ceux-là du sable. Même en juillet ils travaillaient encore (1). Ce fut peine perdue et pour la ville qui n'eut pas à subir de siège, et pour les ouvriers qui ne reçurent jamais le salaire auquel ils avaient droit. En vain présentèrent-ils leurs mémoires : on refusa de les solder, sous prétexte que les créances n'avaient pas été produites dans le courant de l'année qui avait suivi l'exécution des travaux. Les intéressés protestèrent (4 février 1819), et le préfet transmit leur protestation au ministre de la guerre (20 février). Ce dernier était décidé à passer outre car il renonça aux mauvaises raisons qu'il avait déjà alléguées, et finit par déclarer, mais seulement le 24 août 1819, que la ville de Dijon était seule responsable. « Considérant que ces ouvriers n'ont travaillé et fourni que sur les réquisitions de M. le maire de Dijon, et que ces réquisitions (2) sont jointes aux mémoires de ces ou-

(1) Les royalistes étaient fort opposés à l'idée de faire de Dijon un camp retranché. « Les fédérés, écrit à ce propos J.-Bénigne T***, dans son Mémorial inédit (28 juin), n'ont-ils pas l'abomination de vouloir transformer Dijon en une place de guerre ? On mure les portes de la ville, on fait des fossés et des contre-fossés, on dispose des sacs à terre, des fascines, des saucissons. Cette opération ne serait que risible, si on ne massacrait pas tout pour la mettre à exécution. » — Et à la date du 5 juillet : « Nos fous de Dijon redoublent, autour de notre ville, leur activité pour l'exécution d'espèces de travaux qui ne serviront qu'à faire brûler, ou du moins piller nos maisons, et lever une contribution énorme sur la ville. »

(2) On a conservé dans les papiers de certaines familles quelques-unes de ces réquisitions. M. Fourier nous en a communiqué trois, au nom de MM. Gros, avocat, Breton, boulanger, et Murey Charmoy, propriétaire. Elles sont ainsi conçues : « Le maire de la ville de Dijon requiert M. X... de se trouver le ... dans la cour de l'hôtel de ville, à cinq heures du matin, pour aller travailler aux ouvrages de défense qui doivent être exécutés pour la sûreté de la ville. Ceux qui ne pourraient faire personnellement ce service s'adresseront la veille au secrétariat de la mairie, depuis deux heures jusqu'à trois, où l'on se chargera de leur remplacement moyennant un franc. »

vriers, que déjà, par une précédente décision du 31 août 1817, en ce qui concernait de semblables travaux faits dans plusieurs communes du département ; il a été dit que tous ouvrages exécutés pendant les Cent Jours à l'entrée des villes et communes ne pouvaient être une charge du gouvernement et qu'ils devaient être pour le compte des communes, ces travax n'ayant eu pour objet que des mesures particulières de défense, prises contre les troupes étrangères et non pour le service de l'armée française. » C'était un cruel déni de justice : il suffisait de rappeler les lettres du ministre de l'intérieur. Il est probable que les intéressés ne les avaient pas à leur disposition, ou plutôt qu'ils en ignoraient l'existence, car, lorsque le préfet leur eût fait connaître la décision du gouvernement (1er septembre), ils s'adressèrent à la municipalité. Le conseil municipal refusa, et non sans raison, d'admettre la légitimité de leurs revendications (10 janvier 1820). Le plus singulier c'est que le préfet eut à se prononcer à son tour sur la validité de cette délibération. Il la confirma purement et simplement (13 juillet 1820) ; en sorte que tous ceux des Dijonnais qui avaient, en 1815, travaillé aux fortifications de Dijon ne reçurent aucun salaire de leurs peines. Leurs efforts en cette circonstance furent aussi stériles que devaient être inutiles les travaux improvisés autour de la place.

Toutes les précautions avaient donc été prises pour résister à l'ennemi. Les Bourguignons étaient résolus à combattre non pas seulement à la frontière, mais aussi, en cas d'invasion du territoire, jusque dans les places de l'intérieur. Napoléon aurait peut-être bien fait d'utiliser cette bonne volonté, et de proclamer la levée en masse. Il ne l'osa pas, et il eut grand tort. Avouer le danger et faire un suprême appel à la France menacée dans son existence nationale, agir comme aurait agi la Convention, telle était la politique à suivre. La dictature aurait été légitimée par cet aveu de détresse ; mais Napoléon était revenu de l'île d'Elbe très assagi, très refroidi. Il s'imagina que les moyens réguliers et les voies administratives lui suffisaient. Au lieu d'improviser, il se reposa sur la routine. Lui le créateur, l'innovateur, il crut pouvoir, sans sortir de la légalité, faire face à toutes les difficultés. Au moment où nos ennemis, mieux inspirés, recouraient aux procédés révolutionnaires, et lançaient contre lui des masses armées, il n'osait mettre en œuvre toutes les forces nationales. Napoléon, par malheur, allait, dans le naufrage de sa puissance, entraîner avec lui la patrie.

Pendant que les autorités impériales s'efforçaient ainsi d'organiser la défense nationale, le maire et les adjoints travaillaient, dans la mesure du possible, à calmer les esprits et à asseoir le nouveau régime. Ce n'était pas chose aisée. Il y avait de nombreux mécontents, même parmi les partisans de la dynastie. Le *Moniteur* du 23 mars contenait un article où les Dijonnais avaient été fort malmenés, outragés même. Ils en avaient été fort émus. Le maire Hernoux crut devoir protester et adressa à l'Empereur une lettre fort digne, où il relevait, au nom de la ville, les imputations dont on chargeait ses compatriotes. « Les habitants de votre bonne ville de Dijon s'unissent à moi pour supplier Votre Majesté de leur rendre l'honneur auquel ils n'ont jamais forfait. Comprimés par la présence des baïonnettes étrangères, livrés sans défense à ceux que leur intérêt personnel rendait les ennemis de Votre Majesté, ils se sont vus avec indignation présentés à la France entière comme les provocateurs et les plus zélés partisans d'un changement de gouvernement, qui les blessait autant par les moyens dont on se servait pour l'amener que par les suites qu'il devait nécessairement entraîner. Si leur haine pour la domination exercée par les troupes ennemies avait besoin de preuves, ils rappelleraient les mouvements insurrectionnels auxquels ont constamment donné lieu et le passage des prisonniers de guerre français, et l'espoir de revoir les armées de Votre Majesté... Ils invoqueraient le témoignage non équivoque des papiers nouvelles rédigés sous l'influence de l'ancien gouvernement ; ils s'adresseraient à vous-même, Sire. Daignez donc, par un témoignage public de votre bienveillance, détruire le préjugé cruel et injuste qui pèse sur les habitants de votre bonne ville de Dijon. Par cet acte de justice vous ajouterez, s'il se peut, à leur amour et à leur dévouement. »

Le maire avait encore à se débattre contre les réclamations incessantes de tous ceux des Dijonnais qui se prétendaient lésés par le gouvernement tombé, ou qui simplement demandaient des règlements de compte. Tantôt c'était un certain Carion, interprète en 1814, puis commis temporaire au bureau des logements, qui « avait mis dans le travail qui lui avait été confié tout le zèle et la bonne volonté que l'on pouvait attendre d'un jeune homme dans ces moments difficiles », et qui réclamait une gratification ; tantôt c'était un sieur Célestin (1) Neuman, qui avait porté des réquisitions de chevaux et voitures « à propos du passage des troupes de Sa Majesté l'Empereur Napoléon, du 20 au 30 mars », et qui demandait à être payé. Les réclamations analogues « pour

(1) Archives municipales, Registre 1815, p. 102.

service des troupes de l'Empereur depuis le 18 mars dernier » devinrent même si nombreuses, que la mairie finit par s'en inquiéter. « Les circonstances dans lesquelles ces diverses fournitures ont été effectuées, écrivait (1) à ce propos Hernoux au préfet (25 avril 1815), l'étendue et l'urgence des besoins ainsi que les moyens auxquels il a fallu avoir recours pour les satisfaire n'ont pas permis de mettre de l'ordre dans ce service. » Aussi proposait-il d'allouer indistinctement à tous ceux auxquels on s'était adressé la somme de cinq francs, « car je vois avec peine, ajoutait-il, qu'on n'a pas encore rempli la promesse qu'on leur avait faite, notamment à ceux qui ont été à Beaune. » Hernoux était surtout assailli par les réclamations de ceux dont on n'avait pas encore acquitté les bons de réquisition, et spécialement les aubergistes. Il n'était pour ainsi dire pas de jour où il ne reçût quelque note des maîtres d'hôtel ou cabaretiers de l'époque (2). L'ensemble de ces factures montait à la somme de 29,744 fr. 98 (3). Débordé par ces demandes, dont la plupart étaient fondées, et désirant faire honneur à la signature de ceux qui l'avaient précédé à la mairie, Her-

---

(1) Archives municipales, Registre 1815, p. 133.
(2) Voici les principaux noms que nous relevons dans les archives municipales : Goisset, Godin, Barbaret, Besson, Burgiard, Carion, Poupon, Ragonneau, Ripart, Gaudriot, Vielle, Joanne, Lévêque, Montoy, Dugied.
(3) Voici, à titre de curiosité, une de ces factures, celle d'un déjeuner fourni par l'aubergiste Dugied à un général autrichien, comte de Raigecourt. Nous la reproduisons avec les bizarreries de l'orthographe : 9 livre de beufe, 1 quartier de vô, 1 quartier de mouton, 1 cartront deu crevisse, 2 per de pié de vô, chicoré, aricover, epinare, 1 boutiel de vaineux, 1 boutiel de vaineux étranger, 1 demie do de vie de coiniaque, 8 livre de pain, asezonement de quisine, girofle, poivre, 2 per de poulet et un chapon, 7 jate de desere, 3 livres de sucre, 2 ré de let, 4 boutiel de bière, 1 livre damande douse, 2 muscade — 67 fr. 25 c.

noux demanda au préfet l'autorisation (1) de prendre dans la caisse municipale les sommes nécessaires (22 mars 1815). « Vous avez dû recevoir une lettre de M. le général Veaux, commandant la 18ᵉ division militaire, qui vous prie de m'autoriser à faire toutes les dépenses nécessitées par les circonstances. Parmi ces dépenses il en est dont l'acquittement ne peut être différé sans compromettre le service. Je vous prie donc de me donner promptement l'autorisation de prendre dans la caisse municipale toutes les sommes qui me seront nécessaires pour satisfaire aux besoins les plus urgents. »

Ces embarras d'argent n'étaient que temporaires : ce qui préoccupait tout autrement le maire de Dijon, c'était la surveillance des partisans du régime tombé. Tant qu'il ne s'agissait que de remplacer le procureur Gouget-Michéa ou le substitut Saverot par le juge d'instruction Huguet et l'avocat Lerouge (19 avril); ou bien de faire exécuter les décrets du 25 mars contre la famille des Bourbons, et certains de leurs adhérents ; tant qu'on se contentait de demander (2) des renseignements sur le proviseur et le censeur du lycée dénoncés comme émigrés, ou de prendre des mesures de surveillance à l'égard des étrangers (3), certes la besogne était facile ; mais comment s'y prendre pour déjouer les manœuvres souterraines, pour combattre les sourdes menées, pour arrêter les mensonges intéressés de tous ceux que le retour de Napoléon froissait dans leurs sentiments, ou lésait dans leurs intérêts ; et ils étaient nombreux ceux que la pers-

(1) Archives municipales, Registre 1815, p. 92.
(2) Lettre de la préfecture du 13 avril. Nouvelle lettre du 18 avril, constatant qu'on s'était trompé, et qu'il s'agissait de l'aumônier Thomas.
(3) Lettre du préfet au maire, 23 juin 1815.

pective d'être enrôlés de force, de payer des impôts abusifs, ou d'être soumis à mille vexations administratives n'enchantait pas! Non seulement ils ne cachaient pas leur mécontentement, mais encore, encouragés par la longanimité des autorités, commençaient à troubler la tranquillité publique soit en poussant des cris, soit en prenant une attitude menaçante. Hernoux fut obligé d'écrire (1) (28 mai 1815) au commandant de la garde nationale et au commandant de place : « Depuis quelques jours des bruits nocturnes ont eu lieu. Des gens mal intentionnés et ennemis de l'ordre troublent la tranquillité publique, les agents de police sont trop peu nombreux pour surveiller, si des patrouilles ne les secondent. Je vous invite en conséquence à ordonner qu'il en soit fait jusqu'à nouvel ordre avec autant de zèle qu'elles l'étaient il y a quelques jours, et principalement depuis dix heures du soir jusqu'à une heure du matin. »

Malgré les patrouilles des troubles éclatèrent. Le 1er mai 1815 des bandes tumultueuses parcoururent les rues de la ville. On cassa même quelques vitres chez plusieurs particuliers ; mais la police était prévenue et la garde nationale sur pied. Les patrouilles firent leur devoir et

---

(1) Archives municipales, p. 138. Il est vrai que les royalistes accusaient les autorités de provoquer des désordres. Ne lisons-nous pas dans le Mémorial de Jean-Bénigne T***, à la date du 12 mai : « Depuis quinze jours les murs sont couverts d'affiches incendiaires, de proclamations violentes et vraiment révolutionnaires ; le soir, des gens sans aveu, excitant les militaires qui, sans cesse, traversent nos murs, chantent des chansons horribles, cassent les vitres des personnes qu'ils accusent de royalisme et se permettent les plus affreux excès. Des clubs se tiennent dans tous les quartiers ; là on discute les projets les plus vigoureux ; on compose des adresses aux campagnes; on cherche à tromper les citoyens sur les événements qui arrivent. »

les perturbateurs furent arrêtés. L'ordre fut rétabli presque aussi vite qu'il avait été troublé, ainsi que le constate le rédacteur (1) du *Journal de Dijon* : « La police comprimera les fabricateurs, les distributeurs de fausses nouvelles, les Français qui ne rougissent pas d'être les agents des ennemis de leur pays. Sans prendre pour modèle la police inquisitoriale qui se faisait sous Louis XVIII, où un mot dit chez soi faisait mander à la mairie, où un propos léger, tenu en public, traduisait à la police correctionnelle, on peut prévoir les maux qu'entraîne une exaspération toujours funeste à la tranquillité. » Le rédacteur du journal était par trop optimiste. Peut-être s'imaginait-il de bonne foi que les royalistes avaient renoncé à tout espoir de revanche, mais la propagande légitimiste ne s'arrêta pas pour autant. C'étaient surtout les jeunes gens qui avaient fait partie de la maison militaire de Louis XVIII, dont il devenait nécessaire de modérer la fougue ou de surveiller les démarches. Rien qu'à Dijon on en comptait quatorze. Afin de les mieux tenir, Hernoux leur demanda un serment de fidélité. La plupart d'entre eux, Didier, Petit, Vaillant, Guenichet, Mielle, etc. s'y résignèrent : mais l'un d'eux, Gueneau de Mussy, s'y refusa avec obstination, et, comme il n'existait aucun moyen légal de le contraindre, on dut se contenter (2) de l'entourer d'une surveillance spéciale. Ce sont sans doute ces jeunes gens que vise un article du *Journal de Dijon*, daté du 6 mai 1815 : « Les nouvellistes de certain parti demandent un maitre de géographie. Ils n'exigent pas que dans ses leçons il leur ap-

---

(1) 3 mai, p. 387.
(2) Archives municipales, Registre 1815, p. 179.

prenne à connaître les quatre parties du monde, mais seulement la position de la France par rapport aux puissances alliées qui nous apportent le fer, l'incendie et le bonheur, afin que ces vrais Français ne se trompent plus sur le point où elles doivent pénétrer. Ils voudraient aussi qu'on leur expliquât clairement la position de Gand par rapport à Dijon, parce qu'on leur rit au nez, quand ils disent avec le sang-froid le plus bête que leur roi fera jeudi son entrée dans notre ville, d'où il fera ensuite son entrée dans la capitale (1). »

L'ironie ne suffisait pas : il était nécessaire de recourir aux grands moyens, car les opposants ne désarmaient pas. Ce fut sans doute à ce moment que quelques exagérés du parti dominant imaginèrent de dresser de véritables listes de proscription (2), où ils signalaient à la vindicte publique les royalistes les plus compromis. « Je dois dire aussi que j'ai appris qu'une liste de proscription ayant été dressée pendant le règne momentané de Bonaparte, par Laguesse et ses adhérents, et présentée ensuite au général Veaux, celui-ci n'en tint aucun compte et se montra même le protecteur des personnes qui y étaient déléguées. » Le préfet de son côté eut le bon sens de ne pas écouter ces bonapartistes intransigeants. Il crut cependant utile de leur donner un dernier avertissement, et voici la lettre qu'il adressait au maire le 20 mai, en le priant de lui donner la plus grande publicité : « Ces hommes sont en petit nombre ; leur marche est oblique et ténébreuse comme celle du reptile. Qu'ils soient surveillés, arrêtés, livrés aux tribunaux ! Point d'indulgence, point de ména-

---

(1) *Journal de Dijon*, 6 mai, p. 387.
(2) Procès Veaux, Déposition Carrelet de Loisy.

gement pour les lâches qui désertent le poste d'honneur, et apportent le fer et le feu sur le territoire sacré de l'empire. Point d'intervalle entre le délit et la poursuite. Il faut que ces hommes vils voient le glaive de la loi suspendu sur leurs têtes, et toujours prêt à les frapper ; il faut que leurs noms soient voués à l'exécration. »

Contre ces ennemis connus, et en quelque sorte classés, il n'y avait que des précautions à prendre. Les ennemis secrets étaient bien plus dangereux, surtout les fonctionnaires qui cachaient leur jeu, et les conseillers municipaux qui n'avaient pas renoncé à leur mandat, et entravaient par leur sourde opposition toutes les affaires. L'Empereur chargea Thibaudeau de briser toutes les résistances. Cet ex-jacobin ne reculait jamais même devant un acte illégal (1), s'il le croyait justifié par l'intérêt public. Un de ses premiers actes fut de casser le conseil municipal, dont il suspectait à bon droit le dévouement à la dynastie impériale, et de le remplacer (20 avril). Bientôt il convoquait les nouveaux conseillers à l'hôtel de ville, en session extraordinaire, et leur faisait prêter serment (4 mai). On remarquera dans la liste des conseillers de nombreux magistrats ou gens de loi, le premier président de la cour d'appel, Larcher ; le procureur général Ballant ; Morizot, président de chambre ; Dézé, avocat général ; Maurice, conseiller à la cour ; Maulbon d'Arbau-

(1) Jean-Bénigne T***, dans son Mémorial inédit, l'accuse même d'avoir recouru à des moyens illicites pour consolider son autorité. 8 mai. « Il a des gens à gage qu'il charge de la partie scabreuse de sa mission. Par exemple, on insulte les gens que l'on ne croit pas très attachés au gouvernement actuel ; on casse le soir leurs vitres ; on chante des couplets d'un sens tout à fait révolutionnaire, enfin on prend tous les moyens pour faire de cette nouvelle guerre une guerre nationale. »

mont, juge au tribunal de première instance ; Parisot, juge au tribunal de commerce ; Lévêque, greffier en chef de la cour d'appel ; Guenyot, ancien magistrat ; Muteau, ancien notaire ; Jacquinot et Simon Jacquinot, avocats ; Bérard, avoué et Jacotot, professeur à la faculté de droit. Faisaient également partie de l'assemblée municipale d'autres fonctionnaires : Fremiet, directeur des contributions directes ; Léjéas, receveur général ; Léjéas, ex-directeur des contributions indirectes ; Bazire, entreposeur général des tabacs, et Petitjean, receveur des hospices. Les autres fauteuils étaient occupés par le pharmacien Tartelin, le médecin Morland, un ancien officier du génie Locquin, et quelques négociants ou propriétaires, Prisset, Damotte, Villiers, Ligeret, Forgeot, Poincedé et Vaillant. Certes le conseil était composé d'hommes compétents, honorables entre tous, mais ils étaient nommés et non élus.

Thibaudeau ne se contenta pas d'avoir des conseillers à sa dévotion. Il voulait aussi que tous les fonctionnaires, sans exception, fussent comme les défenseurs nés du gouvernement impérial, et il imagina une vaste enquête sur leurs antécédents et leur situation d'esprit. Sur ses ordres le préfet adressa donc aux maires (25 mai) une lettre collective, par laquelle il les priait « de vouloir bien lui faire remettre, dans le plus bref délai possible, un état de MM. les fonctionnaires publics, civils et judiciaires, résidant dans votre ville, d'après le modèle ci-joint ». Dès le 26 mai le président du tribunal civil, Charbonnel, envoyait sa réponse. Celle du conservateur des eaux et forêts arrivait le lendemain 27. L'enregistrement adressait la sienne le 28 et le premier président Larcher la sienne le 29. Le receveur général répondait à l'enquête le 1er juin et Didier, l'ingénieur en chef des ponts et chaussés, seulement le 5. Seul les directeurs des contributions directes et des domaines firent de l'opposition. Voici ce qu'écrivait le premier à Hernoux, le 27 mai : « malgré mon désir de me prêter et de coopérer à toutes les mesures, dont l'exécution vous est confiée, je ne puis remplir vos intentions dans cette circonstance. L'ordre de ma correspondance est réglé, et je ne dois des renseignements sur le personnel de ma direction qu'à M. le préfet, sous la surveillance duquel la loi le place. J'adresse cependant l'état dont il s'agit à ce magistrat, qui vous le communiquera, s'il le juge convenable. » Hernoux fort dépité s'empressa de mettre le préfet au courant (1) de ce refus. Ce dernier donna des ordres en conséquence, car dès le 8 juin le maire envoyait à la préfecture le tableau définitif avec les indications demandées.

Bien que soutenu par le préfet, par le général Veaux et par le commissaire extraordinaire Thibaudeau, Hernoux avait parfois de la peine à imposer ses volontés. C'est ainsi que, le 29 mai, le préfet intérimaire Royer lui ayant adressé la lettre suivante : « Le drapeau arboré sur la flèche de Saint-Bénigne est devenu entièrement blanc ; le bleu et le rouge s'étant effacés par l'impression de l'air. Je vous prie, en exécution des ordres que j'ai reçus, d'ordonner cette réparation qui n'est pas sans importance dans le moment actuel. Il conviendrait, autant que possible, que ce drapeau fût d'étoffe de laine. Ce serait sans doute une économie. Je vous prie de vouloir

(1) Archives municipales, Registre 1815, p. 172. « Je me trouve arrêté dans la confection du tableau de tous les fonctionnaires civils et judiciaires, que vous m'avez demandé par votre lettre du 25 courant par le refus que me font les directeurs des contributions et des domaines de donner les renseignements nécessaires sur les membres de leur administration. »

HERNOUX
MAIRE DE DIJON
en 1815

bien vous entendre à cet égard avec MM. les fabriciens. » Hernoux s'adressa tout de suite auxdits fabriciens, qui refusèrent d'accéder à sa demande, prétendant que c'était une dépense communale, et qu'ils ne voulaient pas la prendre sur eux. Au fond ils n'étaient pas fâchés de l'incident, car, pour la plupart, ils faisaient partie des opposants. Comme pourtant ils ne voulaient pas engager de conflit, ils terminèrent ainsi leur lettre de réponse : « Si cependant on décide autrement, la fabrique demande un ordre positif pour qu'elle puisse l'annexer au budget de ses dépenses, qu'elle présente tous les ans au conseil général du département. » Hernoux, piqué au vif, riposta aussitôt : « Il résulte de la lettre de M. le sous-préfet que le drapeau tricolore qui doit être placé sur la flèche de Saint-Bénigne sera acheté et posé aux frais de la fabrique. Je pense que cette explication équivaut à l'ordre que vous m'avez demandé, et que ma lettre, annexée au budget annuel de vos dépenses, vous tiendra lieu de toutes autres pièces. Je vous prie, en conséquence, de ne plus différer d'obtempérer à cette demande de l'autorité supérieure. » Les fabriciens se le tinrent pour dit, et les trois couleurs furent de nouveau déployées sur la flèche de la cathédrale.

Hernoux eut encore à triompher de la mauvaise volonté du commissaire ordonnateur des gens de guerre. Ce fonctionnaire avait fait imprimer des bons de réquisition ainsi libellés : « Bon pour le logement de deux hommes avec vivres. » Le maire protesta contre le mot vivres, et voici comment il s'exprimait dans une lettre qu'il adressait à ce sujet au préfet (1er mai) : « Une publication faite il y a deux jours prévient mes concitoyens qu'ils ne doivent pas de nourriture, et il n'en peut résulter que de graves inconvénients, si la marche que je vous dénonce continuait. » Le commissaire des guerres s'obstinait de son côté, et le conflit aurait pu s'éterniser, car il n'était pas encore tranché au 29 juin, quelques jours après Waterloo. A cette date, en effet, Hernoux adressait au préfet la lettre suivante : « J'ai l'honneur de vous prévenir que je viens d'être obligé de loger avec nourriture des militaires blessés arrivés hier et aujourd'hui. Cette mesure a été nécessitée par le défaut de place au grand hospice et le défaut d'approvisionnement à l'hôpital militaire. » Il terminait en priant de faire cesser cet état de choses. La chute de l'Empire permettra seule de trancher le différend.

Nouveau désaccord entre Hernoux et le commissaire en chef des poudres et salpêtres. Il s'agissait de la construction d'un corps de garde aux Argentières aux frais de la ville. Le maire y consentit et alla visiter le local : mais il ne trouva ni employé pour l'accompagner, ni clefs pour faciliter ses recherches. Aussi se plaignit-il de ce manque de convenances. Le commissaire des guerres de son côté se plaignit de ne pas avoir été prévenu à temps. « Je crois devoir vous observer, répondit aussitôt Hernoux (20 juin 1815), que vous n'auriez point eu à vous plaindre de l'inconvenance que vous trouvez à ce que j'ai visité les murs extérieurs et le jardin des Argentières sans votre aveu, si, comme il était naturel, vous eussiez cherché à vous concerter avec moi sur l'exécution de ce que vous m'aviez fait demander. » Le conflit s'envenima. Michel, colonel du génie, et l'ingénieur Arnollet durent intervenir. Il y eut échange de pourparlers. Le 23 juin intervint une explication assez vive et les parties adverses finirent par s'entendre. Aussi bien le canon de Waterloo suffisait pour aplanir toute difficulté.

Le maire de Dijon, pendant toute cette période agitée, n'était donc pas précisément sur un lit de roses. Sans parler des discussions que nous avons déjà signalées, il lui fallait encore surveiller le vote relatif à l'acte additionnel aux constitutions de l'Empire. Le 1er mai il avait averti (1) ses concitoyens « qu'aux termes du décret du 22 avril dernier, il a été ouvert des registres pour voter sur l'acte additionnel aux constitutions de l'Empire, au secrétariat de la mairie, aux greffes de la cour impériale, du tribunal de première instance, du tribunal de commerce et de la justice de paix, chez tous les notaires de la ville, et qu'ils seront fermés le 10 de ce mois. » En effet, le 11 mai, il transmettait au préfet les votes émis sur l'acte présenté à l'acceptation du peuple français. Dans l'intervalle, il avait dû procéder à l'installation comme commissaire de police, à la place de Trullard, destitué, de Dupont, ex-secrétaire de mairie. Le ministre de la police générale, Fouché, aurait voulu réintégrer Bernard, enlevé par les ennemis et conduit en Saxe, mais il était trop tard. Dupont était déjà installé avec l'autorisation du préfet, du procureur impérial Huguet et des trois juges de paix, Girardot, Mathieu et Lombard. On ne put nommer Bernard que commissaire-adjoint.

A vrai dire, le maire de Dijon n'éprouva qu'une seule satisfaction, celle d'apprendre que Carnot, ministre de l'intérieur, avait fait don au Musée (7 juin) de quatre tableaux (2), *la mort de Britannicus*, d'Abel de Pujol, le *le meurtre d'Oreste*, de Waflard, *la frénésie*, de Saül de La-

---

(1) Archives municipales, Registre 1815, p. 242.
(2) Numéros 436, 342, 483 et 231 du Musée de Dijon.

fond, et *le combat d'Hippolyte contre le monstre*, de Bordieu. Il s'empressa de remercier le ministre par la lettre suivante (1) : « Je viens, au nom des habitants de la ville de Dijon, vous offrir le témoignage de la reconnaissance dont les a pénétrés pour Votre Excellence l'envoi des quatre tableaux, dont vous venez d'enrichir le Musée de cette ville. Dijon, qui s'enorgueillit d'avoir produit des artistes distingués, doit voir avec joie le rétablissement d'un gouvernement protecteur des sciences et des arts (1), mais les bontés de Votre Excellence ajoutent encore, s'il est possible, aux sentiments d'admiration et de dévouement à l'Empereur, dont ses habitants n'ont cessé de donner des preuves depuis le retour de Sa Majesté. Pour moi, Monseigneur, je me félicite d'autant plus d'être près de vous l'organe de mes compatriotes que cela me procure l'avantage d'offrir à Votre Excellence l'assurance, etc. » Quelques jours plus tard, ces tableaux furent solennellement reçus au Musée, mais dans une bien douloureuse circonstance. On venait d'apprendre la nouvelle de Waterloo ; tous les fonctionnaires étaient comme frappés de stupeur ; ce n'était pas seulement le deuil de la patrie qu'ils portaient. Ils craignaient aussi pour eux-mêmes, pour leur situation personnelle, pour leur famille. Aussi le préfet fut-il l'interprète des sentiments de tous, quand il prononça ces navrantes paroles : « Le motif qui nous réunit serait une source de jouissances, sans mélange de tristesse, si un malheureux événement, au sein même des plus honorables victoires, n'avait douloureusement froissé nos âmes. Occupés en ce moment du

---

(1) *Journal de la Côte-d'Or*, 7 juin, p. 182.
(2) Pareille lettre fut adressée à Denon, directeur général des Musées.

sort de notre malheureuse patrie, quel art invoquerons-nous, sinon celui de la sauver ? » Les assistants, émus de pitié, fondirent en larmes. Quelques-uns eurent le courage de crier : Vive Napoléon II ! Mais le plus grand nombre se tut. On ne savait que trop le sort réservé à ce fantôme d'empereur.

Le même jour, 25 juin, par une tragique ironie, parvint à la mairie une ode « composée par un élève du lycée, âgé de quinze ans », qui célébrait, avec une emphase qui n'aurait été que ridicule, si les circonstances ne l'avaient rendue douloureuse, le prochain triomphe de l'armée française :

> Français, le Nord vomit de ses climats horribles
> Contre nous d'avides soldats.
> Hâtons-nous de saisir nos armes invincibles,
> Volons à de nouveaux combats...
> Déjà Napoléon a ressaisi la foudre,
> Traîtres, craignez un prompt trépas.
> Il va réduire encor vos bataillons en poudre.
> Fuyez ! il s'élance au combat.
> Arrêtez, arrêtez, et voyez la victoire
> Assise sous nos pavillons.
> L'Europe est à ses pieds, et des rayons de gloire
> Environnent nos bataillons.

Ce jeune poète n'avait pas le sens de la divination que l'antiquité attribuait aux favoris des Muses. Au moment même où il alignait ces fades amplifications, le flot de nos bataillons décimés roulait péniblement sur toutes les routes du Nord, et l'Empereur, épuisé par la défaite, s'abandonnait à la destinée. Une fois de plus nos pères allaient subir les hontes et les désespoirs de l'invasion. Les Cent Jours étaient terminés, et les Bourbons, ramenés par la défaite, s'acheminaient déjà vers les Tuileries.

CHAPITRE QUATRIÈME

LA SECONDE RESTAURATION

ET

LA SECONDE OCCUPATION AUTRICHIENNE A DIJON

(JUIN-DÉCEMBRE 1815)

I

Lorsque arriva la nouvelle de la défaite de Waterloo, elle produisit à Dijon une impression de stupeur. Le désastre était si grand, si imprévu, la patrie se trouvait tellement compromise par cette irrémédiable catastrophe que tout le monde se sentit également frappé : mais, en politique, nul ne l'ignore, il est parfois d'étranges compromissions. On ne tarda pas à comprendre que c'était l'Empire, plus encore que la France, qui était frappé à mort, et les royalistes, inspirés par la haine qu'ils portaient à Napoléon, se félicitèrent de cette défaite, qui annonçait la prochaine et définitive restauration de la dynastie légitime. Ils n'osaient pas néanmoins se prononcer ouvertement, car l'Empereur n'était pas encore détrôné. Ne pouvait-il pas rallier ses soldats, et, par une seule bataille, regagner ce qu'il avait perdu? D'ailleurs, à Dijon, le drapeau tricolore flottait sur tous les édifices, les autorités installées par Napoléon n'avaient pas abandonné leur poste, et le général Veaux ne cachait pas son intention de se maintenir même par la force. Un des payeurs de l'armée, Dubard, s'étant avisé, on ne sait en vertu de quels ordres, de suspendre ses paiements, le général le manda pour lui adresser une verte semonce : « Il était fort échauffé, raconta plus tard Dubard (1). Il m'aborda brusquement, et, sans question préliminaire, me dit en faisant un geste assez vif : « Quand toutes les armées royales « seraient ici, cela ne m'empêcherait pas de tuer quel- « qu'un qui ferait mal son service! » Je dois dire qu'il revint sur-le-champ, avec générosité, de ce mouvement de brusquerie. »

On était donc dans l'incertitude. Nul encore n'osait se prononcer, et le rédacteur des *Petites Affiches* s'avançait singulièrement, lorsqu'il écrivait, dans son numéro du 21 juin 1815, « que tous ceux qui sont assez peu français pour se réjouir d'un revers, que tous ceux à qui leur correspondance apprend un malheur public deux jours avant que la nouvelle n'en parvienne officiellement, que ceux qui prédisaient il y a huit jours l'événement qui doit redoubler notre énergie, soient surveillés avec exactitude. Attendons, l'œil ouvert sur leurs démarches, que

---

(1) Procès Veaux, déposition Dubard.

des lois répressives mettent enfin un terme à cette conspiration de tous les instants. » Les événements se précipitèrent, et ne répondirent pas aux vœux du journaliste bourguignon. Coup sur coup on apprit l'abdication de l'Empereur et son départ pour Rochefort. On sut que les vainqueurs de Waterloo, s'étant avancés sur Paris avec une hardiesse que justifiaient les circonstances, avaient arraché à l'imprévoyance du maréchal Davout et à la trahison de Fouché une capitulation, à tout le moins étrange, en vertu de laquelle tous nos soldats devaient se retirer sur la rive gauche de la Loire. D'un instant à l'autre on attendait la rentrée de Louis XVIII dans sa capitale : il n'y avait plus qu'à s'incliner devant le fait accompli.

C'est ce que firent les fonctionnaires bonapartistes qui se sentaient compromis. Le maire Hernoux et ses adjoints d'un côté, les frères Léjéas de l'autre, cherchèrent un refuge dans la fuite. Le préfet intérimaire Royer se cacha (1) chez un de ses amis, mais il fut arrêté à Beaune le 23 octobre 1815, transféré en grand appareil militaire à la citadelle de Besançon et traité avec rigueur. Le général Veaux croyait n'avoir fait que son devoir et était disposé à rester à Dijon, mais il savait que les Autrichiens venaient d'entrer en France et marchaient contre la ville. Comme il ne se sentait pas de taille à essayer contre eux même un simulacre de résistance, il se mit en retraite avec ses troupes, particulièrement avec le 3ᵉ hussards,

---

(1) Procès Veaux, *Mémoire justificatif de Royer*. « Je ne veux point rechercher quel motif extraordinaire a pu déterminer l'autorité à me considérer comme un prisonnier d'État, bien important sans doute, puisque les autorités militaires de Besançon ont cru devoir déployer à mon égard un appareil si imposant. »

dans la direction d'Autun, afin de donner la main plus aisément aux soldats qu'on appelait déjà les brigands de la Loire. Ces soldats commençaient à comprendre qu'on les avait joués. Ils se sentaient menacés non pas seulement dans leur honneur mais aussi dans leurs intérêts matériels. Arrivés à Autun, ils abattirent avec rage les drapeaux blancs qui se déployaient déjà sur les maisons et les édifices publics, et les plus déterminés d'entre eux commencèrent à se répandre dans les rues et à piller quelques magasins. Veaux accourut. Le drapeau blanc n'était pas encore le drapeau de la France, il n'ordonna pas de le relever ; mais c'était un homme d'ordre : il arrêta le pillage, et menaça les perturbateurs de toute sa colère. Au même moment, sans doute pour le récompenser de son attitude, un émissaire des royalistes de Dijon, Moreau, avocat à la cour d'appel, saisissait à Saulieu la correspondance du général, et la faisait parvenir au principal de ses mandataires, à un riche propriétaire, Carrelet de Loisy. Ce n'était que le prélude des mauvais traitements qu'on réservait au général ! Quelques jours plus tard, il abandonnait son commandement, et se retirait à Dezize en Saône-et-Loire, chez un de ses amis, Claude Guillemot (1). Il y passa quelques jours en compagnie de Lazare Carnot et du journaliste Carion. Il s'y croyait en sûreté, car il avait adressé un acte de soumission au roi après le licenciement de l'armée de la Loire et avait même été admis à la retraite (27 septembre 1815). Comme le maire de Dijon Durande lui avait fait dire qu'il « pouvait revenir avec la plus entière sécurité, qu'ils n'avaient pas oublié et n'oublieraient jamais les services qu'il avait

(1) Communication verbale du petit-fils de Claude Guillemot.

rendus à tous les habitants, qu'ils répondaient de lui, etc. », le général Veaux (1) crut pouvoir rentrer dans une ville qu'il aimait, et où il avait d'excellentes relations ; mais il fut aussitôt arrêté, dans la nuit au 22 au 23 octobre, transféré à Besançon et durement traité (2). Combien dut-il se repentir de ne pas avoir imité Carnot, et de s'être fié aux promesses presque officielles de Durande !

Quant aux bonapartistes qui s'étaient signalés par l'exagération de leur zèle, mieux avisés que Veaux, ils n'attendirent pas la réaction qu'ils redoutaient, et disparurent. Les habitués du café Boulée ne furent pas étonnés de voir fermé le lieu de leurs réunions. La maîtresse de l'établissement avait fui la première, et, en même temps qu'elle, Poulot, Chevalot, Marinet et ses autres amis. Marinet pendant les Cent Jours avait été envoyé à Paris comme député de la fédération. Il s'y était, comme d'habitude, signalé par l'exagération de ses opinions. Même après Waterloo, il n'avait pas perdu tout espoir, car il écrivait à un de ses amis, le légiste Dupré (3), qu'il « s'estimeroit heureux si les alliés qui étoient aux portes de Paris faisoient monter sur le trône un crocodile plutôt qu'un prince de la maison de Bourbon. » Lorsque Louis XVIII, en hâtant sa rentrée à Paris, eut ruiné ses espérances, cet irréconciliable d'alors, ne jugeant pas la partie perdue, revint à Dijon pour s'entendre avec ses

---

(1) Procès Veaux, *Mémoire justificatif du général.*

(2) *Mémorial inédit de J. Bénigne T*** (21 décembre) : « J'ai appris aujourd'hui que les prisonniers sont traités avec la plus grande rigueur par le commandant de cette citadelle. On les a mis tous les quatre dans le même cachot ; ils ne peuvent voir personne ; par faveur extrême leurs quatre femmes ont eu la possibilité de leur parler pendant quelques minutes, et en présence du commandant et de sa suite. »

(3) Procès Veaux, Déposition Dupré.

amis. Dans la nuit du 17 juillet, au domicile d'un nommé Naudin, rue Piron (1), se rencontrèrent avec Marinet, Mougin, Galoppin, Royer, Milcent et celui qui plus tard les dénonça, le légiste Dupré. « Ils me dirent, raconta depuis ce dernier, qu'on aurait dû faire de l'emprisonnement, mettre le feu à Marseille et égorger tous les royalistes, qu'il aurait fallu un comte Thibaudeau pour faire courir sur eux comme sur des chiens enragés. Ils firent l'éloge de Labédoyère pour la proposition qu'il avait faite à la chambre des pairs de Bonaparte de démolir les maisons des royalistes et de proscrire tous leurs ascendants et descendants. » Ce n'étaient que propos de mécontents : il n'en fallait pas tenir compte. Aussi bien Marinet lui-même commençait à ne plus avoir d'illusions. Bien qu'il eût annoncé son intention de rejoindre l'armée de la Loire, il chercha un refuge dans les montagnes de l'Ain, afin de pouvoir plus facilement passer en Suisse, tout en conservant les moyens de correspondre avec ses amis de Dijon. En effet, au mois de septembre 1815, il écrivit à Dupré, qu'il continuait bien mal à propos d'honorer de sa confiance, et le pria d'encourager dans leurs sentiments Poulot, Benoît fils, Bazile fils, Varemberg, Mougin et autres bonapartistes. Il le chargeait en même temps de divers messages pour Louis Léjéas, Vienne et une fille Flamand. On était alors en pleine réaction. Dupré eut peur d'être dénoncé, et demanda conseil à l'avocat Ladey. Il aurait voulu remettre cette correspondance compromettante au procureur général, mais Ladey l'en dissuada, et il se décida à brûler les lettres de son ami. Quelques mois plus tard, lors du procès qu'on intenta

(1) Procès Veaux, Déposition Dupré.

aux prétendus conjurés qui auraient tramé le retour de Napoléon, Marinet fut cité comme complice, mais il était en fuite. Dès lors il disparaît de l'histoire et avec lui cessent de jouer un rôle les Boulée, Chevalot, et autres agents subalternes, dont nous avons cité les noms et raconté les intrigues.

Ce sont d'autres acteurs, des royalistes, qui entrent en scène, et en premier lieu l'ancien maire Durande. Il avait été réinstallé dans ses fonctions par décret du 7 juillet, mais il ne se rendit que trois jours plus tard, le 10, dans la ville qu'il avait naguère administrée. Les habitants n'attendaient que sa venue pour se déclarer. Comme l'écrivait plus tard Durande(1) au ministre de l'intérieur, en lui rendant compte de cette journée : « abandonnée à elle-même par la disparition des dépositaires de l'autorité usurpatrice, délivrée de la présence des factieux que la joie du peuple a confondus, cette ville s'est livrée aux mouvements de la joie la plus vive et la plus expressive. Avec quel plaisir nous avons été témoin de ces sentiments, qui n'appartiennent qu'à de véritables Français ! » Le drapeau blanc fut tout de suite arboré à l'hôtel de ville, sur les tours du logis du roi, et sur celles des principales églises. Tous les habitants prirent la cocarde blanche, car on en avait alors de rechange dans chaque maison. Précédé par la musique de la garde nationale, accompagné par les adjoints et par les membres du conseil municipal, Durande parcourut les principales rues de la ville en publiant lui-même la proclamation (2), qu'il avait eu soin de rédiger à l'avance : « Louis le Désiré,

(1) Archives municipales, Registre 1815, p. 208.
(2) Id., p. 207.

notre roi légitime, vient une seconde fois nous apporter la paix et le bonheur. Après tous les chagrins qu'il a essuyés, quel cœur ne serait pas pénétré de reconnaissance pour tous ses bienfaits ? Les Autrichiens n'entrent plus chez nous comme ennemis, ce sont des alliés, des amis que nous allons recevoir... En reprenant nos fonctions nous tenons à déclarer que nous sévirons indistinctement contre tous les perturbateurs, contre tous ceux qui feraient entendre des cris séditieux en faveur d'un gouvernement à jamais proscrit. »

Ces menaces étaient au moins inutiles. Nul ne songeait alors à protester. On cherchait plutôt à faire oublier les palinodies de la veille par des exagérations de zèle. Aussi la lecture de cette proclamation fut-elle à diverses reprises interrompue par des cris mille fois répétés de vive le Roi ! Durande fut comme grisé par cet enthousiasme. « Les réjouissances de Napoléon, écrivit-il avec une naïveté trop candide pour ne pas avoir été sincère, étaient toujours marquées par des vociférations, des insultes, des menaces et des querelles. Ici c'était une joie douce et pure qui animait toutes les classes de citoyens. En se rencontrant dans les rues, on se serrait les mains, on s'embrassait comme des gens qui se revoient après une longue absence et qui viennent d'échapper à un cruel naufrage. » Le soir, toute la ville fut illuminée. Des drapeaux parsemés de fleurs de lis flottaient aux fenêtres. Il y eut des danses dans plusieurs quartiers, notamment à la place Royale où jouait la musique de la garde nationale. Ainsi que l'écrivait, dans son Mémorial inédit, Jean-Bénigne T***, « il semble qu'on a retrouvé dix ans de vie... Les ris, les cris, les chants, les danses ont repris partout. La musique de la garde nationale s'est distinguée... On n'a jamais été si joyeux, et on est cependant à la veille d'avoir l'ennemi chez soi, mais, quelque cruelles que soient les troupes alliées, elles sont toujours un million de fois moins à craindre que Bonaparte et ses adhérents. »

Pendant que les Dijonnais essayaient de se tromper eux-mêmes par cette feinte allégresse, le conseil municipal, non plus celui qu'avait installé Thibaudeau, mais l'ancien, celui de 1814, se déclarait en permanence, et prenait coup sur coup, et presque sans délibération, plusieurs mesures importantes. Il décidait la suppression des fortifications improvisées aux portes de Dijon, la réorganisation de la garde nationale et l'envoi de commissaires spéciaux aux alliés pour leur dire « qu'ils seraient reçus en amis et libérateurs ». On décidait encore l'envoi dans les campagnes « de citoyens animés de bons sentiments qui détromperaient sur les tissus d'impostures et de mensonges que n'ont cessé de fabriquer les agents de Bonaparte ». Enfin on rédigea une adresse au roi, qu'on n'aurait certes pas remarquée dans le fatras des documents de cette nature, si elle ne s'était terminée, ce qui était beaucoup plus grave, par un appel à la sévérité (1) : « La faction désorganisatrice est là ; elle ne voit pas notre bonheur sans méditer de nouveaux renversements. Nous savons que les agitateurs vont prendre toutes les formes, feindre tous les sentiments pour abuser le gouvernement; ces hommes pervers resteront toujours les mêmes. La clémence, l'inépuisable bonté de Votre Majesté ne ramèneront jamais ces imperturbables destructeurs de tout ordre social. Votre justice seule peut, Sire, en les com-

(1) Archives municipales, Registre 1815, p. 210.

— 240 —

primant, protéger les bons et asseoir sur des bases durables l'ordre, la paix et la prospérité publics. »

La municipalité allait trouver tout de suite l'occasion d'appliquer ses théories. Cent quatre-vingts à deux cents militaires de toutes armes, sans doute des échappés de Waterloo, peut-être même des déserteurs qui cherchaient à rentrer dans leurs foyers, avaient, le 10 juillet, traversé en poussant des cris tumultueux la petite ville de Sombernon. Quelques-uns d'entre eux avaient même quelque peu pillé, sous prétexte qu'on ne subvenait pas assez vite à leurs besoins, puis ils s'étaient débandés, car ils se doutaient bien que leur présence était signalée et qu'ils allaient bientôt avoir sur les bras tous les gendarmes de la Côte-d'Or. Une quinzaine d'entre eux avaient pourtant continué leur chemin sur Dijon. Arrivés près de la Chartreuse, ils furent accueillis par une bonapartiste zélée, la veuve Car, maîtresse de l'auberge du puits de Moïse, et trop largement abreuvés, car ils continuèrent leur route en chantant, après avoir eu l'imprudence de charger leurs armes. Arrêtés à la porte Guillaume par un garde national en faction, Bernard de Sassenay, ils poussent le cri séditieux de vive l'Empereur, déchargent leurs fusils sur les drapeaux blancs qui surmontaient la porte, et l'un deux, un trompette, s'amuse à sonner la charge. A ce bruit insolite les gardes nationaux se barricadent dans leur poste, les boutiques se ferment, les bourgeois s'enferment dans leurs caves et le bruit se répand que les brigands de la Loire ont envahi Dijon (1).

(1) Le *Journal d'Amanton* rendait compte en ces termes de cette ridicule échauffourée : « Il convient de dire qu'au premier cri de vive l'Empereur ! qui fut entendu, toutes les boutiques furent fermées, et quelques gens bien connus pour leurs sentiments anarchiques d'applau-

Nos quinze héros malgré eux descendent alors les rues Guillaume et Condé, aux cris de vive l'Empereur, suivis par une foule d'enfants et de femmes, parmi lesquels on remarquait une bouchère, la mère Landroz. Le poste de l'hôtel de ville, aujourd'hui palais des Archives, avait pris les armes, mais, prudemment, les défenseurs de l'ordre s'étaient, eux aussi, renfermés et barricadés. A ce moment un coup de fusil est tiré sur un drapeau de la rue La Monnoye : c'est le signal d'une panique. Pendant que la foule se disperse dans toutes les directions, les soldats, comprenant trop tard leur imprudence, se débandent et fuient les uns par la rue Jeannin, les autres par la rue Saint-Nicolas. Les gardes nationaux reprennent alors courage. Ils sortent de leur retraite, font feu sur les soldats qui suivent la rue Saint-Nicolas, et les chargent si vigoureusement que l'un des fuyards, le trompette, est fait prisonnier. Ses camarades ont le temps de s'enfuir. Ils se cachent dans les blés et sont accueillis par les paysans. La plupart d'entre eux étaient Dijonnais, Fuserot, rue du Faubourg-Raines, Bollotte qui devint plus tard marchand d'étoffes, Truchot, chargeur au canal, Callerot, gardien du Louvre après 1830, un lancier de Norges, et trois enfants d'Arc-sur-Tille, qui s'enfuirent d'une traite jusqu'à leur pays natal, et furent cachés par l'aubergiste Leclerc.

Pendant ce temps était accouru le maire Durande. Il avait fait battre la générale ; et, dans le premier moment d'effarement, avait distribué, ou plutôt laissé prendre par les plus ardents royalistes des lances provenant d'un

dir, et de se féliciter du désordre qui semblait devoir suivre cette téméraire invasion. »

régiment de lanciers désarmé vers 1808. Aussitôt se forment (1) « des patrouilles bizarement composées de magistrats, de bouchers, de conseillers municipaux, de nobles, d'ouvriers et même de filles publiques. Deux filles M***, de la rue du Champ-de-Mars, s'y faisaient surtout remarquer en portant un buste de Louis XVIII. » Chemin faisant on fait arborer les drapeaux blancs, on brise les vitres des dissidents, on pousse des cris furieux. Les plus exaltés, Caillot surnommé Latte ôtée trou il y a, Brifaut, le frère du futur académicien, le perruquier Choublanc, Monnet qui gagna dans cette journée le surnom de Monnet les Quinze hommes, Chéret, Meray et Mignardet, se hasardent même à faire des battues dans les environs. Ils s'amusent à tirer, comme à la cible, sur les soldats isolés. Près des Chartreux ils déchargent leurs fusils contre un grenadier de la garde, qui n'a que le temps de se cacher dans un four à chaux. Vers le Pont aux Chaînes la garde nationale à cheval, commandée par Théodore Morelet, s'empare d'un fuyard, et l'escadron tout entier le ramène en prison. C'était un maigre butin. Les vainqueurs s'en dédommagent en arrêtant, comme complices des brigands, quelques Dijonnais, le drapier Valtier, le perruquier Nouvellier, l'huissier Marie, Robert, plus tard maitre d'écriture, Louis Chapuis et Piedfort.

Ainsi se termina l'invasion de Dijon par les brigands de la Loire. Tout ému de cette prise d'armes imprévue, Durande rédigea un rapport qu'il adressa au général commandant le département. « Un crime horrible vient d'être commis par des militaires qui se disaient déserteurs et qui viennent de traverser cette ville. Ils étaient

(1) Clément-Janin, *les Hôtelleries Dijonnaises*, p. 122.

au nombre de quinze, dont plusieurs étaient armés. Ils ont proféré des cris séditieux, ils ont tiré des coups de fusil sur l'hôtel de ville et la garde nationale ; ils ont porté la terreur et l'effroi dans l'âme de tous les habitants. Deux de ces militaires ont été arrêtés. Ils sont déposés dans le moment actuel dans la prison de la police municipale, mais il est indispensable qu'ils soient jugés, et ce sur-le-champ, ne serait-ce que pour servir d'exemple. Je vous prie donc, au nom des habitants de la ville de Dijon, de vouloir bien les faire passer de suite à un conseil de guerre, pour qu'ils reçoivent la punition (1) de leur crime. Je crois devoir vous observer que, plus le jugement sera prompt, plus il fera d'effet. » Le maire de Dijon, quand il écrivait cette lettre, était évidemment sous le coup d'une émotion très excusable pour un homme qui n'est pas habitué à entendre les balles siffler autour de sa tête, mais, vraiment, il aurait dû ne pas perdre tout sang-froid, et se dispenser de prendre une série d'arrêtés presque grotesques, tant ils sont hors de proportion avec la cause qui les fit naître. Après tout il ne s'agissait que de quelques coups de fusil tirés au hasard par des soldats débandés, et la guerre civile n'était pas pour autant déchaînée dans les rues de Dijon. Etait-il besoin (2) « d'or-

---

(1) Les deux soldats qui avaient été arrêtés furent traduits en cour d'assises. Ils furent condamnés à mort le 22 décembre 1815, mais « les jurés ont déclaré, par l'organe de leur chef, qu'ils voulaient s'unir à la cour pour demander à S. M. la grâce de ces deux jeunes gens, qui paraissent avoir été séduits par de vieilles moustaches incorrigibles dans leur amour pour leur vilain Empereur, que le diable a fait naître pour le malheur du monde. » *Mémorial inédit* de Jean-Bénigne T*** à la date du 23 décembre. Ils se mommaient Quiquam et Vermot. Leur peine fut commuée en deux ans de détention dans une prison militaire.

(2) Archives municipales, Registre 1815, p. 212.

donner à toutes les personnes inutiles, et à toutes les femmes et enfants de se retirer chez elles momentanément jusqu'à ce que l'ordre soit parfaitement rétabli » ? Était-il bien nécessaire (1) de prescrire aux armuriers de rendre toutes les armes disponibles, et de demander au général l'autorisation d'emprunter à l'arsenal d'Auxonne quatre canons et deux cents fusils (2) ? Fallait-il enfin, sous prétexte qu'on avait vu à Pont-de-Pany et à Velars une dizaine de lanciers déserteurs, diriger contre eux des gendarmes pour les arrêter ou les disperser ?

La nuit porte conseil. Le lendemain 13, quand il écrivit au ministre de la police pour lui rendre compte de l'échauffourée, Durande fut le premier à reconnaître que l'incident avait été fort exagéré, et, sans doute pour atténuer ses excès de zèle, il eut soin de faire remarquer qu'il avait profité de la circonstance pour faire exécuter une mesure commandée par les circonstances : « Il avait été enjoint aux fédérés de rendre dans les vingt-quatre heures les armes qu'on leur avait confiées. La plupart n'ayant pas déféré à cet ordre, nous avons profité de la circonstance pour désarmer ces misérables, qui sont ennemis de tout gouvernement, et qui dans tous les temps se sont montrés les ennemis de l'ordre et de la tranquillité publics. La ville est en ce moment très paisible. Des

---

(1) Archives municipales, Registre 1815, p. 212.
(2) Id., 213. On lit à ce propos dans le *Journal d'Amanton* : » Il vient de nous arriver d'Auxonne quatre pièces de canon et des fusils, avec des canonniers et les munitions nécessaires pour servir l'artillerie. Guerre ouverte est déclarée aux malveillants qui tenteraient de conspirer encore. Toute force armée qui oserait entreprendre un coup de main contre cette ville serait saluée aux cris de vive le Roi ! de manière à la faire repentir de sa témérité. Que les bons citoyens soient calmes et unis, et la France est sauvée ! »

mesures actives sont prises pour qu'à l'avenir il n'arrive plus de pareil accident. Le Roi peut compter à jamais sur l'amour des Dijonnais. »

Il y avait donc eu beaucoup de bruit pour rien, et, ainsi qu'il arrive souvent en matière politique, ce furent les innocents qui payèrent pour les coupables. Les fédérés, furent, en effet, poursuivis avec une impitoyable rigueur. On les traqua comme des brigands. Le 16 juillet, le maire signalait au commandant de gendarmerie Dagaille la présence au château de Vantoux de douze officiers des corps francs, et lui ordonnait de s'assurer si c'était vrai et de les faire déguerpir dès le lendemain. Le 24 du même mois, comme l'arrêté de désarmement n'avait pas encore été exécuté dans tous les villages, le préfet revenait avec insistance sur ce sujet et adressait à Durande le billet suivant : « Les circonstances dans lesquelles nous nous trouvons exigent le désarmement des fédérés. Je vous serai très obligé de me faire connaître les mesures que vous avez cru devoir prendre à cet égard, et quel en a été le résultat jusqu'à ce jour. Je désire aussi que vous me fassiez connaître sommairement les ordres supérieurs en vertu desquels les fédérés ont été organisés et armés. » Il paraît que cette lettre ne parvint pas à son adresse. Il se peut que quelque bureaucrate suspect de bonapartisme l'ait arrêtée au passage, car, le 20 septembre de la même année, le préfet envoyait une lettre de rappel à la municipalité, et le maire s'excusait de ne pas avoir répondu plus tôt. « Par votre lettre du 20 de ce mois, vous me réclamez un rapport que vous m'aviez demandé par celle du 24 juillet sur l'organisation des fédérés et les mesures prises pour leur désarmement. L'importance de l'objet ne m'eût pas permis de laisser cette lettre sans réponse, mais je vous avoue que je l'ai fait inutilement chercher dans mes bureaux, et qu'il n'en reste aucune trace dans ma mémoire. »

Aussi bien ce n'étaient pas seulement les fédérés qu'on surveillait avec tant de soin à cause de leurs attaches bonapartistes ; c'étaient encore les soldats de l'armée régulière. A tort ou à raison, on s'imaginait alors dans le monde officiel que le retour de l'île d'Elbe n'avait pu réussir que par l'effet d'une vaste conspiration, dans laquelle, de près ou de loin, auraient trempé la majorité des officiers et des soldats. On les tenait donc pour suspects, et on les croyait disposés à résister. Aussi les traitait-on avec une impitoyable rigueur. Les blessés eux-mêmes n'étaient pas épargnés. Voici la lettre, à tout le moins singulière, adressée par Durande, le 12 juillet 1815, au général commandant à Dijon (1) : « J'ai l'honneur de vous prévenir qu'il vient d'arriver à l'hôpital trois voitures de blessés qui sont armés de leurs carabines, de leurs sabres, de leurs gibernes, lesquels ont refusé de remettre leurs armes entre les mains de la garde nationale, qui les leur a demandées. Comme cet établissement est éloigné de tous les corps de garde et que, dans la position où la ville se trouve aujourd'hui, il pourrait être extrêmement dangereux de laisser des armes à ces militaires, je vous prie de vouloir bien les faire désarmer provisoirement sur-le-champ, sauf à leur rendre leurs armes quand ils sortiront de l'hôpital, s'ils sont destinés à entrer dans un corps. »

Du moment que les autorités donnaient ainsi l'exemple de la défiance, on se crut autorisé à traiter les soldats

---

(1) Archives municicipales, Registre 1815, p. 212.

isolés comme des malfaiteurs publics. Beaucoup d'entre eux avaient déserté, et, sans mauvaise intention d'ailleurs, s'arrêtaient volontiers dans les villages ou dans les fermes isolées pour se reposer et reprendre des forces. Parfois ils ne se contentaient pas de ce qu'on leur offrait, et prenaient ce qu'ils trouvaient à leur convenance. Des excès furent commis (1). Dès que les paysans apprirent que l'autorité les soutiendrait contre ces soldats isolés, non seulement ils leur refusèrent tout secours, mais encore s'unirent pour les maltraiter et les repousser. Ce fut bientôt comme une chasse à l'homme organisée dans toute la Bourgogne. A Pontailler, à Renève, à Mirebeau, on les reçut à coups de fusil et on les jeta à la rivière. Telle était leur récompense pour avoir versé leur sang sur les champs de bataille de Belgique! Il y avait dans cet injuste traitement une telle disproportion entre les prétendus délits qu'on leur imputait et leurs besoins réels, que la préfecture intervint en leur faveur. Le conseil de préfecture, agissant au nom du préfet, lança une circulaire, datée du 11 juillet, par laquelle il faisait observer « que des actes aussi révoltants ne peuvent être tolérés, et que l'on ne doit s'opposer à la désertion que par les moyens prescrits par les lois. Il invite les maires à prendre sur-le-champ les mesures nécessaires pour faire cesser les voies de fait et les vexations criminelles qu'il signale, et dont la première serait de commencer des poursuites contre ceux qui s'en rendraient coupables. » Quelques

---

(1) Le 16 juillet, assassinat d'un nommé Gagnerot de Couternon, tué par trois soldats, parce qu'il était porteur d'une cocarde blanche. Le 17, à Arcelot une vingtaine de soldats débandés envahissent le château, et forcent le propriétaire à leur donner 2500 fr. Voir *Mémorial inédit* de J.-Bénigne T***.

jours plus tard en effet, le 15 juillet, le général Liger-Belair faisait afficher au rapport : « les militaires voyageant en corps ou isolément peuvent se présenter à la porte de la ville en toute confiance : ils trouveront sûreté, protection et hospitalité pourvu qu'ils déposent leurs armes à la porte. Le lieutenant-général veut la tranquillité du militaire qui voyage, mais il veut aussi la sûreté ainsi que la tranquillité de toutes les classes de citoyens : il la maintiendra. »

Liger-Belair était d'autant mieux fondé à promettre la tranquillité aux Dijonnais, que ceux-là même qui auraient dû la maintenir étaient parfois les plus disposés à la troubler. Souvent les patrouilles envoyées dans les villages de la banlieue y commettaient mille excès, et, sous prétexte de ramener les habitants au royalisme, les brutalisaient et les pillaient. C'est ainsi que le maire de Velars, Rondot, écrit le 15 juillet à Durande pour lui annoncer que six individus à cheval sont venus le sommer d'arborer le drapeau blanc, ce qu'il n'avait pas encore voulu faire à cause des militaires isolés. « Un officier de troupes de ligne, qui commandait une patrouille, a répondu à mes justes observations que si, dans cinq minutes, le drapeau n'était pas placé, il ferait mettre le feu aux quatre coins du village. » En même temps il insultait sa femme, et lui donnait à lui, magistrat dans l'exercice de ses fonctions, deux coups de cravache à la figure. « Cette injure, que rien ne peut excuser et qui était absolument gratuite, m'a été faite en présence de plusieurs habitants du village et de mes six enfants, dont quatre ont été militaires. Elle eût pu dès lors avoir les suites les plus affligeantes, si, dans cette circonstance, je n'eus pas apporté autant de modération et de prudence que j'en avais peu trouvées dans la conduite de mon adversaire. »

Rondot demande donc justice. N'est-il pas triste de penser que les étrangers se conduisent mieux que les Français, et cette conduite n'est-elle pas d'autant plus regrettable que, « quant à mes sentiments et à mon opinion, vous pouvez consulter les habitants, tous vous attesteront que je n'avais pas attendu jusqu'à ce moment pour la manifester hautement et pour prêcher l'amour du souverain qui nous est rendu » ?

Il est certes difficile, dans un moment de crise pareil à celui que traversait à ce moment la France entière, et lorsque le sol national est encore foulé par l'étranger, de trouver la note juste. Trop de sévérité ne convient pas. Trop de clémence devient vite de la faiblesse. Un gouvernement qui s'installe au milieu d'un tel désordre dans les faits, d'une telle anarchie dans les esprits, ne peut vraiment qu'indiquer les lignes générales de son programme, et, pour l'application, s'en référer aux circonstances. C'est ce que tenta le préfet par intérim, le conseiller Petitot, dans sa proclamation du 17 juillet. Il pria ses administrés de répudier toute crainte au sujet du rétablissement prétendu des dîmes, des droits féodaux et de la vente des biens nationaux. « N'écoutez aucun mensonge intéressé. Soyez bien convaincus que c'est le seul moyen de rendre à la fois moins pesants et de moins longue durée les sacrifices auxquels peut nous obliger la présence des forces étrangères au milieu de notre patrie. Si l'une de leurs colonnes venait à se diriger sur notre département, montrons-leur qu'elles n'ont plus à y rétablir l'ordre. Ce que veulent les puissances alliées de notre bon roi, c'est de vous trouver rangés de bonne foi sous son obéissance. Il suffit que vous soyez français pour que ce ne soit pas pour vous un devoir pénible à remplir, et d'autant moins qu'il doit consolider notre bonheur. »

Durande, pour atteindre le même résultat, c'est-à-dire pour anéantir les partis et pour rétablir l'ordre, usa de moins de ménagements. Il prit un arrêté (1), assez brutal dans la forme, et dont il assura l'exécution par de nombreuses amendes (16 juillet) : « Considérant que le premier devoir du magistrat est de maintenir la paix et l'union parmi les habitants, et qu'à cet effet il convient de ne tolérer ni écrit, ni propos, ni cris, ni provocations qui ne seraient pas en rapport avec un gouvernement équitable et paternel, arrête : à dater de ce jour il est défendu à qui que ce soit de publier ou distribuer clandestinement aucun écrit qui serait injurieux au roi ou à l'État, et qui, par une doctrine incendiaire et perfide, tendrait à troubler l'ordre et la tranquillité publics. La même défense demeure applicable aux cris et provocations séditieux. Les suites des accidents et désordres qui pourraient résulter de ces provocations, de ces cris et de ces propos, lorsqu'ils seront attribués à des étrangers, seront déclarés à la charge de ceux qui les logent. » Suit une énumération de diverses amendes.

Comme gage de ses bonnes intentions et pour atténuer ce qu'il pouvait y avoir de vexatoire dans cet arrêté, Durande s'occupa ensuite de faire sortir de prison tous ceux que, dans les derniers jours du gouvernement impérial, on avait arbitrairement détenus pour actes d'insoumission, ou simplement pour mauvaise volonté notoire. L'un d'entre eux, un nommé Fournier, se trouvait encore le 14 juillet 1815 détenu à Beaune, et voici la lettre qu'il

---

(1) Archives municipales, Registre 1815, p. 216.

adressait à Durande : « Dans un moment où votre retour était si vivement désiré, ce ne sera pas en vain que je réclamerai votre justice pour faire annuler un des derniers actes arbitraires de ceux qui avaient usurpé votre autorité paternelle. Mon seul délit était mon opinion. Ne pouvant m'accuser d'aucun acte répréhensible, on m'a reproché d'aller dans des maisons de nobles, d'être l'ennemi implacable de celui (sic) que la Providence vient de nous délivrer, enfin d'avoir fait une chanson. Tout cela était vrai. » On aurait voulu l'exiler à Genève, mais il fut arrêté, interrogé et relâché. Il se croyait en sûreté. « La police ne pensa pas de même. Arbitrairement on m'a fait amener ici par la gendarmerie pour être conduit presque sur les frontières de la Suisse. Néanmoins je suis encore ici depuis dimanche. »

De plus graves préoccupations allaient bientôt s'emparer du maire de Dijon. L'arrivée des Autrichiens, non pas d'une simple colonne, comme l'avait pensé Petitot, mais de tout un corps d'armée, était imminente. Il lui faudra bientôt se débattre contre les mille embarras de l'occupation étrangère, et vraiment on ne saurait trop le féliciter d'être ainsi resté sur la brèche, plein de sang-froid, et continuant à diriger l'administration comme en temps ordinaire.

II

Les premiers soldats autrichiens arrivèrent à Dijon le 19 juillet : « M. le général Liger-Belair (1), M. le maire, la garde nationale à pied et à cheval, ainsi que la musique étaient allés au-devant de ces troupes à la porte d'Ouche et les ont accompagnées jusque sur la place d'Armes, où elles ont défilé dans le plus grand ordre. » Ce n'était qu'une avant-garde. Dans la journée du 21 arrivèrent jusqu'à 22.000 Autrichiens, tout le corps d'armée du général Colloredo (2). Il fallut en loger 9.000 en ville et répartir les autres comme on le put dans la banlieue. Dès lors ce fut un défilé perpétuel de régiments et de divisions, qu'on était obligé de recevoir et d'héberger avec toutes les apparences de l'empressement et de la cordialité. Ces arrivages se prolongèrent sans interruption jusqu'en octobre. Le 12 (3) de ce mois, Durande écrivait encore au préfet : « On nous parle toujours de l'arrivée des Wurtembergeois : on dit qu'ils doivent arriver après-demain ; employez donc, je vous prie, tous les moyens

---

(1) *Journal d'Henrys-Marcilly.*
(2) Archives municipales, Registre 1815, p. 217 : « Le maire prévient les habitants qu'il doit arriver aujourd'hui, entre neuf et dix heures du matin, un corps d'armée alliée de 22.000 hommes. Comme il est impossible de bivouaquer plus de 13.000 hommes, 9000 seront logés momentanément dans la ville. Il les engage à faire promptement tous les approvisionnements nécessaires pour la nourriture de ces troupes. » *Mémorial inédit* de J.-Bénigne T*** : « On est encombré de soldats. Dijon est comme un camp, les militaires sont couchés tout le long des rues, et remplissent encore les maisons. »
(3) Archives municipales, Registre 1815, p. 309.

possibles pour éviter ce passage qui consommerait notre ruine et occasionnerait une désolation générale. » Quatre jours plus tard, le 16 octobre (1), il s'adressait au général Frimont pour le supplier d'arrêter la marche en avant de 5.000 hommes qu'on annonçait, la ville étant déjà encombrée. Sans parler des grands personnages et de leur suite, auxquels il fallait improviser un palais, car ce n'étaient pas de minces personnages que le prince héréditaire d'Autriche, les archiducs Louis, Ferdinand et Maximilien, les deux princes de Saxe, le duc de Saxe-Cobourg, le prince de Reuss-Plauen et tous les généraux qui devinrent successivement les hôtes de Dijon (2).

Le maire Durande, surpris par cette arrivée inopinée et cette sorte d'occupation militaire de la ville qu'il administrait, fit de louables efforts pour régulariser la prise de possession. C'est ainsi qu'il écrivit, dès le 21 juillet, au chef du corps d'armée, comte Colloredo, pour le prier de n'envoyer dans les casernes que ceux de ses soldats qui formeraient la garnison permanente de la ville, car « nos casernes sont extrêmement propres (3), et les fournitures dans le meilleur état possible. Des corps qui n'y

---

(1) Archives municipales, Registre 1815, p. 315.
(2) J.-Bénigne T*** (*Mémorial inédit*, 9, 10, 11 août) enregistre avec soin toutes ces entrées de grands personnages. « Le prince impérial a vingt-deux ans ; il paraît à peine âgé de seize. Il est mince, petit et blond. Ses joues sont colorées assez agréablement, son profil a quelque chose de fin et de distingué ; son nez est très bien tiré ; ses yeux sont vifs et assez expressifs... — L'archiduc Louis est un prince à peu près nul, qui compte au nombre de la famille impériale, et voilà tout... l'archiduc Ferdinand est un prince d'un grand mérite. Il passe pour avoir un grand caractère ; il a des moyens militaires très distingués. »
(3) *Mémorial inédit*, p. 218.

seraient placés que momentanément n'auraient aucun intérêt à conserver intactes les fournitures militaires et à les maintenir dans cet état de propreté que réclament l'intérêt et la santé du soldat. » Ces sages conseils ne furent pas suivis. Les Autrichiens prirent possession des casernes et s'y installèrent comme en pays conquis. Il existait alors pour le casernement, et spécialement pour les lits militaires, des agences qui louaient leurs services à l'État, et dont le matériel, parfois considérable, constituait autant de propriétés privées. Le directeur des lits militaires de la 18e division, un nommé Bourdon, avait prévu cette invasion des Autrichiens dans les casernes. Dès le 18 juillet, la veille du jour où les Autrichiens entrèrent à Dijon, il avait écrit au maire pour prendre ses précautions : « Comme je ne dois et ne peut *(sic)* avoir aucun démêlé avec les troupes alliées que vous avez l'intention de caserner, je viens vous prier de vouloir bien désigner une personne revêtu *(sic)* de votre confiance, pour recevoir, et me donner récépissé, au nom de la ville, des fournitures qu'il faudra délivrer à ces étrangers. » Il renouvela sa demande le 28, le 29, le 31 du même mois, et surtout le 2 août, se plaignant avec énergie de ce que les Autrichiens faisaient main basse sur toutes les fournitures comme si elles appartenaient au gouvernement. Le 3 août (1), et rien qu'à la caserne des Carmélites, on avait déjà fait disparaître cent trois matelas, cent trois traversins, cinquante-six paillasses et cent trois couvertures. Les représentations de Bourdon demeurèrent inutiles. Le 19 septembre il était obligé de

---

(1) Archives municipales, Registre 1815, p. 230. Lettre du maire au général Colloredo.

demander un acompte pour faire blanchir les draps outrageusement sales. Le 31 octobre il réclamait un récolement en présence d'une personne de confiance désignée par le maire, et constatait la perte de cinq bois de lit, de deux cent trente-cinq planches de fond, de six paillasses, de treize draps, de deux couvertures et quarante-sept francs de dégât. A la fin de novembre, il priait le maire d'écrire au colonel autrichien « pour interdire l'entrée de la caserne à tous les juifs, marchands et marchandes, surtout de fruits, et généralement à tous ceux que le service n'y appelle pas ; car, sans cette précaution, beaucoup d'effets disparaitront sans la participation du soldat. »

Ce n'était pas tant le directeur des lits militaires qui avait à se plaindre de la présence des troupes autrichiennes que le maire de Dijon, forcé qu'il était, à chaque instant du jour ou de la nuit, de pourvoir aux nécessités du logement, non pas seulement de nombreux soldats, mais plus encore d'officiers mécontents, de généraux exigeants et de princes qui réclamaient avec hauteur et par surcroît les règles de l'étiquette. Tant qu'il ne s'agit que des bâtiments municipaux, on put encore se tirer d'affaire. Ainsi, le 31 juillet, lorsque le préfet avertit Durande que les Autrichiens s'emparaient du couvent des Carmélites pour y construire une manutention, et qu'ils exigeaient en outre tous les jardins voisins et la halle au blé, alors située place Saint-Étienne, le maire n'aurait pas mieux demandé que de ne pas obéir à ces ordres, mais ils étaient impératifs. De même, le 5 septembre, lorsque l'intendant Suppau annonça qu'il attendait 8000 pièces de vin, et qu'il fallut trouver des emplacements pour les loger, le maire fut obligé de désigner des caves et des celliers dans les faubourgs. Le lendemain 6, un autre intendant, Molitor, annonçait qu'il avait besoin, pour décharger des avoines, de l'ancienne église des Jésuites à l'École de droit : « Il est de la plus grande urgence, ajoutait-il, que, toute affaire cessante, vous donniez des ordres à cet effet et que vous y envoyez les ouvriers nécessaires pour effectuer ce démeublement instantanément. » Nous n'enregistrons que pour mémoire, et ils sont certes nombreux, les billets de logement, sous forme de réquisition militaire, directement distribués par l'administration autrichienne. D'ordinaire ils sont ainsi libellés : « Messieurs de la Commission des logements sont priés de vouloir donner au soussigné un billet pour loger deux chevaux et un domestique, appartenant au gouvernement général de Dijon. Le baron de Schimmelpenning, lieutenant du gouverneur (27 août) » ; ou bien : « Monsieur le maire, vous êtes prié de donner un logement pour le maréchal de mon bataillon grenadiers, parce qu'il a beaucoup de travaille *(sic)* pour les chevaeux *(sic)* et chariots, s'il est possible dans un logement au maréchal de la ville. De Berger, colonel et propriétaire d'un bat. grenadiers, 10 août. » Plus tard on les imprimera et voici la formule adoptée. « Rue X..., M. X... logera et nourrira, à la forme de la loi, pendant ... jours, ... militaire du régiment autrichien arrivé à Dijon, le ... » En pareille circonstance le maire n'avait qu'à s'exécuter, et il le faisait bien qu'à contre-cœur. Seulement, quand les locaux disponibles firent défaut, et qu'il fallut s'adresser aux particuliers, ce fut un concert de plaintes et de réclamations, qui dut singulièrement énerver le citoyen dévoué qui eut l'honneur, à cette heure troublée, de diriger l'administration municipale.

Tantôt c'est Chauvelot fils, caissier et teneur de livres à la recette générale, qui fait remarquer que « ne possédant ni meubles, ni immeubles, étant logé en garni, vivant à l'auberge et en qualité d'employé à la recette générale, occupé constamment au recouvrement des contributions, il ne croit pas devoir être assujetti au logement des gens de guerre ». On lui en a pourtant imposé, et il est obligé de les nourrir, à raison de cinq francs par jour, à l'auberge, : « ce qui, fait-il remarquer non sans amertume, absorbe entièrement mon traitement ». Tantôt c'est Michel Ragonneau, carrioleur, qui (20 juillet) adresse la lettre suivante au maire : « Michel Ragonneau expose qu'étant ruiné par les maladies et sortant de l'hôpital, il recourt à ce qu'il vous plaise l'exempter de logement de gens de guerre, eu égard à sa triste position. Quoi faisant, ferez justice à un malheureux qui vous a été sûrement recommandé par M. le maire de Beaune, témoin d'un accident qui le rend incapable de gagner sa vie, celle de sa femme et de deux enfants logés dans une seule chambre. » Aujourd'hui (23 octobre) c'est Devillebichot, marchand de bois et maitre d'hôtel garni, dont la maison a été désignée pour servir de chancellerie à l'hôpital militaire. On lui a pris neuf chambres : « Il n'est pas dans le cas de supporter une si grande perte. Journellement on vient lui demander à amodier ces logements, et il ne peut rien promettre. » Comme on ne tient aucun compte de sa réclamation il la renouvelle (5 et 8 novembre), mais ne parait pas avoir été écouté, pas plus que ne l'ont été ces ecclésiastiques, que, par lettre du 16 août, le préfet recommandait en ces termes à Durande : « J'ai appris que plusieurs ecclésiastiques de Dijon éprouvent une gêne très forte à cause du grand nombre de militaires qu'ils ont à loger. Je vous invite à diminuer à leur égard une charge que la modicité de leur traitement leur rend très difficile à supporter. » Le maire n'aurait certes pas mieux demandé que de leur venir en aide ; mais pouvait-il établir des catégories, et favoriser les uns aux dépens des autres ? On subissait une charge commune, chacun, à tour de rôle, devait y contribuer.

Un de ces ecclésiastiques se montra particulièrement récalcitrant. Il est vrai qu'on le traita avec une certaine rigueur et que la politique ne resta pas étrangère au mauvais traitement dont il se plaignit. C'était l'abbé Girarde, curé de la cathédrale, un bonapartiste avéré, et qui ne cachait pas ses sentiments. Les Autrichiens avaient commencé par le traiter avec une grande rigueur, sans doute parce qu'il leur avait été signalé. Ils l'avaient consigné chez lui, mis « en fourrière », ainsi que l'écrivait une de ses pénitentes à laquelle il adressait, le 27 juillet 1815, le billet suivant (1) : « J'ai l'honneur de vous informer que M. l'intendant de l'armée autrichienne m'a compris au nombre des otages qui doivent être gardés à vue chez eux jusqu'à ce qu'on ait versé le montant des réquisitions demandées. Je ne connais ni les objets de réquisition, ni les personnes requises, et je ne vois pas en quoi je peux contribuer à remplir les vues de messieurs du gouvernement militaire ; mais je n'en suis pas moins constitué prisonnier chez moi, sauf à être accompagné d'une garde, si je veux sortir pour mes affaires. » Ce ne devait pas être la dernière déconvenue du curé de Saint-Bénigne. Les membres de la commission dite des logements, qui tous étaient royalistes et en voulaient d'autant plus au curé

(1) Lettre communiquée par M. Fourier.

Girarde qu'ils avaient compté sur lui et étaient déçus dans leurs espérances, ne l'épargnèrent pas dans la distribution des billets de logement. Le curé se plaignit au préfet, et prétendit qu'on l'accablait ainsi à cause de ses opinions. Le préfet s'empressa de transmettre cette lettre aux membres de la commission (29 août), et les pria de remarquer que « quelles que soient les opinions politiques de M. Girarde, la volonté du roi est que justice soit rendue à tous. » Les membres de la commission répondirent au préfet, non sans aigreur (31 août) : « Nous avons lieu d'être surpris des plaintes adressées contre nous à M. le préfet par M. Girarde, et nous sommes encore plus étonnés des motifs qu'il suppose aux prétendues vexations exercées à son égard ; il est assez singulier en effet que M. Girarde ose dire à l'autorité supérieure que nous avons voulu le punir de ses opinions politiques. Quelles qu'elles soient, nous voulons les ignorer, et nous ne sommes point juges compétents en pareille matière. Pourquoi ne s'est-il pas adressé au maire ? Seuls nous ont paru devoir être exemptés les prêtres ne touchant pas de traitement, mais non les autres (1). M. Girarde est dans ce dernier cas, et, quoique ceci ne soit point à sa louange, il est vrai de dire qu'il est jusqu'à présent le seul des ecclésiastiques aisés de cette ville, qui ait refusé de participer aux charges énormes qui pèsent sur les habitants. » Girarde ne se tint pas pour battu. Le 20 septembre il adressait une nouvelle réclamation au préfet pour se plaindre des commissaires qui n'avaient pas exécuté ses ordres. « Ils ont ajouté à leur désobéissance un

---

(1) Cette lettre est signée Pérille, Devevey, Bonnet, Dubard, Lorenchet.

raffinement d'injustice et d'inhumanité en m'envoyant un nouveau billet de logement, outre la double garnison que j'avais déjà. » On prétend qu'il est riche, mais il n'a ni maison, ni bien fonds, ni rente. On allègue que son casuel est considérable, mais il est prêt à y renoncer, si on veut le nourrir. « Ou les messieurs qui me si font riche, ajoutait-il, me prendront au mot, ou non. S'ils me prennent au mot, je les plaindrai très sincèrement d'avoir été dupes, quoique volontairement. S'ils ne me prennent pas au mot, ils se condamnent eux-mêmes ; mais, comme ces messieurs ne jouent qu'à jeu sûr, je doute qu'ils aient le courage et la générosité d'accepter mes offres qu'ils devraient pourtant accepter, s'ils sont des hommes et des hommes conséquents. » Le conflit menaçait de tourner à l'aigre. Le préfet, dont le rôle en la circonstance parait avoir été un rôle de modération, adressa la missive de l'irritable curé au maire Durande, et ce dernier engagea les membres de la commission à se montrer moins rigoureux. Nous avons pourtant retrouvé, à la date du 25 septembre, une nouvelle réquisition à l'adresse de l'infortuné curé : « Je vous prie de vouloir bien me faire délivrer douze bancs dont j'ai le plus grand besoin pour satisfaire aux demandes des troupes alliées. La célérité exigée pour cette livraison et les dépenses extraordinaires que la ville est obligée de faire en ce moment, m'engagent à recourir à votre obligeance... Ces bancs vous seront rendus aussitôt qu'ils cesseront d'être nécessaires (1). »

L'évêque Reymond, qui se trouvait dans le même cas que le curé Girarde, c'est-à-dire qu'on le suspectait de

---

(1) Archives municipales, Registre 1815, p. 290.

bonapartisme, fut traité avec plus de rigueur, et, si l'on peut dire, avec moins de sans-gêne. Une première fois déjà, en 1814, il n'avait pas été ménagé lors de la distribution des billets de logement. Il avait même été obligé d'adresser une plainte (1) aux commissaires chargés de la distribution. Ce fut bien pis en 1815. Voici la lettre (2) à tout le moins singulière que lui adressait le maire à la date du 2 août : « J'apprends à l'instant que Son Altesse Impériale l'archiduc Ferdinand doit arriver à Dijon aujourd'hui ou demain au plus tard. Mon projet était de placer Son Altesse dans l'hôtel de M. de Dampierre qu'a occupé précédemment l'empereur d'Autriche, ou dans le logis du roi ; mais ces projets sont inexécutables. L'un des locaux est rempli des papiers de M. Dubard, l'autre est dénué de tout mobilier. Dans cet état de choses et dans l'impossibilité de pouvoir se procurer un local convenable pour loger le frère de Sa Majesté l'empereur d'Autriche, j'ai pensé, Monseigneur, en disposant de votre autel (sic), faire une chose qui vous serait agréable. La garde nationale reçoit à l'instant l'ordre de s'établir

---

(1) Lettre communiquée par M. Fourier : « En réponse au billet que j'ai reçu aujourd'hui 29 avril, j'ai l'honneur de déclarer à messieurs composant le bureau du logement que j'ai chez moi : 1° depuis le 24 de ce mois M. le comte de Bréda, quatre domestiques et six chevaux ; 2° un officier du régiment de l'archiduc Louis, depuis hier, il partira demain ; 3° un officier, dont je ne puis connaître le régiment, arrivé hier, logé depuis deux jours ; 4° deux officiers et leur suite, que j'ai logés et nourris hier, ils partent aujourd'hui ; 5° enfin un officier des grenadiers hongrois, trois domestiques et deux chevaux, arrivés aujourd'hui et logés pour deux jours. J'observe que mon écurie ne pouvant contenir que six chevaux, avec les deux miens, il me serait impossible d'en recevoir davantage. C'est sans doute par erreur que je suis aussi extraordinairement surchargé. Je prie le bureau de la réparer, du moins en ne m'envoyant plus personne. »

(2) Id., p. 229.

dès aujourd'hui dans votre autel et d'en occuper tous les postes... Je vous prie d'être sans inquiétude sur votre ameublement et sur tous les objets accessoires. J'ai chargé le sieur Paris de veiller à ce que aucun objet ne soit changé de place ou détérioré. Si vous le jugez convenable, il sera dressé, de concert avec la personne que vous désignerez à cet effet, un inventaire exact de l'état et de la valeur du mobilier. Le département se chargera sans doute de l'indemnité qui pourrait être exigée en cas de dégradation ou de perte du mobilier. Vous êtes sans doute instruit que conformément à l'étiquette des cours, Votre Eminence doit céder la totalité de son palais à Son Altesse Impériale. Il ne peut loger dans la demeure des princes impériaux que des personnes attachées à leur suite ou à leur service. »

A une mise en demeure aussi brutale, l'évêque eut le bon goût de répondre par le silence. Il quitta aussitôt son palais, et demanda asile à l'un de ses amis. Son valet de chambre fut moins prudent. Exaspéré par le sang-gêne municipal, et sans doute d'opinions bonapartistes très avancées, il eut soin, avant de suivre son maître, de laisser dans sa chambre à coucher, et à la place la plus apparente, un éloge emphatique de Napoléon qu'il avait lui-même composé. Voici comment le général autrichien Degenfeld rendait compte du délit, ou, suivant le langage d'alors, du crime commis : « Pierre Amiot, domestique au service de M⁶ʳ l'évêque, a composé après le retour de Buonaparte en France une petite pièce en vers pour sa conservation et celle de sa famille, qui prouve assez la façon de penser de cet individu : quoique l'opinion d'un homme de cette classe soit de peu d'importance, elle peut cependant donner lieu à de mauvais exemples, et comme, en outre, il a eu l'insolence de laisser cette pièce affichée publiquement dans la maison où a logé Son Altesse Impériale, le prince a donné les ordres qu'il soit arrêté ; il le relâche néanmoins et le délivre à la mairie de cette ville pour qu'il soit renvoyé à Longvic, son endroit natal, mis sous la surveillance de la mairie de cette commune, et qu'il en reçoive l'ordre le plus précis de ne plus mettre les pieds en cette ville, tant que les troupes autrichiennes y resteront cantonnées. » Ces ordres furent sévèrement et même rigoureusement exécutés, car on ne se contenta pas de garder Amiot en surveillance à Longvic ; on l'y retint prisonnier. En octobre 1815, il était encore gardé à vue. A peine si on lui permit d'adresser au maire de Dijon la supplique suivante : « Je prends la liberté de vous écrire pour vous marquer mon repentir, en reconnaissant ma faute et mon égarement. Je ne me suis jamais porté à aucun excès contre les personnes du parti royaliste, dont je vois et j'ai déjà bien vu que c'était le vrai parti des bons Français pour être heureux, mais j'ai été égaré comme d'autres Français qui ont reconnu la faute. Je reconnais bien la mienne ; mais la faute de prévoyance et la grande occupation par les Autrichiens m'a fait oublier de déchirer le papier qui est l'auteur de ma détention. Je vous prie d'avoir égard pour moi de me rendre la liberté. Je promets d'être fidèle à mon souverain légitime, autant que puisse l'être un bon Français. » Le maire de Dijon se montra moins sévère que son collègue de Longvic. Il s'adressa directement à l'archiduc Ferdinand, qui ordonna la mise en liberté d'Amiot, mais à condition de ne rentrer à Dijon qu'après le départ des troupes autrichiennes.

Chassé de son palais épiscopal, privé des services de son valet de chambre, suspect aux autorités, Mgr Reymond laissa passer l'orage. Mais on lui tenait rigueur de son attitude pendant les Cent Jours. Même après le départ de l'archiduc Ferdinand, il ne put rentrer chez lui. Les Autrichiens avaient en effet établi leur caisse à l'évêché. Malgré ses réclamations, plus que fondées, il ne put encore réintégrer son domicile. Ainsi que l'écrivait Durande au préfet (14 novembre) « il ne dépend pas de moi de faire droit à la demande de Mgr l'évêque. L'autorité autrichienne s'est d'elle-même placée dans le palais de l'évêché. C'est dans ce local qu'elle a établi sa caisse. Vous-même vous avez ordonné des dépenses pour la sûreté de ce dépôt. Dans cet état de choses nous ne pouvons que temporiser et former des vœux pour que ce local soit promptement rendu à sa véritable destination. »

Mgr Reymond fut plus heureux dans sa réclamation à propos du grand séminaire. Les bâtiments du grand séminaire avaient été occupés par les alliés qui y avaient installé divers services, la trésorerie générale, un magasin de provisions pour les hôpitaux, le logement des infirmiers et même un dépôt de bois de chauffage. Tant que durèrent les vacances des séminaristes, du 15 août au 15 novembre, l'évêque laissa faire, mais, quand approcha le moment de la rentrée, il n'hésita pas à s'adresser au préfet pour demander l'évacuation complète. Le préfet reçut cette lettre le 6 novembre. Il ne la transmit que six jours plus tard au maire Durande, ce qui indique de sa part un bien médiocre empressement à se rendre agréable à l'évêque. Il la transmit pourtant en la recommandant à son attention particulière. Comme il s'agissait d'intérêts réels et sérieux, on y fit droit, et les jeunes séminaristes rentrèrent en paix dans leurs salles.

Le censeur du lycée, un autre ecclésiastique, l'abbé Tardy (1), eut également à se plaindre de la commission de répartition des logements. On dirigea sur le lycée de nombreux garnisaires. C'était par bonheur à l'époque des vacances. Il fit contre mauvaise fortune bon cœur, et ouvrit les dortoirs de la maison à ces hôtes désagréables. Un jour quelques-uns d'entre eux ne se contentèrent pas du logement, ils réclamèrent la nourriture. L'abbé Tardy n'hésita pas à réclamer (22 septembre) : « Nous venons, écrivait-il au maire, de recevoir vingt-cinq hommes et quatre femmes. Ils demandent à manger. Comme le lycée est dans l'impossibilité de supporter de pareils frais, je vous prie de vouloir bien donner vos ordres pour qu'on y pourvoie. » Un autre jour (8 septembre) ne s'avisa-t-on pas d'installer un hôpital dans les bâtiments du lycée (2). Nouvelle protestation du censeur (3). Cette fois le maire prend sa cause en

---

(1) L'abbé Tardy fut bientôt envoyé à Angers. On lui donna pour successeur Peignot, jadis principal du collège de Vesoul, et inspecteur de la librairie et de l'imprimerie dans la Côte-d'Or.

(2) Il fut même question de convertir le lycée en hôpital militaire. J.-Bénigne T*** (*Mémorial*, 22 septembre) en était désolé : « Le pensionnat sera anéanti, les classes pourront peut-être se faire cet hiver pour les externes. Cette mesure du gouvernement autrichien est terrible pour la ville et pour l'instruction publique dans le département. »

(3) « J'ai l'honneur de prévenir, écrit-il, que l'officier autrichien qui a accompagné M. le maire, qui lui a fait voir l'infirmerie, et un dortoir dont il croit qu'on pourrait disposer pour loger les employés d'un hôpital, n'a cessé de répéter pas bonne, pas bonne ; que si l'on y place des malades, l'établissement est infailliblement ruiné, et que les élèves, éloignés de leurs parents et dépourvus de toutes ressources, vont se trouver exposés à des maux incalculables, s'il faut les renvoyer. Car

main, et écrit au prince de Schwarzemberg, pour lui faire remarquer les inconvénients de ce choix, et lui proposer d'installer des baraques à Beauregard où, du moins, en cas d'épidémie, on n'aurait pas à redouter la contagion. Cette démarche fut mal accueillie, et le maire, fort déconfit (1), écrivit à l'administration du lycée en se plaignant de ne pas avoir réussi. « Vous devez être bien persuadé, ajoutait-il, qu'il n'est moyen que je n'aie employé pour vous sauver cet accident. » Il lui promettait d'ailleurs de n'envoyer de malades au lycée que lorsque les autres hôpitaux seraient remplis.

Un personnage qui paraît avoir été fort grincheux, le recteur de l'académie Berthot, avait, comme tout le monde, reçu des billets de logement. Il s'en montra fort courroucé, et adressa à la mairie sa réclamation sur un ton fort déplacé, car il s'attira cette verte réplique (2) de Durande : « C'est infructueusement que vous avez écrit cette lettre. Je suis fâché de votre peine et surtout de la mauvaise humeur que vous avez éprouvée pour n'avoir pas connu la manière dont se règle le service militaire. Ma consolation est de penser que vos lettres seront plus

---

depuis un an ces enfants qui sont tous boursiers ne vivent que sur notre crédit. Je les supplie de vouloir bien, par humanité, prendre cet exposé en considération. » Lettre communiquée par M. Fourier.

(1) Archives municipales, Registre 1815, p. 272.
(2) Id., p. 400. Berthot avait été nommé en remplacement de Jacotot suspect comme fédéré. Voici comment J.-Bénigne T***, dans son *Mémorial* (11 septembre) appréciait ce changement : « La destitution de M. Jacotot paraîtra une injustice aux hommes impartiaux, car on ne pouvait mettre plus de zèle que lui à remplir les diverses fonctions de la place, mais on lui reproche d'avoir été fédéré, faute irrémissible que les royalistes de bon aloi ne peuvent pardonner. Berthot est un homme ferme, dur, d'une moralité sévère, pourvu d'un grand fonds de religion. »

circonspectes et que vous n'inculperez point le maire de Dijon sans avoir la certitude qu'il se soit écarté de ses devoirs, mais il aura soin de ne pas vous placer dans cette position, parce qu'il les respecte trop pour jamais s'en écarter. »

Deux (1) des subordonnés du recteur, deux modestes fonctionnaires, le secrétaire de l'académie et l'appariteur de la faculté de droit, avaient été plus durement traités, mais s'exprimaient plus respectueusement que leur supérieur hiérarchique. « C'est avec la plus vive confiance, écrivait le secrétaire Dumez (31 juillet 1815), que j'ai l'honneur de réclamer votre justice et votre intérêt... Je n'ai pour vivre, me soutenir honnêtement et une famille composée de quatre personnes que la place de secrétaire de l'académie de Dijon. Mes honoraires du quartier de janvier 1814, du quartier de janvier 1815 et le courant me sont dus, de sorte que, depuis un mois, je puis affirmer avec vérité que je suis sans le sol à la maison ; on ne trouve pas à emprunter et le crédit s'épuise. Vous saurez apprécier cette cruelle position, et j'ose espérer que vous m'accorderez la grâce, jusqu'à nouvel ordre, d'être exempt de la charge des logements que je puis moins supporter, je ne crains pas de le dire, que l'ouvrier qui au moins reçoit quelque chose. » La lettre de l'appariteur Hairon est encore plus lamentable (novembre 1815). Non seulement il ne reçoit plus les intérêts d'une rente de mille francs sur le grand livre qui constituait toute sa fortune, mais il ne touche plus les émoluments de sa place. « On pourra peut-être objecter que j'occupe une place d'appariteur à l'école de droit. Oui, cela est vrai ;

---

(1) Communication de M. Fourier.

mais il est de notoriété publique, que les circonstances actuelles depuis deux ans réduisent cette place à si peu de chose qu'elle ne peut pas me faire subsister. On ne sait peut-être pas que ce n'est pas le gouvernement qui paye ; qu'au contraire la caisse qui paye ne provient que des actes que soutiennent les légistes, qui sont et qui ont été en si petit nombre qu'il n'y a plus de caisse qui puisse subvenir aux payements. »

Ces deux dernières lettres étaient adressées à M. Gros-Robert, membre de la commission dite des logements militaires. Le maire Durande en effet avait été obligé de créer une commission extra municipale, afin de l'aider dans le travail difficile de la répartition des logements (1). Gros-Robert, ancien procureur, chargé depuis longues années de surveiller les intérêts de nombreuses familles, et d'administrer leur fortune, était le plus connu des membres de cette commission. C'est à lui que s'adressaient de préférence ceux des Dijonnais qui croyaient avoir à se plaindre d'une injuste répartition. Quelques-unes des lettres qui lui furent alors écrites ont été conservées. Elles forment un intéressant dossier (2) que nous avons l'intention non pas de reproduire, mais d'analyser. C'est le

---

(1) La commission des logements paraissait mal composée à certains Dijonnais. Un certain Sprunier la dénonçait en ces termes au maire Durande : « Votre commission des logements est composée d'une manière dérisoire. C. Davenet, la mouche du coche, ne s'est placé là que pour ne pas loger, au détriment des misérables de son quartier, auxquels il envoye impunément 8 et 10 soldats, sous prétexte qu'ils ne sont pas gentilshommes. ...Les sieurs Briottet, Bulliot, Galleton, Billot, sont de jolis individus pour appeler la considération. Quelle raison doit empêcher les sieurs Renaulx, Boullemier, Gros-Robert, Girault, etc., etc., de se déloger, tandis qu'on écrase tout le monde ? »

(2) Toutes ces lettres nous ont été communiquées par leur détenteur, M. Fourier. Nous le prions de vouloir bien agréer nos remerciements.

meilleur moyen de pénétrer dans les sentiments réels de la population dijonnaise, et de saisir sur le vif pour ainsi dire les impressions de nos pères.

De ces lettres les unes sont insolentes, telle celle de la femme Antoinette Gagnard, qui, le 29 septembre 1815, adressera le billet suivant, sur papier épais et en énormes caractères, à Gros-Robert : « Permettez-moi de vous dire qu'au physique comme au moral il y a des raisons d'empêchement qui doivent être respectées. Telles sont celles qui disent de ne point envoyer de soldats à une femme ou à une fille qui est seule et absolument seule. Il est inutile de vous faire observer que cette situation ne prouve pas de l'aisance pour les besoins de la vie. »

Le 2 août Mme Mathieu, née Bouché, enverra la sommation suivante : « Mme Mathieu prie M. Gros de vouloir bien, ainsi qu'il lui a promis, faire effacer son nom de dessus la liste des personnes qui peuvent loger des officiers, car il paraît qu'il ne l'est pas encore. » Le 28 juillet, un sieur Ervé se permettra de véritables insultes : « C'est sûrement à votre justice que M. La Gayette, colonel de gendarmes, ne loge pas de troupes, tandis que son perruquier, ayant cinq enfans, a eu six Autrichiens, qu'il en a encore quatre, et tant d'autres pauvres. Ce monsieur est très riche, et prête son argent à gros intérêts. Ce n'est pas le seul qui est traité avec partialité. On sait que bien d'autres, comme M. Bertrand, maison Ardent, M. Petiet, son chef, et autres ci-devant agens du monstre qui nous réduit au désespoir, ont aussi de la faveur. Justice, Monsieur, et vous aurez la continuation de l'estime que je vous ai vouée. »

D'autres lettres sont aigres-douces. Les signataires réclament avec insistance, et se plaignent volontiers de prétendues injustices. Ainsi, le **26** juillet, Bizon fera remarquer que « indépendemment des quatre hommes de la garnison qui m'ont été envoyés aujourd'huy, j'ai deux autres militaires autrichiens qui se sont obstinés à rester, en disant qu'il n'y avait pas d'ordre pour leur changement. Je n'ai qu'une pièce à leur donner, et ces militaires, de différents corps, se refusent à rester et à manger ensemble, ce qui donne lieu à chaque instant à des scènes désagréables. Vous m'avez fait l'honneur de me dire que là où il y avoit de la garnison, il ne devoit pas y avoir d'autres militaires ; je viens donc vous prier de prendre des præcautions *(sic)* pour que je sois promptement débarrassé des uns ou des autres, et... de me faire rendre prompte justice. » Le 24 août, Charbonnel, le président du tribunal, se plaindra de ce qu'on lui ait envoyé une femme malade : « C'est une vexation que l'on me fait éprouver en me laissant pendant huit jours une femme malade. Je vous prie de la faire placer à l'hôpital. Ma cuisinière est bien assez occupée d'avoir à préparer les repas fréquens d'un capitaine de grenadiers, de quatre domestiques que j'ai depuis dix-sept jours, sans parler de quatre chevaux dans mon écurie, ce qui me donne beaucoup d'inquiétudes à cause du feu. Je me plains encore de ce que indépendemment de ces individus vous m'envoyez des soldats qui viennent exiger des repas, et qui emportent des comestibles à leurs camarades qui sont en faction. Ayez donc une mesure juste ; je dois loger des officiers et non des soldats. Donnez des ordres pour faire cesser ces abus. Si j'étois un délateur, je vous dirois que dans ma rue je suis presque le seul qui depuis deux mois n'ait pas cessé de loger. Encore m'a-t-on volé des effets pour plus de 300 francs. »

Le 11 octobre 1815, Pernin se plaint amèrement des officiers et des soldats qu'il est obligé de loger et de nourrir, soit à Dijon, soit dans son domaine d'Arcelot. « Si dans cette cruelle position, ajoute-t-il, on n'a pour moi aucune considération et qu'on m'envoye encore des soldats, lorsque mon voisin M. Devosge n'en a point, lorsque Sautenot n'en a point, j'aurai lieu de croire qu'on me traite comme un fédéré, comme l'un des auteurs de tous nos maux, et qu'il n'y a que les enragés qui trouvent grâces près de vous. » Mᵐᵉ de Broin écrit à trois reprises, le 26 et le 28 novembre et le 12 décembre, pour se plaindre des soldats et des officiers dont on l'a gratifiée, et surtout d'un petit lieutenant qui gêne beaucoup monsieur son fils en entrant à chaque moment dans sa chambre. « Voudriez-vous avoir la complaisance, Monsieur, de rappeler à Messieurs de la commission qu'ils m'avoit promit (sic) de me changer au bout de vingt jours les quatre soldas que j'ai depuis le 10 novembre chez moi. Il ne m'est plus possible de les garder, car ils deviennent très difficiles; font le tapage, et ils menace (sic) de frapper ma cuisinière, au point qu'elle est obligée de s'en aller. Je vous avoue que je ne puis tenir à ces scènes, et il me semble qu'après trente-deux jours que j'en ai la charge, l'on pourroit bien les placer dans des maisons qui n'ont pas eu en même temps des officiers, leurs domestiques et des soldats de la garnison. » Le 18 août, Beaujeu s'étonne de ce qu'on n'ait pas tenu compte de ses légitimes observations, et qu'il soit obligé de nourrir des garnisaires à la fois chez lui et à l'auberge. Larcher (10 juin) fait remarquer aigrement « qu'il est je ne dis pas dans chaque quartier, ce seroit présenter à l'imagination une surface trop étendue, mais dans le quartier de chaque individu nombre de personnes qui, quoique aisées, auront échappé au fardeau et à la dépense des logements. Il en est aussi, mais en nombre inférieur, qui ont été trop surchargés eu égard à leurs facultés. » Sa gouvernante est épuisée de fatigue. M. Gros pourra s'en convaincre en la voyant, car elle lui remettra directement cette lettre. Larcher termine par cette insinuation transparente : « Je vous prie d'être persuadé que, si quelque heureux hasard pouvoit me procurer l'avantage de vous être agréable, je le saisirois avec avidité. »

Insolences, impolitesses, propositions malsonnantes, les membres de la commission des logements étaient par bonheur résignés à tout, et résolus de faire leur devoir. J'imagine pourtant qu'ils se montraient plus sensibles à d'humbles prières, à celles de la veuve Boudrot, âgée de 68 ans, avec sa fille veuve et deux orphelins à sa charge, qui se déclare incapable de loger des gens de guerre ; (29 juin) à celle du cordonnier Viard « comme estant père de quattre anfant au bas âge, estant seul pour travaillier pour nourrir six personne et que mon travaille n'est pas sufisant aux susitance » ; à celle du vigneron Tristan et de sa femme qui n'a qu'une chambre pour lui, sa femme et son beau-père malade (4 septembre) ; à celle d'un vieillard de quatre-vingts ans, Benoit, infirme et soigné presque par charité par une gouvernante presque aussi âgée que lui. Que de misères cachées dans ces feuilles jaunies par le temps, dont l'écriture est parfois tremblée et comme hésitante ! Tantôt c'est d'Arcy qui, le 27 juillet, supplie qu'on le décharge des logements militaires, « car je n'ai pour toute fortune que ma place qui par suite de l'invasion des alliés ne me produit plus rien, ce qui fait que pour le moment je n'ai aucun revenu. » Tantôt c'est Mme Bretaigne qui, malgré l'exiguité de son logement, ses faibles ressources et son grand âge, est obligée de recevoir chaque jour des garnisaires, et supplie qu'on vienne à son aide (30 juillet, 3 août, 10 novembre, 3 décembre). Le 30 août, Dipon écrira de Daix qu'il est forcé de loger des soldats à la ville et à la campagne et que ses revenus sont insuffisants « dans la cruelle position où je suis, ne pouvant toucher un sol de mes fermiers, sans espoir d'en avoir, puisqu'on leur enlève leurs denrées ». Deux de ces lettres sont particulièrement navrantes. Elles sont écrites par un certain Dubois, ancien grand bailli des états du Mâconnais. « Je n'ai que deux lits, lisons-nous dans sa lettre du 31 août, celui de ma femme et le mien. Ma femme est dans un état de maladie habituel qui exige des soins continuels, et le moindre dérangement pourroit lui être très nuisible. Je n'ai point de domestique, faute de moyen de le payer. Nous faisons nos lits et tous les détails de propreté. Faudra-t-il donc sur mes vieux jours que je serve les autres?... Je ne vous cacherai même pas que sans dépense extraordinaire je ne sçais comment j'irai au jour de l'an. Je ne rougis pas d'entrer dans tous ces détails avec vous puisque l'honnête homme ne rougit pas d'être pauvre, quand c'est l'honneur qui l'a conduit à la pauvreté. J'oubliais de vous dire que je n'ai pas même une bonne de ménage. Je donne 30 sols par mois à une femme pour m'apporter tous les jours de l'eau, et vous pensez qu'elle ne m'en fait pas davantage pour le prix. J'ai quelques meubles, il est vrai, mais ce sont des débris sauvés par mes enfans, et je n'en suis pas plus riche. » Malgré ce naïf exposé de sa situation, on avait envoyé à Dubois un officier à loger. Il écrivit de nouveau à Gros-Robert (28 septembre) et avec plus d'insistance. « Je vous le dis devant Dieu : je ne suis pas en état de loger à cause de ma femme. Elle est dans un état affreux de souffrances, augmentées encore par la crainte de ce qui nous arrive. A neuf heures elle se couche et il faudroit attendre une partie de la nuit ces messieurs. Elle a des infirmités qui réclament des soins que je lui rends, parce que nous sommes seuls. Faire quitter son lit à une femme infirme, et moi me faire coucher à terre à l'âge de soixante-six ans révolus ! Ah ! monsieur !... Par grâce venez au secours de deux malheureux qui souffrent et qui ont recours à vous. »

Nous aimons à supposer que les membres de la Commission, bien inspirés, laissèrent ces deux malheureux terminer en paix leurs derniers jours : mais ils devaient être parfois bien embarrassés pour répondre à certaines lettres ! Aujourd'hui c'est un membre de la commission, Brenot, qui se plaint d'avoir été compris dans la répartition, et demande à être déchargé (31 juillet). C'est l'adjoint Lucan qui prie Gros, à titre de service personnel, de n'envoyer à Mme Drouet que des soldats et non des officiers (19 juillet). C'est Mme Victoire Moussier qui désire que son logement ne soit pas destiné à recevoir des généraux, mais simplement un capitaine (6 septembre), et quelques jours plus tard, comme le capitaine qu'on lui a envoyé ne lui convient pas parce qu' « il ne dit pas un mot de français », elle prie tout bonnement « qu'on lui fasse le plaisir de le faire déguerpir au plus tôt » ; ou bien encore Mme veuve Lesage qui voudrait être exonérée de toute charge, sous prétexte qu'elle est l'amie de Mme Gros et qu'elle n'a « que trois chambres, qui entre (sic) l'une dans l'autre et deux petits cabinets à côté de ma chambre, l'un pour mon fils, l'autre pour ma domestique. Il y a donc impossibilité à ce que je puisse donner un lit dans mon nouveau logement » (8 novembre); ou Mme Gautherin Larcher qui fait remarquer que son mari a pour prénom Nicolas, et que Mme Gros lui a bien promis de ne le faire porter sur les listes que pour deux soldats à loger (17 octobre); ou Mme Gérardon, qui prie Gros de venir dîner chez elle, et de lui rapporter en même temps ses billets de logement, qu'il aura eu soin au préalable de faire rafraîchir. » Certes Gros devait avoir beaucoup de bienveillance et encore plus de mémoire pour satisfaire tous ces quémandeurs, et tout permet de supposer que, s'il fit beaucoup de promesses, il ne les remplit pas toutes, non point par mauvaise intention, mais parce que à maintes reprises il se trouva débordé.

Tant qu'il n'avait à se débattre que contre les réclamations de ses administrés, Durande restait toujours le maître de la situation, mais parfois les Autrichiens émettaient de telles prétentions, qu'il était fort difficile à cet infortuné magistrat de les contenter. En voici une preuve entre mille. Le général autrichien Schnitzler avait reçu un billet de logement pour la maison de Guyardin, conseiller à la cour. Guyardin était pauvre, et la pièce qu'il mit à la disposition du général était sans doute peu confortable; car ce dernier ne voulut pas y entrer, et demanda en échange une somme d'argent, qui lui permettrait de s'entretenir (23 novembre). Il adressa sa réclamation au préfet qui la transmit au maire (27 nov.). Durande répondit en priant qu'on mît cette dépense à la charge du gouvernement. Le préfet se montra fort irrité de cette prétention. « Je ne peux m'empêcher de vous faire remarquer que vous auriez pu vous dispenser de me faire ce renvoi, et qu'il n'est pas d'usage qu'un maire prenne un arrêté pour renvoyer à l'autorité supérieure un objet qui ne peut concerner que la commune que le maire administre, surtout lorsqu'il est déjà intervenu une décision à cet égard. » Durande, repoussé par le préfet, ne fut pas plus heureux du côté de l'administration autrichienne. Il avait soumis le cas du général Schnitzler au commandant en chef du corps d'occupation, général Frimont. Ce dernier lui adressa la réponse suivante, que nous reproduisons avec son orthographe fantaisiste et son français suspect : « Je ne puis pas intervenir dans des affaires dont le décernement est de votre ressort. Pourvu que les individus de mon armée soient logés convenablement, il n'est qu'à vous et à la commission authorizée de votre part de désigner les maisons et de délivrer les billets de logement. En cette conformité, je vous prie d'arranger la contestation en question. »

La difficulté de pourvoir aux logements militaires de l'armée autrichienne ne devait pas être la seule contre laquelle eût à se débattre le maire de Dijon. Nos prétendus alliés, lors de leur premier séjour en 1814, avaient à peu près respecté les formes. On eût dit qu'ils tenaient à ménager les vaincus et qu'ils avaient pour eux des égards. Il n'en fut pas de même lors de la seconde invasion. Ils procédèrent cette fois brutalement, la menace à la bouche, tout prêts à frapper à la première résistance. Ils n'avaient pourtant ni brûlé une amorce, ni livré un combat, et ces vainqueurs sans bataille se montraient plus arrogants que s'ils avaient assisté à Waterloo et fait capituler Paris. Ils sentaient d'instinct que, cette fois, la France était frappée à mort, et incapable de recommencer la lutte. Aussi leurs exigences furent-elles impitoyables. Ils semblaient vouloir solder tout un arriéré de rancunes. Leur premier soin fut d'exiger le désarmement immédiat de la population. Ils craignaient sans doute quelque explosion de fureur nationale et prenaient leurs précautions en conséquence. Le secrétaire général de la préfecture, Vaillant, fut leur première victime. C'était un citoyen dévoué à ses fonctions, qui, depuis vingt-six années, n'avait pas quitté l'administration, et s'était toujours fait remarquer par son intelligence et sa rigoureuse probité. Dénoncé à Colloredo, sans doute par des gens avides de sa place, il fut brutalement arrêté, et traîné à pied jusqu'à Autun. On avait prétexté qu'il s'était opposé au désarmement général. En réalité il avait obéi aux instructions de son nouveau préfet, Maxime de Choiseul, qui, dans sa candeur politique, ne pouvait s'imaginer que nos prétendus alliés n'étaient que des ennemis mal déguisés. Ses désillusions furent promptes. Malmené par Colloredo, insulté jusque dans son hôtel par des garnisaires, il dut se résigner à n'être qu'un instrument entre les mains de ses vainqueurs. Dès le 11 août, par un ordre impératif de l'archiduc Ferdinand, Choiseul était obligé d'ordonner le désarmement général et immédiat. Il avertissait les habitants que la gendarmerie était chargée de faire exécuter l'arrêté, et « que les individus qui refuseraient de rendre leurs armes seraient mis à la disposition des autorités autrichiennes. » Quelques jours plus tard, 22 août, nouvelle proclamation de l'archiduc, contresignée par le major Pikel : « les habitants sont prévenus pour la dernière fois que ceux qui ne se seront pas soumis à cet ordre encourront les peines les plus sévères. » Et ce n'était pas une vaine menace. Voici comment un

des généraux de la garnison, Degenfeld, procédait à l'égard d'un Dijonnais nommé Sirdey, coupable sans doute de propos inconsidérés, mais que les Autrichiens étaient disposés à traiter avec la plus extrême rigueur :
« L'arrestation qui a eu lieu hier d'un nommé Sirdey, habitant de cette ville, qui avait obtenu de moi un port d'armes, me met dans le cas de m'addressé (*sic*) à vous, monsieur le maire, pour recevoir des renseignements véridiques, et éloignés de toute partialité sur la conduite de cet home (*sic*) et sur les motifs de son arrestation. Je vous prie donc de me donner une réponse sans délai sur cet objet, que vous me ferez passer sous mon addresse (*sic*) et de me dire franchement votre avis sur la façon de penser et d'agir de l'home en question afin de pouvoir prendre mes mesures en conséquence. »

Aussi bien les Autrichiens semblaient cette fois résolus à frapper directement tous ceux qui leur opposeraient un semblant de résistance. L'imprimeur Carion, le rédacteur des *Petites Affiches*, avait, pendant les Cent Jours, affirmé ses sentiments bonapartistes. A plusieurs reprises il avait encouragé ses compatriotes à la résistance et s'était montré le partisan résolu de la défense nationale. Les Autrichiens voulurent le punir de cette attitude. Dès le 6 août, ils se présentaient à l'imprimerie, brisaient les presses, jetaient en tas les caractères, et dévastaient le mobilier. Ils auraient bien voulu mettre la main sur Carion, mais ce dernier s'était enfui à temps, et avait gagné un village de la frontière où il attendait les événements. C'est là qu'il reçut la nouvelle de la suppression définitive de sa feuille. Le gouvernement français, s'associant aux vengeances de l'étranger, venait de se décider à donner satisfaction aux Autrichiens, et voici en quels termes (1) piteux le préfet de Dijon annonçait au maire cette décision (11 août) : « Conformément aux intentions de Son Excellence M. le gouverneur général de Sa Majesté l'empereur d'Autriche dans le département de la Côte-d'Or, exprimées dans la lettre qu'il m'a adressée aujourd'hui, je vous prie de donner à l'instant les ordres les plus positifs pour la suppression du journal ayant pour titre *Petites Affiches de Dijon*, rédigé par le sieur Carion. » Ce dernier, ruiné et proscrit, protesta contre ce traitement inique, et voici la lettre qu'il adressait le 17 août à Durande : « Dans le village de l'extrême frontière que j'habite vient de parvenir une circulaire de M. le sous-préfet de l'arrondissement, qui invite MM. les maires à dresser un état de dévastations, pillages, etc., qui auraient été commis par les troupes alliées dans leurs communes respectives... Dans ce cas je vous prierai de vouloir bien vous rappeler la dévastation qui a été commise dans mon imprimerie le 6 de ce mois par les troupes alliées, ou du moins par les soldats de la garnison, dévastation affreuse dont tous les gens de bien ont gémi, et dont vous avez gémi le premier. Je ne doute pas que vous ne me fassiez représenter le procès-verbal dressé par M. votre commissaire de police, et dont la minute, d'après la loi, a dû être déposée. Vous y verrez qu'on m'a occasionné la perte énorme de douze mille francs, qu'il n'a malheureusement pas été en votre pouvoir de me sauver. Vous ne pensez pas que cette peine a pu être méritée, car si en écrivant j'avais encouru quelque peine, ce qui n'est pas ; si en fuyant, en me soustrayant à l'arrestation projetée contre moi, je devais être puni, était-ce

---

(1) Archives municipales, Registre 1815, p. 240.

sur des objets inanimés, était-ce sur les ressources de ma famille que devait tomber la vengeance ? Je présume trop de votre esprit de justice pour ne pas conserver dans ma retraite l'espérance que ma perte fera partie de votre rapport. » Carion se trompait, on ne lui rendit pas justice. Les Autrichiens auraient peut-être oublié son attitude, mais les royalistes ne lui pardonnèrent jamais ses sentiments bonapartistes. Il ne fut pas indemnisé et son journal resta supprimé,

Les alliés se montrèrent aussi très rudes à l'endroit du gardien de l'Arquebuse. Ils s'étaient établis dans ce beau jardin comme en pays conquis, et n'écoutaient pas les observations du gardien Feuilleret. C'est au moment où les Prussiens campés à Paris affectaient de laver leur linge sale sous le balcon des Tuileries, et avaient converti en étal de boucherie l'arc de triomphe du Carrousel. Il semble que les Autrichiens, piqués au jeu, aient cherché à imiter leurs grossièretés. Dès le 13 août 1815, poussé à bout par les exigences de ses hôtes involontaires, le gardien Feuilleret écrivit au maire en lui avouant son impuissance à maintenir le bon ordre : « J'ai l'honneur de vous avertir que je ne puis plus tenir dans l'Arquebuse, et que je suis forcé de l'évacuer et d'emporter mes meubles au premier jour ; les Autrichiens m'obligent de laisser les portes ouvertes jour et nuit ; ils cassent chaises et tables dont je suis responsable, et ce que je peux avoir est très exposé ainsi que moi et ma famille. Je suis donc forcé d'enlever mes effets et de fermer les portes du jardin, auquel je donnerai mes soins jusqu'à la fin de mon année, qui finira le 24 du mois prochain. » La situation devint rapidement intolérable, car les Autrichiens redoublèrent d'exigences. Voici la lettre éplorée

qu'adressait au maire, le 18 août, un nommé Fortalin :
« J'ai l'honneur de vous prévenir que, depuis longtemps,
les soldats autrichiens sont dans le jardin de botanique,
où ceux qui y sont maintenant exercent des vexations
insupportables. Ils menacent le jardinier et sa femme ;
ils lui crachent au visage, et veulent, disent-ils, brûler
la maison. Ils veulent abreuver leurs chevaux au jardin
au lieu de les conduire à la rivière. Les puits sont presque
à sec et dans peu il sera impossible d'arroser les plantes.
Je vous prie en conséquence de voir le gouverneur autrichien, afin qu'il donne des ordres qui mettent fin à leurs
escalades et aux dégâts qu'ils commettent dans ce jardin. »

Mêmes dégâts, ou, pour employer un mot plus exact,
même vandalisme dans la magnifique propriété de la
ville, tant aimée des Dijonnais, et qu'on nomme le Parc.
Cette fois Durande intervint en personne auprès du gouverneur général Frimont. « J'ai vu, lui écrivait-il (1) le
18 octobre 1815, des Hongrois couper beaucoup de
branches, et, ce qui est pis encore, la cime des arbres
dont l'accroissement se trouve par là non seulement
arrêté, mais qui doivent périr. Les valets d'écurie autrichiens promènent leurs chevaux indistinctement dans
toutes les allées, tandis que la police veut qu'on n'y entre
avec chevaux et voitures que trois jours après la pluie,
et que l'on fasse seulement le tour du cirque. L'abus que
se permettent les domestiques autrichiens tant dans l'intérieur du parc qu'au cours a deux inconvénients : le
plus grave est d'inquiéter et de courir le risque de blesser les personnes qui vont à pied ; le second c'est que
par là les promenades sont dégradées. »

(1) Archives municipales, Registre 1815, p. 320.

On ne sait si Frimont donna l'ordre de respecter les promenades, nous n'avons pas retrouvé dans nos archives la moindre trace de sa sollicitude à cet endroit. Nous avons par contre découvert que les monuments publics n'étaient pas à l'abri des dévastations autrichiennes. En voici une preuve entre plusieurs autres. L'église Saint-Philibert avait été convertie en magasin de bois et de fourrage. Dans la nuit du 23 octobre, et malgré l'énergique résistance du concierge Thubœuf, quelques soldats autrichiens, voulant pénétrer dans le clocher, creusèrent un trou et firent sauter les serrures. Les dégâts qu'ils commirent furent constatés par la déclaration de Thubœuf et par un rapport de l'architecte Caumont.

C'étaient là, en quelque sorte, des brutalités voulues. Les Autrichiens ne se sentaient que médiocrement aimés à Dijon, et ils voulaient s'imposer par la terreur. Ils comprenaient d'instinct que, malgré les protestations de quelques fanatiques et les avances de quelques personnes de la haute société, que nous aimons mieux ne pas nommer pour ne pas faire rougir leurs descendants, malgré les empressements officiels des fonctionnaires, on ne les considérait que comme des vainqueurs et nullement comme des alliés. Aussi prirent-ils tout de suite de minutieuses précautions pour leur sûreté. A la date du 25 juillet, on pouvait lire sur tous les murs de Dijon l'affiche suivante : « Par ordre de Son Altesse le prince de Colloredo, il est enjoint à tous les officiers français qui se trouvent à Dijon de se présenter au bureau du commandant de la place, à deux heures de cet après-midi. WITTMANN, capitaine commandant. Pour copie conforme, pour le maire de Dijon, LUCAN. »

On craignait sans doute que quelque rixe ne s'élevât

entre les soldats et la population, et que les anciens officiers ne fussent comme les chefs désignés de l'émeute. Au même jour, et sous peine d'exécution militaire, le même Wittmann enjoignait « aux aubergistes, cabaretiers et logeurs, de faire remettre à son bureau, à la mairie, tous les soirs, à huit heures, la note de toutes les personnes logées chez eux avec un détail de leur condition, des endroits d'où elles viennent, où elles vont, et le motif de leur séjour dans cette ville. » Tant la soupçonneuse bureaucratie autrichienne appréhendait quelque soulèvement populaire ! C'étaient pourtant des personnages peu dangereux qui traversaient Dijon à ce moment ; la reine Hortense, le cardinal Fesch ou Mme Lœtitia Bonaparte, tous plus pressés de passer la frontière que d'organiser un mouvement contre les Autrichiens (1) ; mais on les suivait en quelque sorte à la piste, et pas un d'entre eux ne pouvait faire un pas, sans qu'il fût signalé et surveillé.

Les Autrichiens redoublaient de précaution surtout pendant la nuit. Ils avaient ordonné que les rues fussent éclairées avec soin. Le 6 août le préfet avait été obligé d'écrire au maire : « Je vous invite à faire replacer le plus tôt possible des réverbères dans les rues de la ville. Cette mesure est indispensable par la présence du grand nombre d'étrangers qui sont maintenant ici. M. le gouverneur autrichien en sent aussi la nécessité. » Les habitants feignirent de ne pas comprendre. Dès que la nuit tombait sur la ville, les réverbères restaient éteints. Les Autrichiens ne s'accommodèrent pas de cette obscurité.

(1) *Mémorial* de J.-Bénigne T***, 21 juillet. « Les autorités voulaient retenir prisonniers ces personnages, mais le préfet, après avoir visité leurs papiers, les a laissés continuer leur chemin. »

Ils firent au préfet des représentations, et ce dernier écrivit de nouveau au maire (11 août) : « Je vous ai engagé à faire éclairer la ville. Il paraît que cette mesure, commandée par les circonstances et par l'intérêt public, éprouve bien des difficultés ou bien des lenteurs. » Aussi prenait-il un arrêté par lequel un habitant par rue était à tour de rôle forcé de mettre un lampion sur sa fenêtre. « Une mesure si peu onéreuse, ajoutait-il, qui ne portera que sur la classe aisée, est une charge bien légère pour les habitants, et faite dans leur intérêt. » Les Dijonnais s'obstinèrent dans leur amour de l'obscurité. En vain le maire par arrêté du 24 août prescrivit-il à l'entrepreneur des réverbères, Lesage, d'accord avec le commissaire autrichien, d'avancer d'un mois l'époque de l'allumage, car « l'éclairage de la ville dans les circonstances actuelles est une nécessité plus impérieuse que jamais » ; ni les prières du préfet, ni les arrêtés du maire ne furent écoutés, et les rues de Dijon demeurèrent obscures. Les Autrichiens finirent par se fâcher et intimèrent des ordres. Le 13 octobre, le commandant de place, Charles de Lohr, adressait à Durande la lettre qui suit : « Nonobstant les ordres donnés déjà plusieurs fois que la ville de Dijon soit éclairée pendant les nuits et le séjour des troupes autrichiennes, on vient remarquer que cet ordre n'est point exécuté. C'est pourquoi j'ai l'honneur de vous inviter de nouveau de donner les ordres nécessaires pour que la ville soit illuminée toutes les nuits. » Ils ne se contentaient plus de l'éclairage : ils réclamaient l'illumination !

Ce fut justement dans la nuit du 13 au 14 octobre qu'un certain Pierre Morey, à la suite d'une rixe, essaya d'assassiner un grenadier hongrois. C'était un bonapartiste avéré qui jadis avait fait partie des corps francs, et que la police municipale surveillait. Morey réussit néanmoins à s'enfuir, et Durande fut obligé d'écrire au général Frimont une lettre d'excuse assez plate (1) : « Qu'il me soit permis de vous exprimer toute la peine que m'a causée cette espèce d'assassinat. Je l'ai ressentie d'autant plus vivement que, jusqu'à ce jour, il ne s'était passé dans cette ville aucun événement qui pût altérer la bonne intelligence que nous aimons à voir régner entre les Dijonnais et les troupes autrichiennes. Au surplus ne considérons point comme un Dijonnais l'auteur de ce crime. Cet homme depuis longtemps est regardé comme un très mauvais sujet, et, pour en donner une juste idée en deux mots, j'aurai l'honneur d'apprendre à Votre Excellence qu'il faisait partie des corps francs. » Le général Frimont feignit de trouver cette excuse valable. Affectant une confiance qu'il ne ressentait peut-être pas, il répondit lui-même à Durande, de sa grosse écriture et avec son orthographe tudesque, le billet autographe que voici : « Je m'empresse d'avoir l'honneur de répondre à votre lettre du 13 courant que je suis intimement persuadé qu'aucun Dijonnais ne pouvat se rendre coupable d'un crime pareille à celui qui s'est comis ; c'est pourquoi je vous prie de ne point fermer la boutique du vinaigrier chez lequel ce malheureux et atroce événement a eu lieu, si vous n'en avez pas de raison à moi inconnus. Je vous prie de ne rien négliger pour ateindre cet assassin, de le faire juger d'après les lois et de communiquer dans le tems le résultat de cet affaire ; sur laquelle je désire réellement et réclame d'autant plus une prompte justice que vous sentirez par vous-même qu'elle est absolument nécessaire,

---

(1) Archives municipales, Registre 1815, p. 311.

pour le maintien du bon ordre, de la discipline et de la bonne intelligence. »

Un mois plus tard, dans la nuit du 13 novembre, nouvelle rixe entre Autrichiens et Dijonnais. Dans le cabaret du sieur Clerget, rue Saint-Pierre, quelques soldats avaient été malmenés et blessés par deux individus, un hussard avait même été à peu près tué. Le général Frimont demanda la réunion à l'hôtel de ville d'une sorte de commission mixte, composée d'officiers autrichiens et de deux magistrats français, le procureur du roi et le substitut Saverot, pour juger et condamner sans retard les prévenus. Le maire fit arrêter le cabaretier Clerget (1), dont le seul crime était d'avoir reçu chez lui les combattants. On ne pouvait le condamner : il fut en effet, après admonestation, renvoyé des fins de la plainte. Quant aux vrais coupables, sans doute avertis sous main, ils s'étaient prémunis par la fuite contre les procédés expéditifs de la justice autrichienne.

(1) *Mémorial* de J.-Bénigne T***, 13 novembre.

III

Les Autrichiens étaient donc subis mais non acceptés par la population. Ils se vengèrent de ces procédés sinon hostiles, au moins peu sympathiques, en redoublant d'exigences pour les réquisitions que, par droit d'occupation, ils firent peser sur les Dijonnais. Il y a dans ces réquisitions deux parts à faire : celles qui portent pour ainsi dire la griffe de la conquête, qui s'imposent brutalement, sans la moindre atténuation, et celles au contraire qui revêtent des formes régulières, qui sont légales, si l'on peut employer cette expression à propos de réquisitions, et qui paraissent avoir été tacitement acceptées. Or les Autrichiens en 1815 usèrent à Dijon de l'un et de l'autre système. Il est resté trace dans nos archives des unes et des autres. Nous les étudierons successivement. Il n'est pas en effet de document qui donne une expression plus nette du temps et des circonstances.

Dès leur arrivée à Dijon les Autrichiens ne cachèrent pas leur intention de prendre par la force tout ce dont ils auraient besoin. Le pain leur faisait défaut. Ils commencèrent par saisir celui qu'ils trouvèrent dans les boulangeries sans se préoccuper autrement des besoins de la population. Non contents de s'être ainsi servis les premiers, ils informèrent le maire qu'ils comptaient agir de même les jours suivants. Durande fut alors obligé (24 juillet) d'adresser la lettre suivante au général Wimpfen, intendant du premier corps d'armée : « Qu'il me soit permis de vous représenter combien je suis douloureusement affecté de la nouvelle que vous venez de m'apprendre. Personne ne désire plus sincèrement que moi pouvoir être agréable aux troupes alliées, et je puis me flatter de leur en avoir donné des preuves à diverses époques. J'ai même fait dans la journée d'hier plus que je ne pouvais ; j'ai en quelque sorte sacrifié l'intérêt de mon pays à celui des troupes alliées, puisque la plupart des habitants ont manqué de pain. Il est donc de toute impossibilité de faire une fourniture entière pour la journée de demain. Je ne puis vous en procurer qu'une demi-fourniture. En faisant plus, je compromettrais et la sûreté de la ville, et l'intérêt des troupes qui logent chez les habitants. » Les Autrichiens finirent par comprendre que, s'ils persistaient dans leurs exigences, non seulement ils s'exposaient à provoquer dans la population des troubles sérieux, mais encore risquaient fort d'être pris au dépourvu. Ils se résignèrent à fabriquer eux-mêmes leur pain, mais ils demandèrent un emplacement convenable. On leur assigna l'ancien couvent des Carmélites et l'ingénieur en chef des ponts, chaussées et navigation (1), Didier, fut chargé d'installer cette manutention. Dès le 2 août il commençait son travail, et, comme on mit à sa disposition les pièces de bois et les matériaux provenant des fortifications démolies, la besogne fut menée activement. Il n'y eut plus à craindre de ce côté ni famine factice, ni rixes populaires.

Il est vrai que les Autrichiens se montrèrent moins accommodants pour d'autres articles. Le premier général qui occupa Dijon, Colloredo, semble même avoir usé de

---

(1) Voir lettres de Didier à la municipalité, en date du 3 et du 4 août, à l'effet d'obtenir la franchise des droits d'octroi, et, en même temps, des outils et des interprètes.

violence pour imposer ses volontés. Le préfet fut la principale victime de ses exigences. Il le menaça à plusieurs reprises de l'exécution militaire, et, comme on le savait homme à ne pas reculer devant l'accomplissement de ses menaces, Durande fut obligé de recourir à un expédient d'une nature douteuse, à une sorte d'emprunt forcé. Il fit consentir vingt-cinq notables Dijonnais à souscrire des obligations pour le paiement des denrées requises par les puissances alliées. Le préfet rédigea la minute de cet engagement, et l'adressa au maire pour qu'il recueillit les signatures nécessaires. Voici la lettre circulaire (1) que le maire fit imprimer et envoya à chacun des prêteurs malgré eux : « Monsieur, j'ai l'honneur de vous prévenir que la Commission vous a compris au nombre des personnes qui doivent concourir par leur fortune à la garantie du paiement des réquisitions livrées et à livrer par les marchands de cette ville et exigées par les armées alliées pour faire face à leurs besoins. Le montant de votre garantie est de ... francs. En conséquence vous êtes invité à vous rendre sans délai chez M. Dubard, payeur de la 18e division militaire, rue de la Préfecture, pour souscrire les deux tiers de cette somme en vos billets, à quatre, huit et douze mois, à partir du 31 juillet dernier. » Il est vrai que pour atténuer l'odieux de cette taxation arbitraire le maire accompagnait cette circulaire de quelques mots aimables. C'est ainsi qu'il écrivait à Mme veuve Truchot-Chevigney, taxée à deux mille francs : « M. le Préfet qui a réclamé cette mesure par sa lettre du 6 du courant m'annonce que l'impôt extraordinaire à lever par le département garantit de

_____
(1) Pièces communiquées par M. Fourier.

la manière la plus solide le remboursement des billets à ceux qui les ont souscrits : J'ai convoqué le conseil général pour concourir à l'établissement de cette taxe que je regarde comme indispensable, quelque pénible qu'elle me paroisse. Vous pouvez donc donner aux signataires des billets l'assurance que la taxe sera imposée. » En général on goûta peu ces explications. Les personnes taxées étaient riches et prudentes : elles cachèrent leur mécontentement, mais cherchèrent à se dérober. Le premier président Larcher, toujours récalcitrant, refusa nettement de souscrire (1). Le général Colloredo fit brutalement occuper son hôtel par des garnisaires jusqu'à ce que le magistrat peu empressé se fût exécuté. Léjéas, Manière, Drevon et Bourde firent entendre qu'ils n'avaient promis de payer que parce qu'ils y avaient été contraints. Le préfet (2) se trouvait compromis par cette protestation. Il s'était engagé vis-à-vis de Colloredo, et, brusquement, les citoyens responsables, dont il avait besoin, lui fai-

(1) Lettre communiquée par M. Fourier, d'un habitant de Louhans, Feillet ou Pusset, en date du 12 août 1815 : « J'appris le désagrément que vous fit éprouver le général Colloredo, en établissant chez vous une garnison d'Autrichiens pour vous forcer à payer une somme à laquelle il vous avait cotisé dans la répartition d'une contribution de 500.000 fr. qu'il avait imposée à la ville de Dijon. J'eus alors un vif regret de ne vous avoir pas accusé la réception de votre lettre et une véritable douleur d'apprendre l'injuste traitement que vous faisait éprouver un général fort connu par ses vexations dans le commencement de 1814, partout où il a passé avec son armée. »

(2) Choiseul avait d'abord été mal reçu à Dijon. On lui reprochait son passé et ses attaches bonapartistes, mais on ne tarda pas à lui rendre justice. « Il a résisté à tous les moyens vexatoires de Colloredo, et n'a voulu donner aucune approbation à toutes les demandes exorbitantes qu'il faisait, 1.500.000 fr., qui, d'abord, avaient été réclamés, ont été, à ce que l'on dit, réduits à 5000. Le gouverneur autrichien a été alors un peu apaisé. Les garnisaires, qui avaient été envoyés au préfet, ont été retirés. « *Mémorial* de J.-Bénigne T***, 31 juillet.

saient défaut. Aussi écrivit-il au maire pour lui exprimer son vif mécontentement : « Les violences exercées dans mon domicile par le général Colloredo ont sans doute été le motif qui a détourné les notables de se rendre ensuite à la préfecture, afin de revêtir la convention de leurs signatures... Tant que j'ai été en butte aux vexations et aux insultes du général Colloredo, je ne vous ai point pressé de faire des démarches mieux combinées pour obtenir un certain nombre de billets. De cette condition dépendait ma tranquillité, peut-être ma sûreté, mais je n'ai pas voulu que mon repos fût le prix d'aucun sacrifice de la part des habitants de Dijon. Maintenant je n'ai plus rien à craindre, mais il faut payer ce qui est dû. D'ailleurs votre intérêt l'exige. L'expérience prouve qu'il n'est pas dans la manière de voir de tous les généraux alliés de n'imposer aucune responsabilité aux villes et aux maires, et de s'en prendre uniquement aux préfets, pour des réquisitions non acquittées. » En même temps et pour mieux dégager sa responsabilité, il créait (6 août) une commission chargée de pourvoir à la fourniture des réquisitions et marchandises de toutes espèces, qui seraient frappées par les troupes alliées tant sur la ville de Dijon que sur le département », et nommait membres de cette commission : de Loisy, Echallié, Jomain, Saunac, Martin Rebatttu et Dunoyer. Deux jours plus tard, afin d'alléger leur travail, on leur adjoignait trois nouveaux membres, Ranfer de Marceau, Vaudremont et Thomas Parisot. Dès lors cette commission fonctionna régulièrement et rendit de réels services, mais il fallut montrer qu'on était disposé à briser toute résistance, et voici la lettre circulaire (1), en date du 26 août,

(1) Pièce communiquée par M. Fourier.

que le préfet envoya à tous les prêteurs : « La formation d'un camp près de Dijon a donné lieu à des demandes d'approvisionnements très considérables de la part des autorités autrichiennes. Le service des vivres-viande ne peut être assuré qu'autant que vous voudrez bien suivre l'exemple d'un grand nombre d'habitants de Dijon, en souscrivant, à titre d'avance, les obligations auxquelles vous avez été taxé. En conséquence je vous déclare que si, dans le délai de vingt-quatre heures, vous ne déposez pas votre obligation chez M. Dubard, je serai forcé, par la nécessité la plus impérieuse, à laquelle ni vous ni moi ne pouvons résister, à diriger sur vous des réquisitions en viande pour une valeur égale au montant de votre obligation, dont le remboursement est assuré sur la contribution extraordinaire. » Il était difficile de résister à une pareille invitation. Les Dijonnais imposés malgré eux eurent le bon sens de comprendre qu'ils n'avaient plus qu'à s'incliner, et c'est ainsi que préfet et maire trouvèrent les ressources nécessaires pour parer aux exigences des Autrichiens.

Aussi bien il nous faudra reconnaître que les membres de la Commission ne se laissèrent guider que par l'intérêt bien entendu de la population. On a conservé une lettre du président de la commission, de Loisy, qui se plaint vivement de ce que les distributions soient faites au hasard : « On voit que la commission des logements s'adjuge par jour des rations de vin qui vont jusqu'à quatorze bouteilles pour les employés et six pour les guides. On est instruit de plus qu'il a été délivré des rations à M. Cretet et d'autres au sieur Laguesse. Ces distributions sont trop dérisoires pour qu'elles soient passées sous silence. »

Les Autrichiens, il est vrai, passèrent souvent pardessus la commission et réquisitionnèrent directement ce dont ils croyaient avoir besoin. Ainsi, le 2 août 1815, quand ils firent une réquisition formidable pour le service de l'artillerie, et que le préfet fut obligé d'écrire au maire ce billet navrant : « Je ne dois pas vous laisser ignorer que le détachement de l'artillerie ne quittera pas le département avant de les avoir reçus, et que le moindre retard pourrait déterminer ce détachement à les prendre par force. Vous aurez aussi à faire fournir, dans le même délai, cent cinquante cuirs de bœufs qui sont exigés avec les plus vives instances, vingt mille fers à cheval et cent vingt mille clous. Vous ferez, s'il y a lieu, des perquisitions domiciliaires. » Ou bien le 6 septembre, quand ils demandèrent au préfet deux mille sacs vides « sur-le-champ, sous sa responsabilité, et sous peine d'exécution militaire ». J'imagine encore que la commission ne fut pas consultée lorsque le 5 août le comte Charles de Pachte, conseiller du gouvernement, adressa au maire le billet suivant : « J'ai l'honneur de vous inviter de vouloir bien faire passer le plutôt (*sic*) que possible un imprimeur et graveur au bureau du gouvernement général, pour leur transmettre des ouvrages relatifs à leur métier et nécessaires à ce gouvernement. » Le lendemain 6 le même comte de Pachte demandait en son nom la *Gazette officielle*, le *Journal des Débats* et le *Moniteur universel*, « dès que la poste les aurait apportés », et, cinq jours plus tard, il réclamait « un exemplaire complet du *Bulletin des lois*. » Irrégulière encore la réquisition de l'intendant en chef Molitor (7 août) : « Le service qui m'est confié exige de fréquentes recherches sur la position des différentes communes des départements du Doubs, de l'Yonne, de la Nièvre et de l'Allier. Les cartes partielles de ces départements me sont d'une absolue nécessité. En conséquencee je vous invite et vous requiers au besoin de me les faire passer de suite. » Irrégulière également cette réquisition non signée, en date du 9 septembre : « Son Excellence monsieur le gouverneur général me charge de vous inviter de lui faire passer la somme de cent quatre-vingts francs, prix de l'atlas national, que Son Excellence a requis de vous, et qu'il s'est procuré à un particulier, puisque, selon votre déclaration, il n'existe pas chez les libraires. J'ai l'honneur de rappeler en même temps à votre souvenir la demande de l'*Annuaire statistique du département de la Côte-d'Or.* »

Ces réquisitions étaient illégales, mais au moins étaient-elles présentées sous des formes courtoises. Il n'en était pas toujours ainsi, et c'étaient de simples officiers qui se montraient les plus insolents. Tel ce Kuhn, premier lieutenant de grenadiers autrichiens, qui, le 3 septembre, adresse au maire ce billet laconique mais expressif: « Vous êtes prié de faire donner du bois pour l'officier qui est de garde à la porte d'Ouche. En cas de refus, on serait obligé d'en prendre où on en trouverait. » Tel ce capitaine Beniowski, qui réclame trois cents francs pour lui, car, ainsi que l'écrit le maire au préfet (5 décembre 1815) : « lors du casernement il exigea des marmites et autres objets également impossibles à trouver dans la ville, ou bien une compensation en argent pour la jouissance desdits objets. » Tel encore ce capitaine de place, le major Suppe qui adressait au maire, le 14 août, ce billet dont nous respectons la saveur brutale et le style douteux : « Les diettes que l'on doit aux officiers employés extraordinairement étant alloués par Sa Majesté l'Empereur ne peuvent ne doivent souffrir aucune difficulté. J'invite M. le maire à me faire parvenir trois cents francs qui me reviennent du 21 juillet au 14 août, vingt-cinq jours à douze fr. jusqu'au jour suivant, la note suivant l'autorisation qu'il en a reçu de Son Excellence le comte de Colloredo. » Les officiers supérieurs eux-mêmes (1), malgré leur affectation de politesse et de bon ton, s'emportaient parfois à des plaintes singulièrement exagérées et d'une urbanité équivoque. Ainsi le 8 septembre 1815 le gouverneur général Baden adressait cette missive au maire de Dijon : « Vous vous convainquerez (*sic*) par la bouteille que je vous envoie que la bierre qu'on délivre aux soldats impériaux royaux du train n'est que du vinaigre gâté. Il est très étonnant qu'on ose ainsi éluder les ordres supérieurs donés pour la subsistance des troupes. C'est en conséquence que je vous invite de faire fournir aux soldats la portion de vin qui leur est dû, en vous défendant de leur livrer de la bierre, et j'insiste à ce que celui qui jusqu'à présent fut chargé de la fourniture de la bierre me soit nommé encore aujourd'hui pour le faire punir sévèrement. » Plus mielleux dans la forme, mais tout aussi raide dans le fond, se montrait un ancien émigré, le général major comte de Raigecourt : « Le traiteur que vous avez assigné à mon cuisinier, écrivait-il au maire, pour qu'il ait à lui fournir les objets nécessaires à ma table, est tellement malencontreux et de mauvaise grâce que je suis fort mal servi, et me vois forcé à vous importuner par

---

(1) Ainsi le 9 août le comte de Mirbach, quartier-maître de l'archiduc Ferdinand, réclame trois portefeuilles. Le maire renvoie cette demande aux membres du conseil des réquisitions, et il ajoute : « le comte de Mirbach est un personnage important. Je pense qu'il y aurait de l'inconvénient à lui refuser cette bagatelle. »

la présente réclamation. La manière aimable et obligeante avec laquelle vous vous êtes montré à mon égard m'est un garant sûr que cet homme ne suit point en cela vos intentions. Il a d'autant moins de raisons d'être récalcitrant que, comme vous savez qu'il m'est dû journellement huit couverts et un à mon aide de camp, ce qui fait neuf ; je pourrais même en prétendre onze puisque je fais ici les fonctions de lieutenant général, mais jusqu'à présent j'ai eu la discrétion de me contenter à beaucoup moins, outre cela je ne soupe point : conséquemment je crois qu'il est impossible d'être plus modéré dans mes prétentions que je ne le suis. »

Quant aux réquisitions proprement dites, c'est-à-dire aux demandes régulières de l'administration autrichienne, qui devaient être soldées soit par la municipalité, soit par l'État, elles ont en 1815 été de deux sortes : les premières sont ainsi conçues : « Le maire de la ville de Dijon requiert M... de fournir pour service d'utilité publique... » Voici le libellé des secondes : « Service des troupes alliées... par ordre supérieur, M. le maire de la ville de Dijon requiert... et sous sa responsabilité personnelle, d'avoir à faire livrer sur-le-champ dans le magasin de... à Dijon la quantité de... de bonne qualité. Ces fournitures seront payées dans le courant d'un mois, à dater du jour de la livraison, sur les fonds spécialement affectés au paiement des réquisitions, d'après l'arrêté de M. le préfet, en date du 18 du courant, et par le fournisseur rapportant la présente réquisition et le récépissé qui constatera la livraison. » Quelle que soit la forme, le fond reste toujours le même. Ce sont des vainqueurs qui parlent et qui exigent. Malheur aux vaincus ! ils n'ont qu'à exécuter les ordres reçus et quels ordres ! Ainsi, le 19 juillet, le jour de l'entrée à Dijon des premiers Autrichiens, il faut de toute nécessité leur donner du vin, et en grande quantité. L'adjoint Lucan est obligé de s'adresser à un négociant, Klipfel, et de le menacer d'une exécution militaire, s'il ne fournit pas le vin demandé, et au marchand Ligeret pour qu'il distribue sur-le-champ quatre pièces de vin rouge. Dès le lendemain 20 juillet, la bureaucratique Autriche, fidèle à ses habitudes administratives, se met en mesure d'organiser chancelleries et secrétariats. Réquisition d'une douzaine de canifs et d'une demi-douzaine de grattoirs (Picard), d'une douzaine d'écritoires carrés en faïence (Ledeuil), de cartes de la Haute-Saône et de la Côte-d'Or (Lagier). Ce n'est là qu'un début. La grande fourniture aura lieu le 21. Ce jour-là on réclame au sieur Humbert huit cents plumes, à Gaulard vingt-quatre bouteilles d'encre, cinq cartes du département, une carte de la Bourgogne ; à Lagier une carte de France et une carte de la Côte-d'Or ; à Vauthier deux rames de papier fin ; à Gastaldy, huit livres de cire d'Espagne ; à Gaillot trois paires de ciseaux et six canifs, sans parler d'un grand nombre de balais, et, comme il faut que la note gaie se mêle toujours aux circonstances les plus dramatiques, MM. Fichot et Bienville sont sommés d'avoir à fournir une feuillette d'eau-de-vie pour le service de la place. Aussi bien le commandant de place paraît avoir été un appréciateur convaincu de la liqueur dorée de Cognac. Dès le 25 juillet le nommé Richard était sommé d'avoir à fournir « douze bouteilles d'eau-de-vie de cognac pour le commandant de place autrichien », et le 27 on renouvelait cette demande, mais on ne prenait plus que dix bouteilles au lieu de douze. Ce commandant aimait sans doute à les déguster dans le silence du cabinet, car il fait réquisitionner, le même 27, au sieur Boruel « une paire de pantoufles en maroquin pour M. le commandant de place », et il aimait à varier ses plaisirs, car, le lendemain 28, il envoyait chercher chez le cafetier Bernard « quatre bouteilles de bière de bonne qualité pour la table de M. le commandant ».

Le 23 juillet le comte de Colloredo fait demander à Gaulard une carte de France et à tous les tripiers de la ville beaucoup de graisse pour les voitures. Le 24 les demandes sont plus variées. On réclame au ferblantier Goyon, et ce, sous peine d'exécution militaire, « un étui de fer blanc de deux pieds de hauteur et six pouces de diamètre, avec des anses ». En outre, et toujours avec la même menace, deux livres de craie rouge à l'épicier Valot, cinq livres de ficelle à Colin et autant à Frachot, dix grands flambeaux ou torches pour bivouac à Chocarne, cinq stères de bois à Valère, cinquante livres de saindoux pour voitures à Jean Moreau, six bruchons d'osier à Bonotte. Le vitrier Mirebeau devra encore, pour l'usage du général Lederer, coller ensemble quinze morceaux de la grande carte de Bourgogne. Le 26 juillet revient le tour des fournitures de bureau. On demande vingt-cinq « écritoires de poche en buis » et dix-huit livres de cire d'Espagne à Laplaine, deux à Gastaldy et cinq à Georges Banchelier, sans parler d'une livre de poudre d'or et d'un écritoire en corne avec poudrière à Hébert. Le 27 réquisition de cartes et de ciseaux, le 28 de deux écritoires de faïence (Limuret) ; le 29, de douze autres écritoires (Mermet), d'une douzaine de règles plates de différentes grandeurs (Schneider) et d'une main de papier « le plus grand format possible » ; le 30 d'une énorme quantité de papier (Banchelier) ; le 31, de colle à bouche, de six douzaines de crayons, de six paquets de plumes, de six bouteilles d'encre, et d'une livre de pains à cacheter (Bonnet), avec beaucoup de papier (Vauthier, Banchelier, Miguez), et six bouteilles de sandaraque (Laplaine). Comme on le voit, les Autrichiens n'oubliaient pas d'approvisionner leurs bureaux.

Au mois d'août, cent quatre-vingt-seize réquisitions différentes. Nous ne pouvons, à moins de tomber dans la monotomie et les redites, les énumérer toutes. Afin de donner une idée aussi exacte que possible des exigences de nos vainqueurs, on nous permettra de dresser la liste complète, pour une semaine, du 1er au 7 août, des réquisitions dont la trace s'est conservée dans nos archives. Au 1er août Lefort est sommé d'avoir à fournir deux grandes marmites pour les casernes, Yon six bouteilles d'encre, huit paquets de plumes, quatre onces de gomme élastique, quatre bouteilles de sandaraque, douze crayons fins ; Bonnotte, vingt-quatre manches de pelle ; Gaudelet, quatre mesures de charbon de terre ; Ledeuil, vingt gamelles de terre ; Vauthier, quatre rames de papier grand raisin et quatre rames de papier fin ; Banchelier, deux rames de papier coquille, Laplaine et Bligny chacun deux rames de papier couronne ; Bonnet, six onces de colle à bouche et six paquets de plumes ; Rebilly trois canifs à quatre lames ; Baujon, six livres de bougie ; Laplaine, une rame de papier ministre et deux rames de papier pour couvertures ; Dard et autres quincailliers deux mille six cent deux fers à cheval, et Banchelier quatre rames de papier de bureau.

Le 2 août les Autrichiens, toujours insatiables dans leurs demandes d'articles de bureau, réclameront encore à Camus quatre mains de papier fin et six de papier commun; à Bonnet une livre de cire d'Espagne, six crayons fins, deux canifs à quatre lames et un paquet de plumes ; à Banchelier deux mains de papier vélin et une bouteille de gomme ; et, en même temps, à Vétu cent cinquante et à Laval six cent trente livres de graisse pour voitures; à Bonnet deux étrilles pour chevaux ; à Tisserand fils cent livres de chandelle.

Le 3 août ce sont encore les réquisitions pour fournitures de bureau qui prédominent : une livre de cire d'Espagne et une « grosse boîte de pains à cacheter larges » à Daloz; une main de papier fin et une main de papier brouillard, trois livres de cire d'Espagne, une demi-rame de bon papier et une demi-rame de papier à cloche à Banchelier, neuf livres de ficelle à Bardin. On demandera encore une carte de la Côte-d'Or à Lagier, deux quintaux de graisse pour voiture à Meneval, vingt étrilles à Bonnet. Rien de saillant pour le 4 août : seulement quarante-quatre livres de graisse à Morel, vingt quintaux de charbon de terre à Maignot, cent livres de graisse de voiture à Morel, et dix livres de fil retors à Hébert. Même modération dans les demandes du 5 août. Chaillot est requis de réparer les carabines et pistolets d'un régiment de hussards, et Ponsard livrera quatre livres de fil pour bourrelier.

Le 6 août quelque important personnage était sans doute arrivé ou attendu, car on cherche de tous côtés des meubles et des objets d'aménagement, et comme, paraît-il, on se défiait de la complaisance des Dijonnais, toutes les réquisitions portent la mention « et ce à peine d'exécution militaire ». C'est ainsi que Gée, Longin et Monniot devront fournir une commode, deux lits de camp, deux matelas, deux traversins, deux couvertures et deux petites tables. Monniot donnera en outre une commode avec dessus de marbre, un bon lit en noyer. On demande à Ledeuil six cuvettes, six pots à eau, six vases de nuit et des gobelets ; à Miallet deux lits de camp avec matelas, traversins, couvertures et table de nuit ; à Rouillot un bois de lit, un lit de plumes, un traversin, deux matelas, une couverture de laine, six fauteuils, une table de nuit et deux bureaux ; à Gruardet deux lits de camp, deux traversins, deux petits bureaux et deux couvertures ; à Baron un lit de camp avec accessoires. On ne réclame de Violle que huit couvertures de laine ou de coton, mais il les faut de première qualité, car elles sont pour le service de l'archiduc Ferdinand. Peraut prêtera douze chaises de paille, deux lits de camp, deux matelas, deux traversins et deux couvertures ; Mme Clerget douze cuvettes et pots à eau et deux verres de cristal ; Chutte douze cuvettes et pots, deux vases, dix pots de nuit ; Foulet une commode avec dessus de marbre de style moderne, ce qu'on nommait alors un bonheur du jour ; Frossard une commode également de style moderne, quatre lits de camp avec accessoires et Gérard quatre paires de chandeliers en cuivre avec quatre paires de mouchettes. En outre, comme il ne faut pas que la bureaucratie soit oubliée, Banchelier fournira vingt-quatre mains de papier buvard fort, et le libraire Noellat enverra au commandant de place, qui sans doute éprouvait le besoin de se perfectionner dans la langue française, la grammaire de Meidinger et un dictionnaire allemand-français ; le tout sans préjudice de huit livres de ficelle et huit de poix grasse demandées à Roujon, de seize quintaux de charbon de terre à Gradelet, et de cent livres de graisse pour voitures à Germain.

Il paraît que les demandes faites la veille pour le logement des nouveaux arrivés ne répondaient pas à tous les besoins, car, le 7 août, abondent les réquisitions de meubles et d'ustensiles. Limonnet est sommé de fournir sur-le-champ deux cuvettes, deux pots à eau, deux verres et dix pots de nuit. Couthier prêtera un bois de lit de maître avec quatre matelas, un sommier, un lit de plume, trois traversins, trois couvertures, un rideau en taffetas ou damas, et une table de nuit. On demande à Courte une table à thé, une console de quatre pieds, une commode à colonnes de couleur acajou, un bonheur du jour en acajou et deux bureaux à écrire ; à Racine une commode, une table à pierre polie, une table ronde en noyer, et six fauteuils en vieux velours fond gris ; à Bonnet six paires de flambeaux argentés avec trois paires de mouchettes. La veuve Haïs fournira une cuvette avec ses accessoires, et comme le burlesque côtoie toujours le tragique, « un pot de chaise percée, à peine d'exécution militaire ». Les autres fournisseurs étaient sans doute moins récalcitrants, ou ils tenaient moins à leurs meubles, car on n'est obligé d'employer de pareilles menaces ni vis-à-vis de Mme Fortier, à laquelle on emprunte quatre paires de flambeaux argentés avec trois paires de mouchettes, ni vis-à-vis de Diol qui fournira un bois de lit, trois matelas, un lit de plume, une commode et une table de nuit au dessus de marbre, un lit de camp et un traversin ; ni de Truchet auquel on réclame deux matelas, deux paillasses, deux traversins, deux couvertures ; ni de Gastaldy auquel on se contente de demander quatre paires de chandeliers en cuivre avec leurs mouchettes.

Nous n'avons plus retrouvé pour les derniers jours du mois d'août que cent quinze pièces. Il est vrai que quelques-unes sont à tout le moins singulières. Ainsi, le 8,

Dumay devra fournir d'une seule réquisition et pour le service de l'archiduc Louis vingt et une paires de draps, et M. Moniot « une foyère dorée avec pelle et pincette pour l'appartement du prince impérial. » Le 9, Lemoine est requis de poser un carreau dans le même appartement et Gée de fournir trois douzaines de tabliers de cuisine, de torchons et de serviettes communes. Le 10, l'ébéniste Jannin sera prié de fournir « quatre livres de poussière d'ébène pour sécher le papier ». Le 12, le maire « requerra M. Durand, relieur, de se rendre chez M. le commandant de place pour y prendre ses ordres relatifs à des ouvrages de son état », et demandera à Banchelier « un cahier de papier bleu », et à Noëllat une carte du département indiquant les routes pour le même commandant. Le 14, sommation à l'armurier Chaillot d'avoir à réparer dix-neuf fusils de la première compagnie des grenadiers Deutschmeister. casernés aux Carmélites, et le 15, à Forey d'avoir à fournir trois livres de bougie pour son Altesse le prince Ferdinand. Le 22, le fripier Monniot prêtera quatre paires de draps. Cet honnête commerçant, plusieurs fois atteint par les réquisitions, n'avait pas caché son mécontentement. Il avait été signalé à la police autrichienne, car la réquisition porte cette note menaçante : « Si vous ne la rendez pas dans l'endroit indiqué sous un quart d'heure, je vous assure de l'exécution militaire. »

On était pourtant en paix avec les Autrichiens et avec tous les alliés. Les journaux ne cessaient de proclamer les délices de l'union et la longanimité des souverains. Les Dijonnais n'en étaient pas moins sous le régime du sabre, et, quand ils s'avisaient de protester, on leur faisait durement sentir qu'ils n'étaient que des vaincus.

Aussi bien n'était-il pas exaspérant pour eux d'avoir à fournir « six (1) petites poires à poudre en cuir », « douze sablières pour la poudre d'or (2) », « deux canifs de bureau et un grattoir pour l'officier chargé du visa des bons de vivres en fourrage (3) », « deux chèvres en cuivre pour le service du magasin de vin établi à l'hôtel de ville (4) », « quatre douilles de baguettes de tambour et quatorze bidons pour les grenadiers Deutschmeister (5) », et surtout des fournitures de bureau en énorme quantité « pour les besoins extraordinaires des bureaux des puissances alliées, auxquels la mairie est obligée de subvenir » (6). Sans doute ils obéissaient, mais dans leurs cœurs s'amassaient de sourdes rancunes, et plus d'un se repentait déjà d'avoir cru au désintéressement des alliés, et de s'être imaginé que leur arrivée en France les délivrerait de toute charge et de tout ennui.

Dans les mois qui suivent, il y a encore des réquisitions, mais moins nombreuses et moins brutales. A l'exception d'un certain Estivalet « requis de racommoder sur-le-champ une paire de bottes et de fournir une semelle et une empeigne, sous peine d'exécution militaire » (8 sept.), et d'un certain Richard sommé « d'avoir à réparer immédiatement dix-huit bidons de fer blanc pour la compagnie de grenadiers prince Charles » (17 septembre), les Autrichiens en général se contentent de réclamer des fournitures de bureau. L'encre coule toujours

---

(1) Réquisition Daloz, du 17.
(2) Id. Michel du 24.
(3) Id. Rebilly du 18.
(4) Id. Bonnet du 25.
(5) Id. Tabard et Muteau du 29.
(6) Id. Laplaine du 26.

à flots dans les chancelleries (1) et des montagnes de papier sont consommées (2), sans parler des crayons, des plumes, des canifs et de la sandaraque. On répare des fusils et des tambours (3), ou bien un coffre destiné à serrer des papiers dans la chancellerie de l'archiduc Ferdinand (4) ; on demande encore de temps à autre quelque objet singulier : une pelote de bois pour hacher de la viande (5), deux pèse-liqueurs (6), vingt livres de colle de Flandre pour blanchisseurs à l'hôpital civil (7), trois livres de noir de fumée, dix couchettes et « une fontaine à filtrer pour le service du prince héréditaire (8). » Il y a pourtant une détente visible dans les esprits, comme le prouve cette note du général Frimont à Durande (11 octobre 1815) : « Des occupations de la plus haute importance m'empêchent dans ce moment d'entrer dans le détail des réclamations particulières. Vous pouvez assurer les habitants de la ville de Dijon qu'en peu de jours il me sera possible d'alléger la charge onéreuse qui pèse actuellement sur eux, et que je saisirai avec plaisir chaque occasion de ménager leurs intérêts, autant qu'il sera compatible avec le service de l'armée dont le commandement m'est confié. »

Les Autrichiens se préparent donc à partir et les Dijonnais vivent dans l'espoir de ce départ. Aussi, d'un côté comme de l'autre, on se ménage. Quelques récalcitrants

---

(1) Réquisitions Laplaine du 2, Gastaldy du 9.
(2) Id. Bligny du 4, Laplaine du 6.
(3) Id. Chaillot du 2, Fèvre du 4, Bizouard du 12.
(4) Id. Bertot du 7.
(5) Id. Regnier du 7.
(6) Id. Gastaldy du 9.
(7) Id. Forey du 10.
(8) Id. veuve Haïsse du 23.

se rencontrent néanmoins, entre autres la veuve Haïsse, qu'il avait déjà fallu menacer de l'exécution militaire, quand on lui emprunta une chaise percée. C'était une patriote déterminée ou une femme bien ménagère de son bien. On lui avait demandé une fontaine à filtrer pour le service du prince héréditaire. Cette fontaine avait été endommagée. Quand on la lui rendit, Mme Haïsse réclama une indemnité. Voici la curieuse lettre qu'elle adressait, le 27 décembre 1815, au tapissier Paris qui avait été chargé du recolement des meubles prêtés : « C'est avec confiance que je m'adresse à vous pour vous prier de présenter une réclamation relativement à la fontaine filtrante qui m'a été requise. J'ai observé en la recevant après le départ de M. le général Frimont qu'elle était gâtée et ne filtrait plus. Il est certain qu'elle n'est plus susceptible de vente, et je pense qu'il peut dépendre de vous d'être indemnisée de la perte que j'éprouve ; je sens qu'il faut encore faire un nouveau sacrifice. Je ne demande pas le prix de la fontaine que je vendais quarante francs, mais au moins que l'on veuille bien me passer une somme qui m'évite une perte entière. » On ne sait ce qu'il advint de cette réclamation. Il est probable qu'elle eut le sort de beaucoup d'autres, et que Mme Haïsse, en marchande bien avisée, se résigna à passer sa fontaine à filtrer au compte de profits et pertes.

Les dernières réquisitions eurent lieu au mois d'octobre. Ce sont toujours des fleuves d'encre, des montagnes de papier, des accumulations de canifs et de crayons. Le 20 octobre, le commandant de place, toujours ménager de sa santé, envoie chercher chez Grand et Godet « deux bouteilles de vin vieux à trente sols la bouteille » et à cette réquisition est resté annexé le compte des bouteilles antérieurement fournies à ce même commandant : cent quatre-vingt-sept bouteilles du 17 août au 8 octobre ; vingt-cinq le 26 août, douze le 1er octobre, six le 7, dix-huit le 8 ; pas un seul jour moins de deux. Ce fervent admirateur des produits bourguignons aurait vraiment dû prolonger son séjour à Dijon, afin d'affiner son goût et d'encourager le commerce local !

Si à Dijon même, sous la surveillance et la protection du grand état-major autrichien, les réquisitions furent si nombreuses, si brutales, si vexatoires, dans les environs immédiats de la ville (1), ce qu'on pourrait appeler les faubourgs, ce prétendu droit, qui n'est autre chose que l'abus de la conquête, fut exercé avec une impitoyable rigueur. Nous avons retrouvé aux archives municipales une vingtaine de réclamations adressées à la mairie par de petits propriétaires, des gardes champêtres, d'humbles cultivateurs pour dégâts commis par les étrangers dans les champs, les magasins et les maisons de la banlieue. Rien de plus navrant, de plus tristement éloquent que cette énumération de vols et de rapines. On nous permettra, malgré la monotonie du sujet, de donner quelques extraits de ce lamentable dossier.

Le 20 juillet un certain Guilleminot se plaint de ce qu'on a, sur sa propriété, enlevé cinquante-quatre boisseaux de haricots, sa seule ressource pour l'hiver. Le 26 juillet Nicolas Colot, vigneron à Larrey, se désole des ravages qu'a subis son petit bien : haies brisées, légumes arrachés, fruits d'automne cueillis sans être mûrs, et il demande une indemnité proportionnée au dommage. Le

---

(1) *Mémorial* de J.-Bénigne T***, 24 juillet : « malheur aux héritages qui se trouveront à l'entour du camp. » 31 juillet. « Colloredo est un pillard horrible qui veut ruiner notre département. »

30 juillet François Hudelot annonce que son clos de Larrey a été ruiné. « La baraque est abimée, écrit-il, la porte cassée, la serrure enlevée, tant peupliers qu'arbres fruitiers, tous les fruits perdus. » Le 31 juillet, lettre de la famille Barbier. Écrasés par les logements militaires, ils ont vu ravager leur petite propriété et leur ferme. « Quoiqu'ils soient âgés de cinquante-neuf et de soixante-cinq ans, que les pertes, le travail et le chagrin ayent ruiné leur santé, ils ne cessent de s'occuper avec courage : ce qui y met un empêchement insurmontable à présent, c'est la présence continuelle de leurs soldats ; que, comme sa femme est fort sourde, lui, Barbier, est forcé de garder la maison pour le service de ce qu'ils exigent, et éviter par cette précaution les voies de fait qui ne manqueraient pas d'avoir lieu. » Aussi demandent-ils à être exemptés des logements militaires, « car vous sauverez ainsi la vie à deux familles d'agriculteurs utiles ».

Le 2 août réclamation de Jacquin au Foulon. On lui avait pris du foin qu'il avait acheté et deux voitures. Il adressa une première plainte. Le maire vint le voir et lui promit justice : mais « l'instant d'après votre départ les alliés se sont portés en grand nombre dans son domicile ; sabre nu, baïonnette en avant, menaçant, frappant : ont cassé la porte de la cave, bu et répandu tout le vin qui lui restait, enlevé deux quartiers de lard qui étaient dans le saloir. Ils ont pris tout le pain, un pot de beurre de quinze livres, un pot de gras ; ils ont ouvert toutes les portes du buffet, commode, ont monté dans les chambres hautes, y ont mis le plus grand désordre, et ont enlevé tout ce qui leur a fait plaisir, ainsi qu'un sac de farine. » Le 5 août, ainsi que le constate un procès-verbal signé par Jolyet, Bonnard, de Bernard, Lebreton, Mériau et Marmifsky, quelques officiers autrichiens présentent au sieur Prisset une réquisition de deux cents aunes de toile rousse. Prisset leur répond qu'il n'est plus dans les affaires depuis une année. Cette observation ne fut point écoutée par les Autrichiens, qui, accompagnés d'une forte escorte, s'emparèrent de ce qui leur tomba sous la main dans mon magasin. « Une coupe de toile rousse, et, à défaut de marchandises de ce genre, six fortes pièces tant de toiles blanches que toiles de coton écru et diverses autres coupes me furent enlevées. Comme ils ne m'ont pas permis de vérifier la quantité des marchandises qu'ils m'ont prises, ce ne peut être qu'approximativement que j'en peux fixer l'évaluation à 450 fr. »

Suivent de nombreux procès-verbaux pour contraventions commises par les alliés. Le 21 août les gardes champêtres Dumas, Javier et Renaud attestent que deux cents bœufs pâturent dans les champs de légumes et dans les vignes des nommés Jolivet, Sauvageot et Charpentier. A la même date ils constatent la présence d'un troupeau de six cents bœufs dans les champs de Boissains, Nicolas, Aubert et Forey. Le surlendemain 24, ils signalent quantité de chevaux pâturant la luzerne du sieur Bony, « lesquels chevaux appartiennent et estoient accompagnés des soldats des armées alliées ». Le même jour ils ont vu des Autrichiens gauler des noix avec des bâtons coupés dans les propriétés Barbette et Paussier. Voici ce que constate de son côté, avec sa naïve orthographe, Philibert Pacot, garde champêtre de la porte Saint-Pierre : « J'ai trouvé dix militaire de la garnison, abit blanc et revere bleus, et d'autres avec leur capote qui avoit les uns des pommes de terre et les autres peche et raisin, tout cela aucunement en maturité : tout cela ne peut que leur causer des maladies. » Les Autrichiens se souciaient vraiment bien peu de la maladie. Ils se trouvaient dans un pays fertile, en pleine vendange, et ils honoraient nos vignobles par la plus sérieuse des démonstrations : ils en consommaient les produits, avant même qu'ils fussent arrivés à maturité. L'exemple des Prussiens en Champagne, lors de la campagne de 1792, aurait pourtant dû les mettre en garde contre cette gourmandise prématurée, mais les Autrichiens ne songeaient même pas à la dyssenterie qui les menaçait. En vain l'état major mieux avisé prodiguait-il les avertissements. Rien n'y faisait. Les vignes étaient ravagées et les procès-verbaux demeuraient impuissants. Le plus grave était que les Dijonnais eux-mêmes s'associaient à ces déprédations. Durande était obligé de lancer contre les maraudeurs cette circulaire menaçante : « Considérant que les raisins touchent à leur maturité (1) ; que déjà des habitans s'introduisent dans les vignes et y commettent des dégâts, dans l'intime conviction que, par suite de l'état de choses actuel, il ne sera fait aucunes recherches ni aucunes poursuites contre ces sortes de délit ; Considérant qu'il est du devoir du maire de détromper les malveillans sur leur chimérique espoir et de leur faire connaître que, quelles que soient les occupations du magistrat, aucune circonstance ne peut lui faire oublier le premier de tous ses devoirs, celui de veiller à la sûreté des personnes et au maintien des propriétés... » Il invitait les gardes champêtres à redoubler de surveillance et mettait des gendar-

---

(1) Archives municipales, Registre 1845, p. 247.

mes à leur disposition (19 août). Il prévenait également le baron de Baden (1), gouverneur de la Côte-d'Or, du danger des vendanges prématurées, et le priait de faire accompagner les gardes champêtres par des escortes armées (2). Ces sages précautions furent inutiles. Dès le 13 septembre les gardes champêtres de Perrigny, Guillaume Masson et Edme Mugnier, dressaient procès-verbal contre des Autrichiens qui cueillaient des raisins dans la vigne d'un certain Claude Millot : « Comme c'étoit nuitamment, nous croyons qu'il étoit plus que cinq, et nous avons pas aussé de les approcher de bien proche, mais nous en avons pu en conté que cinq. » Parfois même les gardes champêtres étaient impuissants à empêcher les dévastations. C'est ainsi que, le 1er septembre, les gardes de la porte d'Ouche, Cornu, Lavaine et Alneri, déclarent avoir aperçu des quantités de soldats dans les vignes. Ils ont essayé de les faire sortir, mais personne n'a voulu leur prêter main forte, et, comme ils n'étaient armés que de leur sabre, ils n'ont pu que protester contre les dégâts, dont ils sont restés les témoins attristés.

Les Autrichiens ne se contentaient pas de voler les raisins. Ils prenaient encore des légumes dans les jardins (3)

(1) Archives municipales, Registre 1815, p. 249.
(2) Id., p. 268.
(3) Réclamation de Toussaint Picot, jardinier entre le canal et Larrey : « L'exposant avoit une pièce de trois journeaux et demi de terre ensemencée daricots. Toute sa récolte est perdue. Les gardes champêtres et les experts en ont donnés leurs rapports, qui vous a été mis entre les mains. Et comme Picot n'avoit pas d'autres aricots que la pièce susdite, il est forcé d'en acheter pour son usage, et pour les ensemencer l'année prochaine, come il pourroit se faire qu'il lui seoit fait une réquisition d'arricots. C'est donc pour vous rappeler qu'il a tout perdu ce qu'il en avoit, et que vous voulussiez bien le dispenser de toute réquisition à ce sujet. Il espère tout de votre justice. » 12 septembre 1815.

et du bois dans les chantiers (1), sans doute pour cuire ces légumes. Parfois même ils détruisaient pour le plaisir de détruire. C'est ainsi que Jouannin, concierge à la porte Condé, écrira (22 novembre) que, malgré ses représentations, les chevaux des Autrichiens ont rongé les jeunes arbres du Jardin de l'Arquebuse, qu'il faudra faire couper; ainsi que la veuve Boudier, propriétaire à Saint-Antibes, déclarera « que son domicile étant placé au centre du camp formé par les troupes alliées, elle s'est vue tout à coup assaillie par une troupe continuelle de soldats, dont chacun a pris, gaspillé et emporté, non seulement le mobilier en détail, mais encore les provisions de toute espèce, telles que vin, dont trois pièces ont été bues en une demi-heure, mais encore blé, farine et autres récoltes, jardinage, foin, paille, et non contents de cela ils ont encore brûlé et dégradé les portes, fenêtres, balustrades et autres dépendances de son habitation, sans que l'exposante ni sa famille aient pu les empêcher. Ils ont été maltraités plusieurs fois pour avoir voulu faire des représentations sur de pareils excès. » Aussi bien nos bons amis les alliés ne se privaient pas du plaisir facile de frapper les femmes ou toute autre personne incapable de se défendre. La nommée Christine Poinsard, âgée de soixante-sept ans, était occupée à glaner à Saulon. Des charretiers autrichiens lui prennent tout ce qu'elle avait et la maltraitent indignement. Recueillie par charité chez Genty, marchand de la rue Berbisey, elle écrit au maire pour lui exposer

(1) Le 29 septembre Boncompain, vendeur de Valère, marchand de bois sur les bords du canal, se plaindra d'un vol commis dans deux de ses chantiers. « Je ne peux rien opposer contre la force militaire. La nuit dernière on a levé la serrure de la baraque que j'occupe. J'avais heureusement emporté tout ce qui concerne ma comptabilité. » Plainte renouvelée le 15 octobre.

sa triste situation. Le papier de la pétition porte encore la trace des larmes que versait la malheureuse en l'écrivant. Que les larmes de cette pauvre victime retombent sur les misérables qui les ont fait verser !

Dans les nombreux et riches villages qui entourent Dijon, les alliés se signalèrent également par leurs rapines et leurs extorsions. Les villageois en général n'aiment pas à écrire. Il est probable qu'ils ont beaucoup souffert sans oser se plaindre. Nous sommes pourtant persuadé qu'on doit garder dans les archives municipales de beaucoup de ces villages la trace certaine des dévastations commises par les Autrichiens. Nous avons retrouvé à Dijon quelques-unes des lettres qui furent adressées en cette circonstance par divers maires de campagne à leur collègue, le maire de Dijon, auquel ils s'adressaient de préférence à tout autre fonctionnaire, avec l'espoir qu'il leur viendrait plus facilement en aide ; mais il est probable que nous n'avons eu entre les mains que l'infime partie de cette correspondance, si navrante dans son uniformité.

La charge la plus écrasante pour les malheureux villageois était celle des logements militaires. C'est ainsi que le maire de Talant, Devillebichot, écrivait à Durande (juillet 1815), pour se plaindre du trop grand nombre de militaires, qu'on lui avait envoyés à loger, surtout à une époque de l'année où ses administrés gagnaient leur vie en travaillant aux moissons. « Il serait superflu de vous en dire davantage, ajoutait-il, puisque vous connaissez parfaitement toutes les facultés de cette pauvre commune, et que ce serait douter de votre sensibilité et de votre justice, si nous n'étions pas certains que vous ferez tous vos efforts pour nous soulager dans ces temps malheureux. »

Lettre analogue (28 juillet) du maire de Messigny, Bourdon, qui se plaint d'avoir trop d'Autrichiens à loger et à nourrir. Le maire de Longvic expose à son collègue de Dijon (24 août) qu'il a reçu quarante-huit soldats à loger. « Vous ignorez sans doute que, depuis le 9 du courant, quatre-vingts grenadiers sont stationnés dans la commune, et qu'il n'y a pas moins de deux ou trois grenadiers chez chaque habitant les plus à même de loger », et Durande ajoute de sa main sur la lettre cette note mélancolique : « il n'y a en effet que trente habitants pouvant loger. » Le maire d'Ouges a dû recevoir jusqu'à 188 hommes (13 octobre) : c'est beaucoup trop pour la petite commune qu'il administre. « Nos malheureux habitants, n'ayant plus de provisions, se sauvent dans les bois pour se soustraire à la fureur du soldat, laissant ainsi leurs maisons, meubles, etc. à la discrétion de ces gens. » Telle est l'arrogance, telles sont les prétentions des Autrichiens qu'il va lui-même être obligé de partir. « Il est bien malheureux de voir ruiner entièrement une commune, qui d'ailleurs s'est toujours distinguée par son attachement à son souverain légitime, pendant qu'il y en a tant d'autres qui n'ont pas un soldat actuellement. » Lettre analogue du maire de Saulon-la-Chapelle (22 octobre) : La commune qu'il administre est épuisée par le passage des troupes. « La moitié des habitants sont décidés à abandonner leurs maisons : en conséquence, si l'exécution militaire vient dans la commune, ne pouvant répondre à leurs demandes, la commune sera pillée. »

Le plus singulier c'est que parfois les Autrichiens eux-mêmes trouvent que la répartition des logements militaires est mal faite et prennent avec insolence contre le maire de Dijon la défense des communes où ils sont campés. Ainsi, le 19 octobre 1815, le capitaine commandant à Mirebeau trouve étrange que l'on envoie toujours des soldats à loger dans les communes de Belleneuve, Arceau, Arcelot et Fouchange, et il envoie cette sommation outrecuidante au maire Durande : « Les environs de Dijon sont trop riche (*sic*) et trop considérable pour être soulagé par des voisins moins nombreux et presque ruiné. Toutes les communes du canton de Mirebeau sont occupées par les troupes que j'y ai envoyée. Veuillez donner ordre à M. votre adjoint de ne plus venir aussi charger la commune de mon canton. J'en aurai raison, je vous l'assure ! »

Plus encore que par les logements militaires les communes des environs étaient écrasées par les réquisitions en nature. Il y en avait parfois de singulières : celle par exemple que signa le 20 septembre 1815 Charles, baron de Kohr, commissaire du gouvernement autrichien : « Les ordres directs de son altesse le prince de Schwarzemberg commandant des troupes autrichiennes de donner une boutteille entière aux militairex est intimé à la préfecture de la Côte-d'Or ce même jour. Les maires en seront instruit et sont obligé de faire obéir leurs communes. » Que l'on se contente de sourire de cet ordre étrange, soit, mais les injonctions étaient parfois singulièrement brutales. Il fallait fournir, et sur l'heure, tout ce qui était nécessaire à des soldats d'autant plus exigeants qu'ils se croyaient assurés de l'impunité. Le 28 juillet le maire d'Étaules, Chamoin, sera obligé d'écrire à son collègue de Dijon : « Monsieur, vous supplient humblement le maire et les habitants de la commune d'Etaules d'avoir la bonté de s'interposer pour cette infortunée commune, qui a été ruinée l'année dernière par le passage des troupes, par la réquisition et la mortalité du bétail. Cette commune a déjà fourni cette année des réquisitions considérables et au delà de ses forces en grain et en bétail. Il devient impossible d'en fournir davantage. Notre commune est trop appauvrie, et nous avons été vexés par des soldats qui se sont permis de prendre tout ce qui pouvait leur convenir. » Le maire d'Ahuy, Mongenot, écrit (11 octobre) que le commandant de place a réquisitionné tous les chevaux de la commune, qui ont été occupés à chercher des fourrages et à trainer des charrettes ; « aussi sont-ils incapables de nouveaux services ». Le maire de Messigny n'a plus de farine dans son village à la date du 16 octobre, et son secrétaire Pingeon ajoute à la lettre officielle constatant ce dénuement la lettre suivante : « Je pense qu'il seroit à propos de prévenir M. Durande que les habitants de Messigny sont réduits au point que la presque totalité n'ont ni lard, ni graisse, ni pain, ni farine : ne pouvant pas moudre facilement attendu la grande disette d'eau, ils sont dans un dénuement réel de toutes les provisions de bouche... faites lui bien sentir que, s'il dirigeait de nouveau de la troupe sur Messigny, il forcerait les autorités locales d'abandonner la commune, car il n'y a plus lieu de délivrer des billets de logement par crainte de révolte des habitants et de désespoir occasionné par le manque du nécessaire même (1). »

---

(1) Lettre du maire de Tréchateau (18 octobre) au préfet pour se plaindre des réquisitions de voitures et de chevaux ordonnées par le maire de Dijon. Lettre du maire de Velars, Rondot, à Durande pour se plaindre des exigences des alliés au sujet des fourrages, etc., etc. Réquisition de l'adjoint Tardy au maire de Quétigny (21 août 1815). « J'ai l'honneur de vous prévenir que vous recevrez ce soir un officier et trente-six hommes. Vous voudrez bien faire les dispositions nécessaires

Les Autrichiens ne se contentaient pas d'épuiser les ressources locales. Ils élevaient aussi la prétention de réquisitionner les hommes valides pour la confection de certains ouvrages pressés, et, comme ils ne voulaient pas prendre sur eux l'odieux de la mesure, ils forçaient le maire de Dijon à signer les arrêtés. C'est ainsi que, dans les premiers jours d'octobre, il fallut réparer certaines routes aux alentours de la ville, défoncées par le passage d'interminables convois. On cherchait aussi à préparer un champ de manœuvre pour la revue d'honneur que devaient passer les souverains. Durande dut prendre à son corps défendant une série d'arrêtés, qu'il envoya à tous les maires des environs. Celui de Crimolois lui répondit (2 octobre) qu'il ne pouvait fournir que douze manœuvres pour réparer la route d'Arcelot et du Bois de Pierre. Celui de Messigny ne mit à sa disposition que soixante-huit hommes, car le village, disait-il, était encombré de cavalerie, et tous les manœuvres travaillaient déjà pour eux. Le maire d'Arc-sur-Tille, Bertrand, annonce qu'il a publié la réquisition et fera tout son possible, mais il ne faut pas compter sur beaucoup de monde. « Impossible d'envoyer dix manœuvres, écrit le maire de Bressey-sur-Tille, nous n'avons ici que trente-quatre habitants, et nous sommes obligés de loger près de cinquante

pour leur nourriture pendant deux jours. Vous en enverrez quelques-uns à Mirande, si ce village n'a pas de militaires. » Lettre de Pernin à Gros, membre de la commission des logements. Il se plaint du grand nombre de soldats et d'officiers qui ont envahi son domaine d'Arcelot : « Les chevaux ont consommé la totalité du fourrage de mon bétail. Mon jardin a été absolument détruit. On n'y a pas laissé un seul arbre d'agrément dans le bas, et on a tellement bouleversé les deffenses que j'avois sur la rivière, qu'elle peut me détruire entièrement la partie basse de mon jardin, et que je suis hors d'état de faire aucune réparation. » Ces deux pièces proviennent de la collection Fourier.

hommes. » Le maire de Remilly-sur-Tille annonce que tous ses administrés sont déjà au service des généraux ou des officiers alliés, et qu'il ne peut leur imposer un nouveau service. Réponse analogue du maire de Quetigny, l'abbé de Bessey : « Les laboureurs sont en réquisition tous les jours, et les manœuvres servent de guides. Chaque habitant a sa maison et ses écuries remplies de cuirassiers et de chevaux. Il faudrait tout abandonner. »

Les Autrichiens avaient même imaginé le système de responsabilité collective. Quand ils ne trouvaient pas dans un village les objets sur lesquels ils comptaient, ils imposaient le plus riche citoyen de la commune. A Urcy, Lamartine, le père du grand poète, le propriétaire du château de Montculot, fut, à diverses reprises, obligé de payer pour ses compatriotes. On a conservé une lettre de lui au maire de Dijon (30 août 1815) dans laquelle il se plaint d'avoir été taxé à deux mille francs comme garantie des réquisitions livrées par des marchands de Dijon aux alliés ; ce qui est d'autant plus injuste, qu'il n'habite pas Dijon et n'y paye aucune contribution. « Je suis déjà écrasé, ajoute-t-il, par toutes les réquisitions qu'on fait peser sur ma malheureuse et très pauvre commune, pour laquelle je suis presque toujours obligé de payer. »

Il arrivait même que, revenant en arrière de deux siècles, les Autrichiens recouraient aux pratiques de la guerre de trente ans, et sans plus se soucier des réquisitions, prenaient simplement ce qu'ils trouvaient à leur convenance. Le maire de Noyers écrit le 10 août 1815 au maire de Dijon pour se plaindre de ce qu'un officier autrichien, non content de l'insulter, ait encore emprunté de force sa voiture à un de ses administrés, un nommé Pauthenet. « Les chevaux sont revenus, ajoute-t-il, mais la voiture a été gardée. L'officier qui s'est dit capitaine de cuirassiers a dû, selon son assertion, arriver à Dijon hier 9. Je vous serai très obligé de faire des perquisitions pour essayer de retrouver la voiture en question. »

De tous ces faits se dégage au moins une vérité, c'est que, malgré les apologies, plus ou moins dithyrambiques, des partisans de la restauration, nos bons amis les alliés en 1815 bien plus encore qu'en 1814, se conduisirent à Dijon et dans toute la France avec une impitoyable rigueur. Ces papiers jaunis que nous avons tenus en main, ces pétitions où l'on retrouve encore la trace des larmes de ceux qui les ont écrites, ces ordres et ces arrêtés, tout ce formidable attirail de l'invasion, n'est-ce pas, pour un peuple qui a le sentiment de sa valeur et de sa dignité, la plus éloquente des leçons, et ne devrions-nous pas nous rappeler, si nous connaissions mieux notre histoire nationale, que devant l'ennemi une seule opinion doit prédominer, l'amour de la patrie commune ?

IV

Tels n'étaient pas les sentiments des gouvernants d'alors : encore tout frémissants de leur déconvenue de mars 1815, exaspérés par le retour de celui et de ceux qu'ils accusaient de tous leurs maux, ils auraient volontiers préféré les Autrichiens à beaucoup de leurs compatriotes. Il nous répugne d'insister sur ces tristes souvenirs, et nous ne voudrions pas, en publiant certains documents, raviver des haines encore mal éteintes. On a conservé dans certaines familles des exemplaires (1) de l'affiche intitulée le cri du sentiment. On y lisait : « Français, soyons amis, crions à l'unisson, vive Louis XVIII ! vive François II ! vive la coalition ! » Il serait facile de donner bien d'autres preuves du peu de patriotisme de quelques-uns de nos ancêtres. Qu'il nous suffise de dire qu'on se souvient encore à Dijon de l'accueil trop bienveillant que firent aux officiers autrichiens certaines dames de la haute société, et des danses en plein air auxquelles ne dédaignaient pas de prendre part, en mettant leurs mains finement gantées dans les pattes velues des pandours et des hussards de l'Autriche, quelques-unes d'entre elles, oublieuses non pas seulement de leur dignité, mais plus encore des souffrances de leurs compatriotes. Nous n'en voulons pas dire davantage : la meilleure preuve que ces nobles dames comprirent mal leur devoir, c'est qu'on se rappelle encore leur conduite déplacée, et, comme tout se

(1) Exemplaire communiqué par M. Fourier.

LE CRI DU SENTIMENT.

Français, soyons amis, crions à l'unisson :
Vive LOUIS DIX-HUIT! Vive FRANÇOIS SECOND!
Vive la Coalition!

Dijon 1814.

paie en ce monde, leurs descendants, bien qu'innocents, ont peut-être déjà expié cette coupable légèreté.

Ce que nous nous croyons autorisé à remettre en lumière, c'est la singulière désinvolture avec laquelle certains fonctionnaires, entre autres le maire Durande, croyaient pouvoir traiter l'opinion publique. Nous avons rendu justice à Durande. Par son calme, par la dignité de son attitude, par son labeur opiniâtre, il a su, malgré les prétentions de l'ennemi, faire respecter le représentant de la cité, mais c'était un royaliste déterminé, un ultra (1), comme on le disait alors, et en toute circonstance, il paraît ne pas avoir oublié qu'un des principaux devoirs de sa charge était de prémunir ses administrés contre de mauvaises doctrines politiques, et de punir les récalcitrants. Il aurait voulu couper le mal à sa racine et inculquer de saines théories aux jeunes générations. C'est ainsi que, le 27 juillet, il écrivait au préfet, à propos de la nomination du proviseur du lycée de Dijon : « On ne saurait s'occuper avec trop de zèle des moyens de régénérer l'instruction publique. C'est par elle qu'on a perdu la génération actuelle. C'est en inculquant à la jeunesse des principes révolutionnaires qu'on est parvenu à démoraliser et à corrompre la plupart de ceux qui devraient

---

(1) Tous les fonctionnaires d'alors semblent préoccupés de la nécessité de réagir contre les mauvaises doctrines. Voir la curieuse proclamation du nouveau préfet de la Côte-d'Or, Max de Choiseul (26 juillet) : « Mon premier soin, en arrivant parmi vous, sera de vous faire entendre la voix d'un vrai français... Louis XVIII seul peut vous sauver ; rendez-vous dignes de son gouvernement paternel, abjurez à jamais cet esprit révolutionnaire qui a répandu sur la France un déluge de maux. Malheur à ceux qui méconnaîtraient encore la clémence du roi. Sa justice les atteindrait impitoyablement. Le plus sacré de nos devoirs sera d'assurer à tous les sujets la paix et la sécurité. »

être aujourd'hui l'honneur et l'esprit de la patrie. Il devient urgent de préserver de la contagion les jeunes gens qu'on élève actuellement dans les lycées. » On aura remarqué que Durande ne se préoccupe ici que des enfants de la bourgeoisie, et nullement de ceux des classes (1) populaires, car on ne croyait pas alors à la nécessité de répandre l'instruction parmi les masses, et on ne songeait qu'à ceux qui formeraient plus tard les classes dirigeantes.

Ce n'étaient pas seulement les enfants qu'il importait de préserver de la contagion révolutionnaire. On confiait également au maire la tâche autrement difficile de surveiller diverses catégories de fonctionnaires. Les employés des postes, on ne sait trop pourquoi, sans doute parce que la plupart d'entre eux devaient leur nomination à un bonapartiste militant, Lavalette, étaient particulièrement en suspicion. Voici la curieuse circulaire qu'adressait à leur sujet le préfet de la Côte-d'Or au maire (12 (2) septembre 1815) : « La réorganisation du personnel dans l'administration de la poste aux lettres est un des objets qui fixent le plus particulièrement l'attention du gouvernement. On me demande des informations précises sur la conduite qu'ont tenue les préposés dans

---

(1) L'impartialité historique nous impose le devoir de mentionner une ordonnance du 30 octobre 1815 relative à l'ouverture des écoles primaires fixée au 2 novembre. On n'y était admis qu'avec un certificat de vaccine et l'autorisation du maire. On remarquera cet article de l'arrêté, qui semble comme un premier et timide essai d'instruction obligatoire : « Il est ordonné aux agens de police de faire des rapports contre ceux qui n'occuperaient pas leurs enfants, et les laisseraient courir dans les rues et places publiques plutôt que de les envoyer aux écoles. On prendra à leur égard telle mesure de police qu'il appartiendra. »

(2) Rappel de cette première lettre le 29 septembre.

mon arrondissement, et sur les principes politiques et moraux dont ils font profession. L'exécution de cette mission devant décider du sort de ces individus, je ne saurais apporter trop de scrupules dans la recherche et la transmission des renseignements demandés. J'ai compté sur votre obligeance et votre amour du bien public, en vous priant de vouloir bien me donner ces détails sur le compte des employés de la poste de cette ville, et des piétons employés à leur service. Je vous serai fort obligé de vouloir bien me les transmettre le plus tôt possible, conformément au tableau ci-joint. Vous pouvez être sûr qu'ils seront confidentiels et pour moi seul. »

On ne sait si Durande exécuta strictement les instructions singulières qui transformaient le maire de Dijon en agent de police politique : en tout cas il s'occupait volontiers de certains détails qui, d'ordinaire, ne sont pas de la compétence des maires, ou du moins dont ils ne se chargent pas volontiers. Ainsi, le 21 novembre 1815, il invitait les commissaires de police à dresser une liste, où seraient indiqués 1° les pauvres, 2° les gens sans travail et sans fortune, dont « l'existence doit vous être plus que suspecte », 3° les turbulents « ayant tenu de mauvais propos contre le roi ». Il fallait avant tout se défier des turbulents, et, parmi ces derniers, il rangeait les officiers à demi-solde, qu'il considérait comme les pires ennemis de l'État. Le jour même où il priait ainsi les commissaires de police de dresser de vraies listes de suspects, Durande adressait la communication suivante à tous les officiers à demi-solde : « J'invite MM. les officiers français et tous autres militaires qui sont autorisés à rester à Dijon à se rendre demain, sans faute, à l'hôtel de ville, depuis dix heures du matin jusqu'à quatre heures du soir, à l'effet de donner les renseignements qui leur seront demandés, et qui sont absolument nécessaires pour qu'ils puissent rester au service. » Cette invitation équivalait à un ordre. Les militaires obéirent, mais il fallut subir un véritable interrogatoire. Le maire se vante (1) de le leur avoir fait subir (24 novembre). « J'ai cru devoir présenter séparément les officiers, et j'ai cherché à connaître, autant qu'il m'a été possible, leur conduite politique depuis 1814. A cet effet j'ai établi une série de questions, dont je vous fais passer une copie. »

Il est vrai que, s'il se montrait sévère pour tous ceux qui, de près ou de loin, avaient fait partie des armées impériales, Durande réservait sa bienveillance pour ceux de ses compatriotes qui manifestaient le désir d'entrer dans la garde royale. C'étaient là des sujets d'élite qu'il fallait en quelque sorte trier sur le volet et ne choisir qu'à bon escient. Aussi charge-t-il (2) quelques royalistes éprouvés, MM. d'Andelarre, de Bévy et Dampierre, de faire cette recherche et de ne délivrer de certificats « qu'à des sujets entièrement dévoués à sa majesté » (5 décembre). On a conservé dans les archives diverses demandes de certificat adressées à ce sujet au maire, entre autres celle d'un certain Choquart (26 décembre), qui se vante d'avoir été le second, au 10 juillet 1815, à prendre la cocarde blanche, et, trois jours plus tard, d'avoir arrêté, au coin des cinq rues, un soldat qui poussait des cris séditieux. « Après ces faits, ajoute-t-il, j'ose espérer que vous voudrez bien accéder à ma demande en me délivrant un certificat attestant et mon opinion, et mon entier dévouement à la famille des Bourbons. »

(1) Registre 1815, p. 371.
(2) Id., p. 382.

Il est probable que Durande n'hésita pas à donner ce témoignage de satisfaction à un coreligionnaire politique. N'est-ce pas lui qui, dès le 23 juillet, annonçait qu'une adresse au roi était déposée au secrétariat de la mairie, et il ajoutait (1) : « Ceux qui désirent la signer sont invités à se rendre à l'hôtel de ville aujourd'hui et demain, attendu que l'adresse sera envoyée par la poste d'après-demain. » N'est-ce pas lui qui, un mois plus tard (2), organisait une procession solennelle en l'honneur du vœu de Louis XIII, et invitait tous les fonctionnaires à assister à la cérémonie ? (14 août) ; lui encore qui prenait l'initiative pour célébrer la fête de saint Louis : « Vous annoncer la fête de saint Louis, lisons-nous dans sa proclamation (3) aux habitants, c'est développer dans vos cœurs les sentiments de la plus vive allégresse; vous appeler à célébrer cette fête, c'est vous donner lieu de faire éclater ces sentiments de respect et d'amour, de dévouement et de reconnaissance dont tout vrai Français doit être pénétré pour un monarque chéri. Cette fête sera célébrée le vendredi 25 août. Les circonstances actuelles ne nous permettent de faire aucune dépense, le cœur seul fera les honneurs de cette auguste fête ; mais elle n'en sera que plus agréable à notre bon roi, qui place tout son bonheur dans l'amour de ses sujets, et dans le vif désir de pouvoir alléger les charges qu'entraîne toujours une invasion. » La fête fut en effet célébrée sans grand apparat par des sonneries de cloche, quelques illuminations, des jeux et des danses au parc. Une grand'messe réu-

(1) Registre 1815, p. 219.
(2) Id., p. 214.
(3) Id., p. 255.

nit à la cathédrale les principales autorités (1). L'archiduc Ferdinand avait tenu à honorer la cérémonie de sa présence. On remarqua qu'il était toujours resté à genoux, et cette posture fut singulièrement pénible, puisque la messe dura deux longues heures (2). Le maréchal Marmont, de passage à Dijon, le comte de Vignolles, le comte de Damas, pair de France, le maréchal de camp Simon avaient accompagné le prince autrichien, et gardèrent une attitude aussi recueillie.

Durande ne songeait pas seulement aux cérémonies religieuses, il n'oubliait pas le théâtre, qui jadis avait été fort suivi, et qui pouvait fournir aux Autrichiens d'utiles distractions. Tantôt il donnait des ordres pour le bon entretien de la salle et faisait rétablir sur le rideau, par le peintre Guyot aîné, des L. avec couronne et fleurs de lis (3) ; tantôt il s'occupait de la composition de la troupe. Il n'était guère partisan de la comédie, qui, disait-il, ne souffre pas la médiocrité. Des acteurs d'opéra lui auraient mieux convenu. Le 13 octobre il écrivait à Paris, à un certain Clément, pour le presser de venir avec des chanteurs. « Il y a urgence, car c'est dans notre ville qu'est placé le grand quartier général de l'armée autrichienne, et il y aura par conséquent une nombreuse garnison. » Nouvelle lettre, le 24 (4) octobre, à un autre impressario, Mairet : « Vu les circonstances, nous ne serons pas exi-

---

(1) On remarqua l'absence de l'évêque. « Ce vieillard, incorrigible dans ses opinions démocratiques, n'a pas paru. L'archiduc Ferdinand lui a fait dire de rester chez lui. Le grand vicaire Lemaître et le curé de la cathédrale Girarde ne se sont pas montrés également. Pareil compliment les a éloignés. » *Mémorial inédit* de J.-Bénigne T*** (16 août).
(2) Journal d'Henrys Marcilly.
(3) Lettre du 27 juillet.
(4) Registre 1815, p. 331.

geans cette année, pourvu cependant que vous nous procuriez un opéra. Une comédie serait fort mal reçue à Dijon, et votre salle serait déserte. » Le 2 novembre il écrit encore à Mairet pour l'engager à s'entendre avec un certain Josserand, qui avait formé une petite troupe d'opéra (1) : « Mais n'oubliez pas que je tiens essentiellement à un opéra. Votre intérêt personnel est ici d'accord avec mes intentions, car une comédie, si elle n'était pas parfaite, serait fort mal accueillie, et vos recettes suffiraient à peine à vos frais journaliers. »

Il est vrai que Durande n'était pas le maître de régler à son choix le programme des représentations. Même sur ce point il lui fallait subir l'ingérence étrangère. Voici ce que lui écrivait, le 11 août 1815, un officier d'état major, Charles de Pacht : « Il est très probable que leurs Altesses Impériales, l'archiduc Ferdinand, prince héréditaire, et l'archiduc Louis, ainsi que son Altesse Royale l'archiduc Ferdinand, commandant en chef un corps d'armée, se rendront au spectacle dimanche prochain. C'est en conséquence que j'ai l'honneur de vous inviter de vouloir bien ordonner au directeur des spectacles de venir me trouver demain matin vers les dix heures au bureau du gouvernement général pour lui faire savoir les arrangemens nécessaires à ce sujet. »

En deux autres circonstances, et malgré la présence des alliés, Durande prit avec plus de résolution l'initiative des mesures à suivre ; il s'agissait de constituer un nouveau conseil municipal, et de recevoir le neveu du roi, le duc d'Angoulême.

Le conseil municipal avait été comme disloqué par les

(1) Registre 1816, p. 340.

révolutions successives de 1814 et de 1815. La majorité des conseillers avaient accepté les événements, et s'étaient résignés à saluer tantôt Louis XVIII et tantôt Napoléon : mais, après Waterloo, ceux d'entre eux qui appartenaient à la fraction avancée du parti royaliste, les ultras, ne voulurent plus frayer avec ceux de leurs collègues, qu'ils accusaient non seulement de tiédeur, mais encore de trahison. Ils refusèrent d'assister aux séances. Quant aux autres membres du conseil, incertains et irrésolus, ils ne s'y rendaient qu'au nombre de quatre ou cinq, en sorte que le travail n'avançait pas, et que, malgré l'urgence, le maire ne pouvait prendre aucune décision. Dès le 26 juillet il se plaignait au préfet de cette situation pénible. « J'ai l'honneur de vous faire part, lui écrit-il (1), de la détermination très décidée de la majorité de ne plus assister aux délibérations du conseil avec ceux qui se sont rendus coupables de rébellion dans cette ville, plusieurs jours avant même que notre bien-aimé roi Louis XVIII n'eût quitté sa capitale, et dans le temps où Napoléon n'était encore qu'entre Chalon et Auxerre. » Il lui proposait en conséquence d'appeler près de lui les citoyens « les plus recommandables par leurs lumières, par leur dévouement au roi, et par la considération dont ils jouissent dans le public ». Le préfet y consentit, mais à titre provisoire, car il craignait de se compromettre, et ce ne fut que quelques semaines plus tard, en novembre, que le conseil fut définitivement reconstitué (2).

(1) Registre 1815, p. 222.
(2) On lit dans le registre des délibérations du conseil, à la date du 27 août : « Vu les circonstances actuelles, qui pour l'exactitude et le maintien du bon ordre exigent impérieusement que quelqu'un soit toujours présent à l'hôtel de ville... pour répondre aux Autrichiens, vien-

Durande attendait avec impatience le moment d'ouvrir la session, entouré d'amis personnels ou tout au moins de royalistes éprouvés. Le 7 novembre il avertissait le préfet qu'il avait reçu la nomination des nouveaux membres qu'il avait avertis, et n'attendait plus que leur acceptation, pour qu'ils prêtassent serment au roi. Le 9 il adressait une lettre de convocation à ses nouveaux collègues, et l'accompagnait de compliments et de protestations ultra-royalistes. Le 15 avait lieu la cérémonie d'installation. Le maire y prononçait un discours, que nous n'avons pas retrouvé, mais qui devait reproduire, sans atténuation, l'opinion royaliste du moment, car il en envoya une copie au journaliste Amanton, avec cette note (1) à tout le moins singulière : « Vous m'obligerez d'en faire une courte analyse. Il est trop long pour être inséré dans votre journal. D'ailleurs il renferme des assertions qu'il serait peut-être prématuré de rendre publiques. Je m'en rapporte entièrement pour cet objet à votre prudence et à votre discernement. »

Durande fut moins gêné dans l'expression publique de ses sentiments, lors de la réception du duc d'Angoulême. Les circonstances et la présence de l'ennemi s'opposaient à ce qu'on le reçût avec la même solennité que son père, le comte d'Artois, un an auparavant. Néanmoins Durande ne voulut pas laisser perdre l'occasion d'étaler son zèle monarchique. Il s'empressa d'annoncer aux habitants que « Son Altesse Royale monseigneur le duc d'Angoulême devait arriver ce soir (19 octobre) entre six et sept

---

dront de 6 heures à 9, Mielle et Désert neveu ; de 9 à 12, de Bévy ; de 12 à 3, Lucan et Dereuille ; de 3 à 6, Tardy et Peignot ; de 6 à 10. Bounder et Ladey. »

(1) Registre 1815, p. 367.

heures. Il pense qu'il ne peut leur annoncer une nouvelle qui leur soit plus agréable, et c'est avec une vive satisfaction qu'il se plaît à les en prévenir. » Il écrivait en même temps au commandant de la garde nationale, marquis d'Agrain, et lui faisait connaître l'itinéraire que suivrait le duc : rues Guillaume, Condé, au-dessus du Bourg, des Forges, Notre-Dame, Charbonnerie et de la Préfecture, et il espérait que de nombreux gardes nationaux se joindraient au cortège, et se muniraient de torches. Lorsque le duc se présenta, à l'heure dite, aux portes de la ville, Durande eut l'honneur de le haranguer le premier : « Qu'il me soit permis de présenter à votre Altesse Royale les notables de Dijon qui se sont le plus distingués par leur amour et leur fidélité au roi. Le maire de Dijon s'enorgueillit de ces sentiments. Ils sont sans doute son plus beau titre de gloire, et son plus beau jour est celui où il a le bonheur de vous contempler et de déposer aux pieds de votre Altesse Royale les sentiments de dévouement et d'admiration dont nous sommes pénétrés pour monseigneur le duc d'Angoulême. »

On sait que le prince ne brillait pas par l'esprit de repartie. Le don de l'improvisation lui faisait défaut. Il préféra remettre sa réponse à plus tard et se contenta d'un banal remerciment. Ce fut sans doute un de ses secrétaires qui fut chargé en son nom de remercier le maire pour sa bonne réception. Durande affecta d'être enchanté de la réponse princière, et il s'empressa d'adresser à cette occasion à ses concitoyens une proclamation presque lyrique : « ... Persistez dans ces sentiments. Ralliez-vous tous autour du trône. Sans doute un usurpateur a causé tous nos malheurs, mais le ciel nous renvoie Louis XVIII pour nous consoler dans nos peines, pour cicatriser toutes nos plaies et réparer tous nos maux. Soyez donc fidèles à votre roi légitime. C'est l'être en même temps à votre Dieu et à votre pays. »

Le plus singulier c'est que ces effusions royalistes blessèrent le préfet. Il se plaignit de ne pas avoir reçu en communication la proclamation de Durande. Ce dernier fut obligé de s'excuser, assez platement : « Au surplus, écrivait-il (1) (22 octobre), ceci ne peut être qu'objet de convenances et de procédés. Vous devez être persuadé, monsieur le Comte, que personne n'est plus jaloux que moi de les observer. Je vois avec plaisir que dans peu de jours nous serons plus libres, que nos communications seront plus multipliées, et qu'à l'avenir vous n'aurez plus à nous porter de pareilles plaintes. »

(1) Registre 1815, p. 327.

V

Les deux événements les plus importants de la vie municipale dijonnaise dans les derniers mois de 1815 furent en premier lieu la visite des souverains alliés, et en second lieu le départ de l'armée d'occupation.

L'empereur d'Autriche, le Czar et le roi de Prusse s'étaient donné rendez-vous à Dijon pour y passer leurs soldats en revue et prendre en commun divers arrangements ou plutôt diverses précautions avant de quitter la France. Dès le mois d'août les troupes refluaient (1) de toutes parts en Bourgogne, et se concentraient dans les divers camps qu'on avait improvisés dans les environs immédiats de la ville. C'était pour la mairie un gros surcroît d'embarras et de dépenses. Au 3 août Durande écrivait déjà au préfet pour lui demander du vin et de la

---

(1) Voir lettre du 18 août 1815 (Registre 1815, p. 247) : Le maire « prévient les habitans qu'il arrive demain samedi un grand nombre d'officiers, qu'il n'y a dans ce moment aucun logement vacant, et que la commission des logemens, à son grand regret, se trouve forcée de placer un surcroît d'officiers dans les maisons déjà occupées, même dans celles qui n'en logent pas ordinairement. En conséquence les habitans sont invités à faire les dispositions nécessaires pour recevoir convenablement les officiers qui leur seront adressés ». — *Mémorial* de Bénigne T*** (27 août). « L'idée de la formation d'un camp de plaisance de 120.000 h., aux environs de la ville, effraie les habitants. » — (31 août) : « On fait tous les préparatifs pour le camp. La désolation est dans toutes ces campagnes. » — (26 sept.) : « Les campagnes sont encombrées, et ont peur de manquer de vivres. Les paysans sont tous disposés à abandonner leurs foyers. » — (30 sept.) : « notre département est aux abois. Il y a plus de 150.000 h. de troupes autrichiennes qui s'y trouvent. Les campagnes de Dijon sont presque entièrement perdues. »

bière, car on lui avait annoncé pour le lendemain 6.000 hommes, dont 4.000 cavaliers. «Il est urgent, ajoutait-il, de s'occuper de cet objet, la tranquillité publique ne peut être maintenue qu'en assurant la subsistance des troupes alliées. »

Deux jours plus tard (5 août), nouvelle lettre sur le même objet. Le maire s'étonne qu'on lui impose le soin de nourrir les troupes, car ce n'est pas une fonction municipale : « Le logement est le seul objet dont les maires soient chargés, et de suite je vais m'en occuper de concert avec M. le quartier maître des troupes autrichiennes. Cependant, si les troupes ne restent que quelques jours dans cette ville, je prendrai toutes les mesures nécessaires pour que les habitants soient chargés de leur nourriture. » Malgré ses protestations anticipées, le maire eut à se débattre contre les exigences non seulement du quartier général, mais aussi de la préfecture, et, bien souvent, il fut obligé de céder aux circonstances et de consentir à de véritables sacrifices, pour éviter quelque aggravation (1) plus pénible encore des charges munici-

(1) Voir lettres du 7 août (p. 236), à propos de fer réquisitionné par les commandants autrichiens. — Du 8 : « Hier sont arrivés beaucoup d'artilleurs, qui ont consommé les bœufs livrés au sieur Vallot. On en attend encore 3.000 pour aujourd'hui. Que faire ? » — Du 8. Les passages de troupes, surtout à cheval, augmentent. Comment nourrir ces chevaux : « Vous sentirez comme moi que le maintien de l'ordre réclame impérieusement l'approvisionnement de la troupe. » — Du 8, demande de douze pièces de vin ; — du 13 (p. 242) : « Il est de toute impossibilité que les habitants nourrissent un plus grand nombre de militaires. D'ailleurs leurs ressources s'épuisent journellement, et chaque jour diminue le nombre des habitants que leurs facultés mettaient à même de loger et de nourrir la troupe. » — Du 14. Annonce de l'arrivée de 3.100 hommes. Il faut pour eux trente ou quarante pièces de vin et vingt-cinq bœufs : « Les habitants sont déjà tellement écrasés de logements, et leurs moyens sont tellement épuisés, surtout dans un moment

pales. Tout finit cependant par s'arranger, et Durande eut le loisir de s'occuper sérieusement de la prochaine réception des souverains alliés.

La visite des souverains à Dijon était officiellement annoncée depuis la fin du mois d'août. A la date du 29 août le préfet écrivait déjà au maire pour lui demander s'il avait fait le travail de répartition pour le logement des hôtes illustres qu'on attendait, et il ajoutait : « si les officiers qui s'occuperont définitivement de ce soin veulent se prêter à mes vues, je désire que l'Empereur de Russie soit logé à la Préfecture. » Le 15 septembre il renouvelait au maire l'expression de son désir : « J'ignore les dispositions qui ont été faites pour assigner des logements dans la ville aux souverains, aux princes et aux généraux. Je vous réitère l'invitation que je vous ai faite verbalement de ne rien arrêter à cet égard sans m'avoir soumis votre travail. » Il se peut que le maire ait en effet été consulté sur la convenance des locaux à disposer, mais ce sont les généraux et fonctionnaires autrichiens

---

où l'industrie est totalement paralysée, que, depuis plus de douze jours, je suis obligé de fournir chaque jour environ 3.000 rations tant en vin que viande et pain. » — Du 24 (p. 257). Annonce de l'arrivée de 1500 hommes et 630 chevaux, et demande de trente pièces de vin. — Du 13 sept. (p. 279). Demande de vingt-cinq pièces de vin. — Du 20 sept. (p. 285). Demande de trente pièces de vin. — Lettre du 3 sept. (p. 265), au baron de Baden, gouverneur général : « J'ai l'honneur de prévenir Votre Excellence que l'affluence de MM. les officiers logés dans la ville de Dijon est si considérable qu'elle nous ôte tout pouvoir de loger ceux qui désormais arriveront dans cette ville, à moins que les habitans ne quittent leurs maisons et ne se retirent à la campagne. Ne croyez pas que j'exagère notre position pour diminuer le nombre de nos logemens ; je vous prie même de ne point vous occuper des moyens de les restreindre sans avoir acquis la certitude par MM. les officiers autrichiens que toutes les maisons sont occupées, même les auberges, et qu'il est impossible de recevoir un plus grand nombre de personnes. »

qui prirent à cet égard toutes les décisions. Voici la lettre que, le 19 septembre 1815, le baron de Kœhr, commissaire du gouvernement autrichien, écrivait au maire : « Le palais de la préfetur (sic) est destiné pour S. M. l'Empereur d'Autriche, et si S. M. préfert de loger chez monsieur Dampierre, la préfetur sera occupée par leurs altesses impériales les archiducs Jean et Louis, et en tout cas une partie de la suite de S. M. et les cuisines y seront placées. Comme la préfetur est dépourvue de presque tous les meubles, je vous invite de faire les arrangements nécessaires pour que la préfetur soit fournie de tous les meubles nécessaires. » Deux jours plus tard tout était définitivement réglé. C'était bien à la Préfecture et non à l'hôtel Dampierre que devait loger l'Empereur, et le même baron de Kœhr en prévenait le maire par la lettre suivante : « J'ai l'honneur de vous prévenir que par suite des dispositions arrêté pour le logement de S. M. l'Empereur d'Autriche, l'hotel de la préfetur est désigné pour son palais. En conséquence je vous invite de faire toutes les disposition nécessaire pour qui soit remédié à l'insufisance des meubles du gouvernement qui garnissent l'hotel de la préfetur. Le sieur Paris tapissier vous communique la liste du linge, de porcelaine et de verreries nécessaires. Les meubles et effets qui avoit été placés chez M. de Dampierre, où l'on auroit voulu loger sa Majesté seront transporté à la préfetur. S. M. l'Empereur d'Autriche ayant déjà eu occasion de connaitre votre zèle et votre activité dans son premier séjour à Dijon, je ne doute pas que vous ne lui en donnés une nouvelle preuve dans cette circonstance. »

Le plus difficile devait être de loger les chevaux de l'Empereur et de sa suite. On en comptait près de deux cents, et, comme c'étaient des bêtes de prix, il fallait leur trouver un abri. Or il n'y avait plus un seul local disponible. On avait bien songé à les faire bivouaquer dans les allées de la Retraite, mais le temps et l'argent manquaient pour construire des baraques (1). « Je ne vois qu'une dernière ressource, écrivait le préfet au maire (23 septembre), laquelle est extrême : c'est de prendre les églises, seuls locaux qui pourraient contenir le nombre de chevaux dont il s'agit, mais je ne pense pas qu'il puisse être dans les intentions de S. M. I. ni d'aucun de MM. les généraux de ses armées de les faire servir à cet usage. » J'imagine pourtant que les scrupules religieux n'auraient pas longtemps arrêté les Autrichiens. Par bonheur on découvrit à temps le moyen de parer à la difficulté : faire évacuer le marché de la Poissonnerie, y installer des boxes provisoires et y (2) recevoir les chevaux. Ainsi fut fait.

Le maire eut encore à s'occuper de mettre une voiture à la disposition des souverains. Informé par le grand écuyer Trautmansdorf qu'ils avaient laissé leurs équipages à Paris, et qu'ils avaient l'intention de visiter les environs de Dijon, spécialement les baraquements militaires de la banlieue, Durande fut obligé de se mettre en quête pour leur procurer une voiture convenable. Il crut ne pouvoir mieux faire qu'en s'adressant à ceux de ses concitoyens qui passaient pour avoir des équipages, et encore eut-il soin de leur rappeler que « ce n'est point

(1) D'après une lettre du maire au colonel Forth, on demandait 30.000 fr., rien que pour construire des baraques (10 sept).

(2) Les chevaux autrichiens étaient encore installés à la Poissonnerie le 14 novembre. A l'approche de la mauvaise saison, les marchands demandèrent l'évacuation afin de se trouver à l'abri. Lettre du préfet au maire.

une réquisition, mais bien une invitation que je vous adresse, aussi vous m'obligerez de vouloir bien me faire une prompte réponse ». La plupart des Dijonnais auxquels s'était ainsi adressé le maire, soit rancune, soit défaut de sympathie, répondirent par des refus déguisés. C'est ainsi que de Vesvrote fait savoir que son cocher et ses chevaux sont partis le matin même pour obéir à une réquisition, et que le cocher a emporté la clef de la remise où était la calèche. De la Goutte répond « que toutes ses voitures sont lourdes, antiques et en mauvais état, en sorte qu'elles ne peuvent convenir sous aucun rapport pour conduire au camp leurs Majestés ». Muteau « a vendu la veille sa calèche au docteur Schwent ». Dubard a vendu ses voitures l'an passé au général Vignolle, qui les a revendues au général Thiébault. De Lavesvre a amené sa calèche à Paris. Guenichot de Nogent ne veut rien prêter. Le marquis d'Agrain n'a qu'un char à bancs, mais il met ses chevaux à la disposition de l'Empereur d'Autriche. De Marcennay de Rotalier n'a qu'une calèche, mais, quoique bonne, elle n'est pas belle. Seul le commissaire des guerres, Gillet, offre une berline de voyage à quatre places, très propre, et c'est de cette berline que se servirent en effet les souverains.

Que l'on ne trouve pas étrange de voir un maire de Dijon s'abaisser ainsi au rôle de fourrier, et s'occuper des équipages des souverains dont il attend la visite! N'était-il pas obligé de descendre à de plus infimes détails! C'est lui, par exemple, qui, sur la demande expresse du prince héréditaire d'Autriche, ordonnera de répandre du sable sur le passage qui conduit de la cour du Palais des États à la rue Condé (11 août 1815); lui encore qui, le 14 août, et toujours pour obéir aux ordres de Son Altesse Impériale, fera apporter douze nouveaux tombereaux de sable dans la cour du logis du Roi ; lui toujours qui, le 4 octobre. et cette fois « à peine d'exécution militaire, demain, dès l'aube du jour », veillera à ce que vingt tombereaux de sable soient répandus dans la cour de la Préfecture. C'est encore Durande qui s'occupera de la provision de linge dont a besoin son hôte impérial. N'a-t-il pas reçu cette épître presque comminatoire du commissaire autrichien, baron de Kœhr (2 octobre) : « J'ai l'honneur de vous prévenir que la quantité de linge affectée pour le service de S. M. l'Empereur d'Autriche n'est pas suffisante, et qu'il est absolument nécessaire d'y joindre trente douzaines de serviettes avec leurs nappes assorties (dont douze douzaines de la plus belle qualité), douze douzaines de torchons, six douzaines de tabliers et dix paires de draps. Veuillez requérir les habitants de Dijon de fournir ce que je vous demande le plus promptement possible. Sa Majesté étant attendue d'un moment à l'autre. » Le préfet était, en même temps que le maire, saisi de cette demande, et il s'empressait de la lui transmettre en priant d'exempter de la réquisition quelques-uns de ses amis, MM. Boissard, Grasset et Lefèvre de Planques.

Tout était donc préparé pour recevoir les souverains (1). On avait même pris la précaution d'installer aux portes de la ville et chez les principaux généraux

---

(1) Archives municipales, Registre 1815, p. 292. Le maire, pour assurer la sécurité, avait aussi songé à organiser des patrouilles de garde nationale, mais il y avait des inconvénients à cette mesure, car on redoutait un conflit avec les Autrichiens ; aussi, de concert avec le préfet, se borna-t-il à demander « au commandant de place qu'il soit fait par les troupes autrichiennes des patrouilles soigneuses et fréquentes. » 30 septembre 1815, Registre 1815, p. 294.

un certain nombre de guides et d'estafettes pour assurer les communications entre le quartier général et les troupes campées dans la banlieue. On n'attendait plus que les hôtes illustres, dont la présence n'était désirée que parce qu'elle hâterait sans doute l'évacuation du territoire. Ce fut seulement le 3 octobre que le préfet reçut l'avis officiel de leur arrivée. Il s'empressa d'en avertir le maire, en lui faisant remarquer que « l'intention du Roi est que les différents corps présentent leurs hommages à Sa Majesté. Veuillez en conséquence en instruire MM. les adjoints, membres du conseil municipal et commissaires de police. » Durande rédigea aussitôt une proclamation pour inviter les Dijonnais à manifester en leur honneur : il leur recommandait spécialement de bien accueillir le Czar : « Sa Majesté l'Empereur de Russie arrivant entre sept et huit heures du soir, le maire de la ville de Dijon invite les habitants des rues Saint-Nicolas, Pilori, Ramaille, des Prisons et Jeannin à illuminer la façade de leurs maisons, ainsi que ceux qui habitent les rues du Faucon, du Secret, du Change, Notre-Dame, place Charbonnerie, de la Préfecture et Porte-Fermerot » (4 octobre).

Le lendemain fut le grand jour de la réception. De grand matin les autorités furent sur pied, et, plusieurs heures de suite, se succédèrent les harangues et les congratulations. Le généralissime autrichien, Schwarzemberg, arriva le premier. Durande alla à sa rencontre : « Le maire de la ville de Dijon, lui dit-il, se félicite de pouvoir présenter à Votre Altesse ses hommages respectueux. Notre ville aime à contempler en vous, monseigneur, le héros de l'Allemagne, et surtout l'ami de la paix, conséquemment du bonheur des nations. Sans doute les lauriers dont est ceint votre front suffiraient à la gloire de votre altesse, mais l'histoire y ajoutera vos lumières et vos connaissances, vos talents distingués et vos vertus éminentes. » Adressés au général qui nous avait vaincus, ces compliments paraissent singuliers dans la bouche de Durande, mais les circonstances expliquent et excusent cet abaissement des caractères et cet affadissement de pensées. Aussi bien la harangue qu'adressa à l'empereur d'Autriche, quelques heures plus tard, l'infortuné magistrat condamné par les devoirs de sa charge à présenter tant de compliments, est autrement plate. Qu'on en juge plutôt: « Le maire de la ville de Dijon se glorifie de pouvoir présenter à Votre Majesté Impériale ses hommages respectueux ; elle vient de nouveau vous réitérer les sentiments de respect, de reconnaissance et d'admiration dont elle est pénétrée pour vos vertus éminentes et votre attachement à la cause de Louis XVIII, qui est celle de tous les monarques et de tous les véritables Français. Puissent les jours de Votre Majesté Impériale être aussi heureux que le méritent la sagesse et la bonté de votre gouvernement. C'est l'objet de nos vœux, et nous en trouverons la plus douce récompense dans les sentiments de bienveillance dont nous supplions Votre Majesté d'honorer une ville qui n'oubliera jamais le bonheur qu'elle a eu de posséder dans ses murs un illustre monarque, qui n'est pas moins grand par ses vertus que par son caractère de franchise et de loyauté, et par son affection pour la cause de notre bon roi Louis le Désiré. »

Pendant toute la journée se succédèrent de hauts personnages, les archiducs Louis, Ferdinand et Maximilien, le prince Emile de Hesse, le prince royal de Wurtemberg, le duc de Saxe-Cobourg et plusieurs princes saxons. Les personnages qui attirèrent le plus, à défaut de sympathie, l'attention des Dijonnais, furent le feld maréchal bavarois de Wrède, que ses compatriotes s'obstinaient à nommer le vainqueur de Hanau, et surtout Wellington, qui n'était que trop le véritable vainqueur de Waterloo. Il s'était fait accompagner par deux de ses lieutenants, Hill et Barnet. C'était le plus redoutable de nos ennemis, mais il nous avait toujours combattus en face, et nos pères ne pouvaient s'empêcher de rendre justice à sa ténacité et à sa vaillance. Des officiers d'état major de toutes les nations, en costumes variés, caracolaient autour de ces maîtres de la stratégie contemporaine, et les rues de Dijon présentaient une animation extraordinaire.

Ce fut seulement sur le soir que le roi de Prusse et le Czar se présentèrent aux portes de la ville. Le roi de Prusse, sombre et taciturne comme à l'ordinaire, se tenait de parti pris au second rang ; le Czar au contraire affectait de se présenter comme le directeur suprême de la confédération, et bien qu'il ait cru devoir pour la circonstance revêtir un uniforme autrichien, c'est à lui et à lui seul que s'adressa le maire Durande en lui faisant les compliments d'usage : « Le maire de la ville de Dijon se félicite de pouvoir présenter à Votre Majesté ses hommages respectueux. Elle n'oubliera jamais votre attachement à la cause de Louis XVIII, et votre dévouement à cette cause sacrée qui est celle de tous les monarques et de tous les véritables Français. Sire, que ne devons-nous pas à vos rares et brillantes qualités? Ce sont elles qui rétablissent sur le trône des Bourbons notre bon et excellent roi, ce sont elles qui donnent une nouvelle énergie à ces sentiments de respect et d'admiration dont nous sommes pénétrés pour Votre Majesté, et surtout pour cette grandeur d'âme, ce caractère de franchise et de loyauté qui distinguent si éminemment l'illustre descendant de Pierre le Grand et de l'auguste Catherine. Puissiez-vous, Sire, être convaincu que nous regardons nos sentiments pour Votre Majesté comme l'un de nos plus beaux titres de gloire, et que votre nom sera transmis à nos arrière-neveux comme un objet sacré de reconnaissance et d'admiration. »

Le lendemain 5 octobre était le jour de la grande revue, pour laquelle on avait fait tant de préparatifs. 130.000 soldats étaient campés dans la plaine qui s'étend de Saint-Apollinaire et de Varois à Couternon, Arc-sur-Tille, Arceau, Arcelot et Beire. On avait autant que possible nivelé le terrain, et plusieurs centaines de paysans avaient été réquisitionnés pour réparer les routes. Les soldats avaient bonne apparence. Ils étaient, depuis plusieurs semaines, bien nourris et reposés. On les avait habillés à neuf, et même le maire de Dijon avait dû s'ingénier à rassembler des tailleurs (1) en assez grand nombre, pour réparer ou refaire leurs uniformes. A peine les souverains furent-ils signalés, que les manœuvres commencèrent. Elles durèrent de huit heures à deux heures. Près de vingt mille coups de canons furent tirés. On n'eut aucun accident à déplorer. Après un repos d'une heure pour le déjeuner, le défilé eut lieu, bien réglé, et bien exécuté. « Quantité d'habitants de Dijon et d'étrangers venus des départements voisins (2), écrit un témoin ocu-

---

(1) Lettres du 31 août et du 1er septembre 1815. « J'ai l'honneur de vous inviter de me faire savoir sur-le-champ le nombre des tailleurs qui se trouvent à Dijon pour leur faire délivrer de l'ouvrage pour le service des troupes autrichiennes. En vous prévenant que, vu l'urgence, vous m'obligerez infiniment, en me faisant passer la réponse incessamment. »

(2) Lettre du maire de Besançon, baron Daclin, au maire de Dijon

laire, le conseiller Henrys Marcilly, furent témoins de ce spectacle imposant, mais des réflexions douloureuses empoisonnaient le plaisir que l'on aurait pu avoir. On ne pouvait oublier que la France, déjà foulée par l'occupation de son territoire par toutes les armées alliées, allait être écrasée sous le poids des contributions excessives qu'exigeaient ces souverains. »

Le maire Durande se fit comme l'interprète de ces appréhensions, lorsque, deux jours après la revue, il adressa cette supplique (1) à l'empereur d'Autriche : « Organe des habitants de la ville de Dijon, qu'il nous soit permis d'exposer à Votre Majesté combien ils ont souffert de l'invasion. Les personnes aisées sont presque ruinées, l'industrie par suite de cet état de choses sera entièrement paralysée. Que deviendront nos artisans pendant la saison d'hiver ? Cet avenir déchirant pour toute âme sensible touchera sans doute Votre Majesté. Nous savons que jamais on n'a imploré en vain votre auguste bonté. Nous savons qu'il suffit de mettre sous vos yeux la misère des peuples, pour trouver, dans votre insigne bienveillance, des moyens de la soulager. » Il lui demandait en conséquence une subvention pour les pauvres de la ville, et terminait ainsi : « Nous osons réclamer, sur les magasins immenses à la formation desquels nous avons con-

---

(24 sept. 1815) : « Le conseil municipal de la ville de Besançon envoye une députation de trois membres à Dijon pour présenter les hommages respectueux de cette ville aux souverains qui doivent s'y réunir, et demander en particulier à S. M. l'Empereur d'Autriche la levée du blocus de notre ville. Je viens vous prier de vouloir bien leur être utile dans leur projet, s'ils ont à réclamer vos bons offices, offrant à la ville de Dijon et à vous en particulier toute réciprocité en pareille occasion. »

(1) Archives municipales, Registre 1815, p. 303.

couru, qu'il soit mis à la disposition de la mairie, pour le soulagement des indigents, soit de la ville, soit des trois cantons de Dijon, la quantité de dix mille quintaux de farine, et tout le bois dont les troupes de Votre Majesté n'auront pas fait usage. » Cette lettre transmise par l'intermédiaire du premier chambellan, comte d'Oruna, fut remise à l'Empereur, qui s'empressa d'accorder, mais sur sa cassette particulière, un large secours pour les pauvres : ce n'était là qu'un adoucissement momentané, car l'occupation durait toujours, et les exigences (1) des alliés ne diminuaient pas. Il n'y avait à cette déplorable situation qu'un seul remède, l'évacuation du territoire, et rien ne l'annonçait.

Le 10 octobre Durande était encore obligé de s'adresser au général Frimont, commandant le corps d'occupation (2), pour le supplier d'alléger les charges qui pe-

(1) Nous ne donnerons de ces exigences qu'une preuve entre mille. On a conservé l'état des frais de table de Son Excellence le comte de Radetsky, major général des armées autrichiennes. La note de Laurent, restaurateur, place Saint-Jean, qu'il honorait de sa confiance, est de 4317 fr., du 24 septembre au 24 octobre 1815. Ainsi le déjeuner du 27 coûte 42 fr. 90. Voici le menu : Laitage et fruits, 6 fr. 60 ; chocolat, 3 fr. 50 ; bonbons pour dessert, 6 fr. 90 ; poires confites, 3 fr. 50 ; épine vinette et confitures, 4 fr. Eau de la côte, 4 fr. 50 ; gauffres, 3 fr. ; fraises, 3 fr. 60 ; pêches, 2 fr. 50 ; cerises à l'eau-de-vie, 3 fr. ; biscuits 1 fr. 80. Le même jour et pour son dîner, nous aimons à croire qu'il avait invité son état major, on consommait l'effroyable quantité de 84 livres de viande, 12 de lard, 12 de sel, 12 de farine, 10 de sucre, 4 de riz, 4 de vermicelle, 3 de café, 2 de chocolat, 4 de truffes, 3 de beurre, et en plus six volailles, 3 canards, 3 perdreaux, 2 lièvres, 2 dindes et 8 douzaines 1/2 d'œufs, le tout valant 153 fr. 20 : ab uno disce omnes.

(2) Registre 1815, p. 307. A rapprocher une lettre de Durande au préfet (17 octobre), sur l'encombrement du territoire (Registre 1815, p. 317) : « Je m'empresse de vous prévenir que plusieurs habitans des villages voisins viennent se plaindre à l'hôtel de ville de ce qu'ils ne

saient sur ses concitoyens : « Votre Excellence ignore sans doute tout ce que notre ville a souffert. Je puis vous attester qu'elle est au moment de manquer de ressources, et que ses habitants sont au désespoir. Si Votre Excellence était témoin de leur douleur, et si elle connaissait comme moi leur défaut de moyens pécuniaires, je suis persuadé qu'Elle s'empresserait de venir à leur secours, et de les alléger en plaçant dans les villes voisines un ou deux bataillons. »

Le général Frimont n'était que le strict exécuteur des ordres qu'il recevait : il ne pouvait prendre sur lui de diriger sur d'autres villes les troupes qu'on lui envoyait, ou de diminuer les charges résultant de l'occupation. Aux réclamations incessantes de la municipalité, il répondait, avec politesse mais avec fermeté, qu'il n'y avait rien à faire qu'à obéir et qu'à patienter. « Des occupations de la plus haute importance, répondit-il le 11 octobre, m'empêchent dans ce moment d'entrer dans le détail des réclamations particulières. Vous pouvez assurer les habitants de la ville de Dijon, qu'en peu de jours il me sera permis d'alléger la charge onéreuse qui pèse actuellement sur eux, et que je saisirai avec plaisir chaque occasion de ménager leurs intérêts, autant qu'il sera compatible avec le service de l'armée dont le commandement m'est confié. » Ce n'étaient là que de vaines paroles. L'ennemi était toujours présent (1), et il se comportait

---

peuvent cultiver leurs terres par suite des cabanes et autres objets du camp, qui ne sont pas encore enlevés. Le temps presse pour les semailles. Quelques jours de plus, et il sera impossible d'ensemencer la terre. La récolte de l'année prochaine serait entièrement perdue. »

(1) Nos soldats, dès le 9 novembre 1815, étaient déjà dans la banlieue de Dijon, tout prêts à entrer en ville. Il fallut que le maire écrivît au général Thiébault (Registre 1815, p. 354) pour le prier d'arrêter

en ennemi. Même après la signature de la paix générale (30 novembre 1815), même après le règlement des derniers comptes, les Autrichiens ne semblaient pas disposés à évacuer Dijon.

son mouvement, et, jusqu'à nouvel ordre, de cantonner ses troupes à Couchey, à Marsannay et dans les autres villages de la côte.

VI

Non seulement les charges de l'occupation pesaient sur les Dijonnais, mais elles s'étaient aggravées, car dans tous les départements voisins c'était comme un reflux de généraux, désireux de se rapprocher du grand état major, et de soldats heureux de traverser une cité riche et féconde en distractions, avant de rentrer chez eux. Le maire et les habitants n'étaient que médiocrement satisfaits de cette prolongation de séjour et de ce surcroît de dépenses. A la date du 8 novembre, Durande adressait au préfet un (1) rapport à ce sujet : « J'ai acquis la presque certitude, écrivait-il, que les troupes autrichiennes resteront dans le département encore près de cinq semaines. Je manquerais à mon devoir si je vous dissimulais la vérité. Un plus long silence pourrait consommer la ruine de la ville, compromettre la sécurité publique, et altérer la bonne intelligence qui doit régner entre les Français et les troupes autrichiennes. Si votre département est épuisé et par les nombreuses réquisitions et par le long séjour de plus de 50.000 hommes sur divers points, je vous laisse à penser ce qu'a dû souffrir la ville de Dijon, qui, depuis plus de trois mois, est le séjour d'un quartier général, et qui, tant dans son sein que dans ses environs, a logé et nourri pendant trois semaines une armée forte de

(1) Archives municipales, Registre 1815, p. 349. Cf. *Mémorial* inédit de Bénigne T*** (2 décembre) : « J'ai vu plusieurs maires de campagne, et tous se plaignent de la prolongation du séjour des Autrichiens dans nos pays. Dijon a toujours une garnison aussi forte qu'il y a trois mois. Chaque jour on nous dit qu'ils partent le lendemain, et cependant ils restent toujours. Les ressources s'épuisent. »

120.000 hommes. » Aussi le désespoir des habitants est-il profond. La famine menace. Il est indispensable, pour faire face à toutes les dépenses imprévues, de voter un impôt additionnel de dix à douze centimes, et surtout qu'on ne se préoccupe pas des criailleries qui pourront s'élever. Il faut avant tout sauver et la Côte-d'Or et la ville de Dijon : « C'est une assez belle récompense pour être bien dédommagé de l'improbation et même des sarcasmes de quelques mauvais discoureurs. » Aussi bien, ajoutait-il, même si on s'opposait à ces nouvelles contributions, la nécessité les imposerait. « Nous nous trouvons encore sous la puissance des Autrichiens, et nous exposer à faire face aux dépenses de leurs armées serait nous exposer à des exécutions militaires qui consommeraient la ruine entière de cette ville. Au surplus, si vous n'osez prendre sur vous une telle responsabilité, si vous craignez de vous compromettre, faites-la peser entièrement sur moi. Persuadez au ministre que je me suis entendu avec le général Frimont pour vous y contraindre, et que vous étiez hors d'état de résister à une demande appuyée de canons et de bayonnettes. Je vous y autorise par cette lettre. »

Si Durande prenait avec tant de vivacité la défense de ses concitoyens, ce n'est pas qu'il recherchât une vaine popularité. Il la redoutait au contraire, et il a grand soin de le faire remarquer à son correspondant. « Après avoir défendu les malheureux avec tant de chaleur, qu'on ne donne point de change à mes principes, et qu'on ne taxe point d'idées libérales ce qui n'est en moi que l'effet des sentiments de justice et d'humanité. En deux mots voici ma profession de foi : il faut tout faire pour le peuple et rien par lui. C'est dans ce sens que je prends sa défense, et c'est une vérité dont la démonstration nous est trop chère pour jamais l'oublier. »

Tout en étalant des principes politiques qui nous semblent aujourd'hui bien étranges, et dont le maire de Dijon, sans doute à son insu, exagérait la rudesse antidémocratique, Durande s'occupait sérieusement de modérer pour ses administrés les souffrances et les déboires de l'occupation étrangère. Le lendemain du jour où il avait adressé au préfet de la Côte-d'Or le rapport dont nous venons de donner l'analyse, il écrivait au député Brenet, alors à Paris, et l'engageait à s'unir à lui pour obtenir un allègement aux misères de l'invasion. Combien est-il regrettable, disait-il, que le quartier général autrichien soit établi à Dijon. « Sans parler de deux bataillons du régiment Beniowsky à 2.500 hommes, de deux escadrons de cavalerie de 170 chevaux, de deux compagnies d'artillerie, l'une à cheval et l'autre à pied, et de 300 pionniers, il faut encore loger et nourrir un nombre énorme d'officiers avec leurs ordonnances, de malades, d'ambulanciers, de courriers et de secrétaires. Que ne transfère-t-on au plus vite le quartier général à Colmar ? La misère est générale. Je ne sais plus à quel saint me vouer. Tout le monde nous abandonne. Le préfet vient de partir pour trois semaines. Nous n'avons aucune nouvelle, aucun secours du gouvernement. » Le maire se plaignait de succomber à la tâche. S'il restait à son poste, c'était uniquement par devoir, mais il lui tardait d'être déchargé de la lourde responsabilité qui l'écrasait.

Malgré ses pressantes démarches, les Autrichiens n'opéraient qu'avec une extrême lenteur leur mouvement de retraite. Le 3 décembre le général Frimont recevait encore un courrier de Wellington qui lui recommandait de garder jusqu'à nouvel ordre la position qu'il occupait avec son corps d'armée. Ce ne fut que le 15 décembre que Durande reçut enfin du préfet l'annonce officielle de la prochaine libération. Le départ des Autrichiens avait été fixé au 18 courant et le préfet s'empressait d'en prévenir le maire de Dijon. « Les charges énormes qui ont pesé sur la ville de Dijon m'ont été particulièrement sensibles. C'est avec la plus vive satisfaction que j'en vois arriver le terme, et, en même temps, celui des embarras sans nombre qui en ont résulté pour vous. Je ferai tous mes efforts pour réparer les maux que cette ville a soufferts. Elle aura encore quelques passages à supporter, mais ils seront de courte durée. J'espère qu'ils ne se prolongeront pas au delà du 24. » Le général Frimont de son côté informa Durande du prochain départ de ses troupes et il crut utile et convenable de lui adresser à ce propos une lettre (1) de remerciements pour sa bonne attitude pendant toute la durée de l'occupation. « Je ne puis me séparer de la ville de Dijon sans vous témoigner ma reconnaissance pour le zèle et la coopération active que vous avez su établir en tout ce qui concernait la subministration *(sic)* de différents effets que les circonstances exigeaient, ainsi que pour le bon esprit que votre exemple a inspiré à tous les dignes et bons habitants de Dijon. Si je me flatte d'avoir adouci et allégé (2)

(1) Archives municipales, Registre 1815, p. 398.
(2) Frimont se vantait. On a conservé l'état des réquisitions faites pour l'ameublement de sa maison, avec le nom des différents particuliers qui ont fourni. Or il y en a quarante ! depuis l'école de droit à laquelle on a emprunté 24 chaises en paille jusqu'à la cour royale qui a contribué pour le même objet, et les nommés Ledeuil et Bonet aîné, qui ont prêté cuvettes, pots à eau, vases de nuit, flambeaux et mouchettes. Ce sont surtout des lits et des fournitures de lit qu'on a réquisitionnés

en tout ce qui pouvait dépendre de moi, les charges inévitables de la guerre, j'ose espérer qu'en m'éloignant de votre ville vos bons administrés voudront me conserver encore une portion de leur affection, à laquelle j'attacherai toujours le plus grand prix. »

Nous aimons à croire que Frimont se faisait illusion à lui-même, et qu'il avait pris de simples égards pour des marques d'affection de la part des Dijonnais ; néanmoins, comme il avait fait plus que ne le commandaient les circonstances, Durande se crut obligé de lui répondre (1) par des compliments et des regrets de son prochain départ : « En m'occupant des besoins de votre armée, écrivait-il, j'ai cru servir mon pays et mon roi. J'ai voulu être loyal et reconnaissant envers des guerriers qui prenaient les armes pour renverser l'usurpateur et remettre sur le trône l'héritier légitime. Cette cause était celle de tous les rois, comme de tous les bons Français. Personne n'a plus vivement senti la force de cette vérité que les bons habitants de Dijon, et ce sont eux qui, dans cette circonstance mémorable, m'ont servi de règle et d'exemple. » Durande ajoutait qu'il avait eu parfois beaucoup à souffrir des exigences de certains généraux, mais enfin tout était désormais oublié, et il n'y avait plus qu'à se rappeler les heureuses conséquences (2) de l'entrée des

pour le service du général. Il n'y a pas eu trop de dégâts, sauf pour les cuvettes et autres ustensiles. Voir l'inventaire dressé le 21 décembre 1815 par le tapissier Paris.

(1) Registre 1815, p. 399.

(2) Ces conséquences furent heureuses surtout pour les marchands de vins de la contrée. Nombreuses furent les commandes des officiers autrichiens, et, depuis, la tradition n'a pas été oubliée. Voici, à titre de curiosité, une lettre, conservée dans la collection Fourier, et dont l'auteur n'était autre que Henri XIII de Reuss-Greiz, général au service de l'Autriche. « Le général prince de Reuss achète une feuillette

Autrichiens en Bourgogne. Dans l'effusion de sa reconnaissance officielle, Durande se crut même autorisé à demander (1) au ministre de la guerre des croix de Saint-Louis, pour deux officiers autrichiens, Joseph Suppe et le major Pichel, qui avaient maintenu le bon ordre à Dijon, et bien organisé le service des dislocations. « Ils ont par ce moyen évité des vexations aux habitants, et diminué autant que possible les maux qui sont inséparables d'une invasion nombreuse, surtout en cavalerie. » Il transmit également au baron Lunden (2) l'expression des remerciements de la ville pour son inépuisable complaisance, et demanda pour lui une décoration. « Il m'est bien précieux de pouvoir vous offrir un témoignage des sentiments de reconnaissance et d'attachement dont est pénétrée pour vous la ville de Dijon. Ce témoignage vous le trouverez dans la faveur que la cité réclame pour vous près de son auguste monarque. Je ne pense pas qu'elle puisse solliciter pour vous une récompense plus éclatante et plus flatteuse. »

Ce n'étaient là que des protestations officielles. Combien Durande était-il plus sincère lorsque, le 25 décembre 1815, alors que l'évacuation fut un fait accompli, il laissa

ou 120 bouteilles du vin de Bourgogne de Mme Borton, nommé vin de mar d'or. La bouteille à 3 francs. On prie de vouloir avoir la bonté de le bien embaler avec beaucoup de paille. De même que tout soit prêt demain à midi, parce que les voitures militaires qui chargeront le vin partent demain dans la matinée. Le vin et l'embalage sera payé par MM. les banquiers Rebattu. Madame est priée de vouloir bien dire le prix avec l'embalage, de sorte que la some peut être payée demain matin à 8 heures avant mon départ. Le vin sera transporté chez le général baron Picard qui veut le faire transporter. Dijon, le 9 déc. 1815. »

(1) Registre 1815, p. 297.
(2) Lettre du 25 octobre 1815.

échapper ce cri du cœur dans la proclamation qu'il adressa à ses administrés. « Grâces soient rendues au meilleur des rois ! Les troupes alliées viennent enfin de quitter votre territoire. Aujourd'hui que vous êtes délivrés (1) de toute force étrangère, c'est de vous seul que dépend votre bonheur et votre tranquillité. S'il est encore des habitants que la terrible leçon de l'expérience n'ait pas éclairés, que puis-je leur représenter de plus convaincant que cette longue série de maux dont nous venons d'être accablés, et qui aurait entièrement ruiné notre pays, si les vertus du meilleur des Rois n'eussent fléchi les monarques, et mis un terme à tant de malheurs et de dévastations. Qu'ils sachent donc que les puissances étrangères nous observent, et qu'elles ne peuvent être pleinement rassurées que par la pureté de nos principes et par notre retour à l'ordre et à la tranquillité. Qu'ils sachent enfin que leurs forces occupent nos frontières et qu'aux premiers troubles qui éclateraient il se ferait, dans la France, une dernière invasion... Hélas ! rappelez-vous ce que je vous annonçais le onze mars de cette année, et soyez convaincu que votre maire est trop dévoué à vos intérêts pour vous dissimuler la vérité et abuser de votre confiance. » Durande partait de là pour adresser à tous les Dijonnais des conseils de paix et d'union. Il croit pouvoir compter sur la garde nationale puisqu'elle connait, pour en avoir souffert, tous les maux

---

(1) Archives municipales, Registre 1815, p. 408. Les Dijonnais partagèrent la joie de leur maire. On lit dans le carnet de l'architecte Caumont, à la date du 26 décembre : « Tous les employés de la mairie, MM. Caristie, voyer, Bévy, Ferret, Erulter, Linage, Royer, Carrelet, Garraud, etc., au nombre de douze, nous avons dîné chez Goisset, en réjouissance du départ des Autrichiens. Payé chacun 5 fr. 50. »

qu'entraine la tyrannie militaire. C'est surtout aux jeunes gens et aux soldats qu'il s'adresse : « O vous, dit-il aux premiers, qui êtes l'espoir de la patrie, et qui, sans doute, seriez plus zélés partisans des Bourbons, si vous eussiez vécu sous leurs lois bienveillantes et protectrices, ralliez-vous au panache blanc de vos aïeux. » Quant à vous, et il s'adressait aux soldats, « n'oubliez jamais que chacun de vous doit se considérer comme une citadelle avancée, et que, tous, vous devez compte à l'autorité de tout ce que vous pourriez découvrir contre le roi et contre l'état »; et il terminait par ce sévère avertissement aux agitateurs quels qu'ils fussent: « s'il est encore parmi vous des factieux, qu'ils apprennent qu'une surveillance des plus sévères est exercée, et que nul ne peut échapper à la vengeance des lois, et que la peine sera prononcée, sitôt que le crime sera découvert. »

On s'étonnera sans doute de ce que Durande ait cru devoir profiter du départ des Autrichiens pour adresser à ses administrés non pas seulement des félicitations, mais aussi des conseils et des menaces : mais qu'on se reporte par la pensée à l'époque où fut composée cette proclamation. La Terreur Blanche, ainsi qu'on a nommé cette période agitée de la Restauration, battait alors son plein. Les cours prévôtales fonctionnaient dans les départements. On n'entendait parler que d'arrestations, de destitutions (1), d'emprisonnements. Voici à ce propos

---

(1) La cour d'appel fut presque entièrement renouvelée, ou, pour employer le langage de l'époque, épurée. Le premier président Larcher fut remplacé par Ranfer de Monceau, et le procureur général Balland par le conseiller Riambourg, « le nec plus ultra de la probité et de toutes les vertus chrétiennes », comme parle J.-Bénigne T***, dans son Mémorial inédit (19 août 1815).

quelques passages d'une adresse au roi, imprimée (1) à Dijon chez Frantin, en 1815, et signée « les Habitans de Dijon. » Le ou les rédacteurs de ce pamphlet déplorent l'impunité dont jouissent encore les partisans de Bonaparte. « Les cruels auteurs de tant et de si longues calamités sont encore là ; nous les trouvons dans les rangs de nos magistrats, parmi nos administrateurs, dans nos assemblées électorales, et dans toutes les parties du service public. Rassurés par cette inépuisable bonté qui a imposé silence à votre justice, ils n'ont pas perdu leurs criminelles espérances. » Aussi demande-t-on leur remplacement immédiat. « On ne doit plus voir ces magistrats, ces révolutionnaires déshontés, s'honorer de leur félonie, souiller le sanctuaire de la justice, en y plaçant pompeusement le buste de l'usurpateur, alors que Votre Majesté était encore dans ses états. » Plus de financiers véreux ! Plus de « ces profanateurs qui ont corrompu la jeunesse en enseignant des maximes subversives de tous les principes dans les chaires destinées à former des sujets utiles et fidèles ! » Plus de ces chefs de fédérés « poursuivant dans l'antre du crime votre auguste maison ». Place aux royalistes, et, bien qu'on ne le demande pas expressément, que toutes les fonctions leur soient réservées. Un de ces ultras, comme on commençait à nommer ces fougueux défenseurs du trône, un candidat à la députation, légèrement ridicule à cause de son attitude plus que prudente lors de l'invasion de Dijon par les brigands de la Loire, G. de Sassenay, est plus franc dans l'expression de ses revendications. Dans un factum qu'il a intitulé, on ne sait trop pourquoi, *De la responsabilité des mi-*

(1) Pièce communiquée par M. Fourier.

nistres (1), il n'hésite pas à proclamer que « le gouvernement actuel étant royal, tous les employés doivent être Royalistes ». Cet appel à toutes les convoitises fut entendu et bientôt se ruèrent à la curée des places tous les ambitieux, tous les mécontents, et tous ceux qu'avait déjà frappés la terrible maladie du fonctionnarisme.

Que pouvait faire le maire de Dijon ? S'opposer au déchainement de tous les appétits : mais il aurait été vite débordé. Il préféra se mettre à l'unisson, et, à son tour, menaça (2) des foudres municipales tous ceux qu'il supposait animés de mauvaises intentions contre le gouvernement de son choix. Peut-être (3) aurait-il mieux fait de se préoccuper uniquement de son mandat administratif, et

(1) GASPARD DE SASSENAY, *De la responsabilité des ministres*, broch. in-8, Dijon, Frantin, 1815, p. 2.

(2) Il ne se contentait pas de menacer. Dès le mois de décembre étaient traduits devant la cour d'assises l'huissier Maire, le perruquier Nouvellier, un énergumène qui n'était dangereux qu'en paroles, le comédien Chapuis, un certain Valtier, et un enfant de dix-huit ans, expéditionnaire aux domaines, le jeune Robert. On les accusait d'avoir crié vive l'Empereur, et d'avoir distribué des cocardes tricolores. Trois d'entre eux Maire, Nouvellier et Valtier furent condamnés à sept, six et cinq ans de prison. Chapuis et Robert furent acquittés. Ils avaient été arrêtés comme complices des prétendus brigands de la Loire, qui avaient, en juillet 1815, donné une telle frayeur à Durande et à la garde nationale. Voir plus haut, p. 240.

(3) Nous serions pourtant tentés d'excuser Durande quand on songe à sa pénible situation entre les royalistes exaltés, les anciens bonapartistes et tous les mécontents. Voici, à titre de curiosité, la lettre que lui adressa, le 24 juillet 1815, un certain Joseph Sprunier, qui s'intitule « le plus grand ennemi des fédérés et le premier qui, à Dijon, a arboré la cocarde blanche ». Il est probable que l'infortuné maire dut en recevoir beaucoup de semblables, aussi comprend-on son désarroi. « Je crois devoir vous prévenir que M. le comte de Choiseul a eu connaissance de l'adresse incendiaire rédigée par le sieur Brenot, et dirigée principalement contre ce jeune administrateur. Le ministre de la police, le duc d'Otrante, est instruit également des menées qui se tramant parmi vos barbouilleurs contre la tranquillité publique.... Louis XVIII

de travailler à réparer tout ce que la double invasion autrichienne laissait après elle de souffrances à atténuer, d'humiliations à effacer, et de ruines à réparer.

le Désiré a dit qu'il pardonnoit à tous, à l'exception des chefs de la conspiration. La ville de Dijon croit-elle donc posséder des chefs de conspiration, et, si elle n'en possède point, tous les autres ne sont-ils pas pardonnés ? En écoutant Brenot et consorts, il faudrait fusiller tout le monde, et même vous, M. le Maire, parce que vous êtes roturier. Faites donc lacérer cette infâme adresse, si vous ne voulez pas être dénoncé au ministère, si vous ne voulez pas passer pour le plus lâche des hommes. » Lettre communiquée par M. Fourier.

VII

Une des conséquences de l'occupation étrangère qui fut la plus vivement ressentie fut la spoliation de nos musées. On sait que Napoléon, en vertu de traités réguliers, d'achats ou de transactions en règle, avait réuni au Louvre une incomparable collection d'objets d'art. Paris était devenu, grâce aux richesses de nos musées, la capitale artistique de l'Europe. Sous prétexte de restituer à chacun d'eux ce qui lui avait été enlevé, nos vainqueurs résolurent de nous dépouiller de ces trésors si légitimement acquis (1). Ils avaient pour eux la force brutale : il n'y avait qu'à s'incliner. Voici comment l'architecte Caumont, dans son livre de comptes, signale le passage à Dijon d'un convoi des objets d'art enlevés à Paris : « Le 4 novembre il est passé à Dijon trente-cinq guimbardes chargées de tableaux, bronzes antiques, pris par les puissances alliées au musée de Napoléon. Les cinq premières voitures emmenaient les quatre chevaux de Venise, dits de Corinthe, escortés par mille Autrichiens. » La spoliation s'étendit aux musées de province et Dijon ne fut pas épargné. Voici la lettre lamentable adressée le 12 décembre 1815 par le sous-préfet à Durande : « D'après des ordres très précis qui viennent d'être donnés par M. le Directeur Général de la maison du Roi, je vous prie de

(1) *Mémorial inédit* de J.-Bénigne T*** (8 novembre). « On emmène de France tous les objets d'art que la victoire nous avait procurés. Il y a trois jours on a vu passer à Dijon soixante voitures chargées de tableaux, bronzes, marbres, que l'on emmenait en Italie. Ce spectacle avait quelque chose d'humiliant. »

faire expédier sur Paris ceux des tableaux qui se trouvent au musée de Dijon, dont la remise a dû être faite à MM. les commissaires alliés, conformément à mes précédentes lettres. Ces commissaires n'attendent plus que l'arrivée de ces tableaux pour retourner dans leur pays. Je vous prie de n'apporter aucun délai dans cette expédition, et de me donner l'assurance qu'on s'en occupe. »

Ce n'est pas du jour au lendemain que disparurent à Dijon les tristes souvenirs de l'occupation (1) étrangère. Nous ne parlons pas seulement des Autrichiens qui, forcément, prolongèrent leur séjour, employés de chancellerie, ambulanciers, malades ou blessés (2) ; nous ne faisons pas non plus allusion aux traces matérielles du séjour des ennemis qui subsistaient encore en 1816 (3) ; nous n'avons en vue que ce qu'on pourrait appeler la liquidation de 1814 et de 1815. Elle se prolongea pendant plusieurs années et ne fut pas toujours facile à surveiller, car les réclamations étaient nombreuses, et plusieurs

---

(1) Curieuse lettre, communiquée par M. Fourier, de l'adjoint Joly de Bévy à l'architecte Caristie (23 décembre 1815). « Le maire invite et autorise M. Caristy (sic) voyer de la ville à faire transporter au magasin de l'hôtel de ville, aussitôt après le départ du poste autrichien établi au palais des États la guérite jaune et noire qui se trouve près du dit palais, et, quand cette guérite sera dans le magasin de l'hôtel de ville, M. Caristy la fera peindre en gris. En vue de coopérer au transport de la dite guérite, M. le marquis d'Agrain, colonel de la garde urbaine, veut bien prêter son chariot et ses chevaux, dont M. Caristy pourra disposer pour ce transport demain matin. »

(2) Voir lettre du général Ricard au maire (4 janvier 1816) pour assurer les réquisitions nécessaires au transport des militaires convalescents des armées alliées.

(3) Lettre de Perroud, chef de bataillon, commandant le château et la place de Dijon, à Durande (5 juin 1816) : « Je vous prie de vouloir bien donner des ordres pour que la barrière autrichienne placée au logis du roi soit enlevée de suite. »

d'entre elles étaient si peu sérieuses que ceux même qui les présentaient n'étaient point certains de leur légitimité. C'est ainsi que le coutelier Currat, un des principaux agents du parti royaliste, envoyait au maire la note de ses déboursés, mais en offrant d'y renoncer (27 novembre 1815) : « J'ai l'honneur de vous envoyé (sic) ci-joint l'état des fournitures que j'ai livré pour le service des troupes alliées pendant les années 1814 et 1815, lequel état monte à la somme de 162 fr. 80 ; ladite somme je l'abandonne, et vous prie, Monsieur le Maire, vouloir bien être mon organe et la faire accepter par le gouvernement. Je désirerais pouvoir contribuer davantage, mais vous savez la persécution que j'ai éprouvé et je m'honore même d'avoir été victime surtout pour une cause aussi juste et aussi sacrée ; enfin je suis été enfermé par la calomnie, on a cassé chez moi, et de vils scélérats ont violé nuitamment mon domicile ; eh bien toutes ces vexations n'ont fait que me faire attacher d'avantage à mon Roi ; aussi que mon offre soit reçue, cela est mon seul désire, et le seul bonheur que j'envie est d'être utile à ma patrie, à mon Roi. Vive le Roi ! »

On pourrait croire à la rigueur que c'est par zèle royaliste que Currat renonçait ainsi à sa créance : mais que dire de Mme de Marcenay de Rotalier, qui, tout en adressant au maire une réclamation de 106 francs, lui proposait de n'en payer que la moitié ? On avait envoyé loger chez elle un colonel et sa suite : « Les gens de ce colonelle (sic) que j'avais accepté de logé ne trouvèrent pas le logement assez beau. Il retournèrent à la municipalité et celui qui fait les billets l'envoya, ma ton dit, chez M. Godriot obergiste en mon nom et à mes frais, puisque je n'ut point refusé de logé tout ce monde et très convenablement. » D'autres réclamations étaient plus sérieuses : on ne peut les énumérer toutes. En voici quelques-unes prises au hasard : celle du secrétaire de la mairie qui réclamait pour frais de bureau extraordinaires 464 francs 13 centimes ; celle de Vallot, fournisseur de viande pour les casernes et les indigents, pendant le séjour des Autrichiens, qui, au 25 juin 1814, et au prix de 0 fr. 65 le kilo, avait avancé 12.265 fr. 66, et du 19 juillet 1815 au 22 janvier 1816, 35.058 fr. 10, dont il demandait le paiement (1) ; celle des 34 aubergistes (2) qui avaient nourri des officiers autrichiens pour le compte de la ville en 1815 et auxquels on devait 12.707 fr. 60 ; celle du pâtissier Didier Solest, qui réclamait un solde de 343 fr. qui lui étaient dus par la ville pour le même objet (5 août 1817) ; celle de l'épicier Symphorien Teinturier (29 mai 1816) ; celle de l'imprimeur Bernard Defay, qui, du 25 juillet au 22 décembre 1815, présentait un compte de 1162 fr. 60 ; celle (3) de l'imprimeur Frantin, dont la note se montait, le 15 avril 1816, à la somme de 170 fr. ; celle du boulanger aubergiste François Barberet qui

---

(1) Lettres du 10 août 1815 et du 1er décembre 1816.

(2) Parmi les signataires de la pétition (janvier 1817), on remarque les noms de Gaudriot, Joanne, Goisset, Burgiard, Ragonneau, Sirdey, Ledeuil, Gagnard, Lévêque, Sonnois, etc.

(3) Voici, à titre de curiosité, la note présentée par l'imprimerie Frantin : 1000 bons fourrages, 18 fr. 50 ; 1000 bons rations, 18 fr. 50 ; 300 service des troupes alliées, 6 fr. 50 ; 1000 réquisitions voiture, 13 fr. ; 1000 adresses intendant des vivres, 2000 bons logements et 1000 billets voitures, 12 fr. ; 2000 bons ration, 14 fr. ; 3000 bons fourrage, 35 fr. ; 1000 service des troupes alliées, 11 fr. ; 800 bons de logement, 4 fr. 50 ; 60 affiches Colloredo aux officiers français, 4 fr. 50 ; 2000 réquisitions voiture, 19 fr. 50 ; 100 avis du commandant de place autrichien aux aubergistes, 5 fr. ; 400 circulaires de la commission relative à la garantie de paiement des réquisitions livrées par les marchands de Dijon, 8 fr., total : 170 fr.

avait logé beaucoup de monde en 1814 et 1815, et que l'on poursuivait pour non paiement de ses impositions, aussi demandait-il un acompte, et le préfet, qui s'intéressait à lui, le recommandait à la mairie (29 août 1816); celle de la veuve Loriot (1), dont le mari avait fourni beaucoup de vin aux Autrichiens, dont il n'avait pas été payé, et qui était poursuivie avec une grande rigueur par ses créanciers, etc., etc.

Plus on s'avançait et plus les affaires s'embrouillaient. Au 13 novembre 1815 le receveur municipal avait essayé de dresser un compte provisoire des dépenses effectuées par les alliés en 1814 et en 1815, et voici comment il l'établissait :

	1814	1815
Guides, hommes de peine, plantons.	6641	4532,80
Traitement du commandant autrichien.	»	1990
Marchandises diverses	6241,57	5576,75
Frais de table des princes autrichiens	2758,60	6150
» des officiers »	1692	580
Interprètes	425	70
Viande de boucherie.	5967,70	13800
Divers ouvriers	3109,05	942,85
Frais d'étape	1717,45	4107
Cartes, gravures et impressions	759,20	200
Indemnité aux artistes lyriques	150	»
Total	26461,57	37948,60

Ce compte n'était qu'un compte provisoire. Bien d'autres dépenses avaient été effectuées, dont on ne connaissait pas encore l'importance, ni même peut-être l'exis-

(1) Lettre du préfet (de Tocqueville) à Durande pour lui recommander la pétition Loriot.

tence. Nous avons retrouvé dans les archives municipales de Dijon un projet non daté, mais qui paraît remonter à l'année 1816 ; c'est une proposition de cotisation extraordinaire pour régler les dettes de 1814 et de 1815, s'élevant à un total de 147.224 fr. 47 dont 39.316 fr. restant à payer sur l'exercice 1814, 104.612 fr. 31 sur l'exercice 1815, et 3236 fr. 09 pour ouvrages exécutés pendant la seconde invasion. L'auteur de ce projet était d'avis de faire voter des centimes additionnels. Le total de la cote générale pour Dijon, disait-il, est de 360.245 fr. 56, ou, en chiffres ronds, de 3600 fr. par centime. 42 centimes par an produiraient 147.200 fr. et avec les frais de perception 158.000 fr. Que l'on répartisse ces centimes additionnels sur 3 années, 15 centimes l'année, qui produiront 52.666 fr. 13 par année, et, de la sorte, en trois années et sans une surcharge considérable, on aura éteint cette dette criarde. On pourrait, ajoutait l'auteur anonyme de la proposition, diviser les créances en quatre classes : 1° créances des ouvriers, 2° des employés, 3° des professeurs et des conservateurs, 4° du gouvernement. On les paierait dans l'ordre ci-dessus indiqué, avec l'espoir que les créances du gouvernement seraient ajournées ou annulées.

Certes ce projet était réalisable, mais il ne paraît pas avoir été goûté. On s'en tint aux vieilles méthodes, aux procédés habituels, et ce n'est que lentement, très lentement, que l'on réussit à éteindre les dettes de la double invasion. Le règlement des dettes de 1814 ne fut arrêté qu'en 1817, car à la date du 1er octobre 1817 le premier adjoint Lucan écrivait à un certain Vincart, protégé de l'ingénieur Barral : « Les réquisitions de 1815 étant les seules dont on s'occupe présentement, le sieur Vincart, ancien aubergiste du Raisin, se présentera lorsque celles de 1814, dont la sienne fait partie, se règleront. » Ce fut seulement le 18 novembre 1817 que le conseil municipal demanda au ministre de l'intérieur l'autorisation de solder 16.177 fr. 75 restant à payer. Encore les créanciers de la ville ne furent-ils indemnisés qu'après des formalités infinies. En août 1818 le receveur municipal, Duesne, n'était-il pas obligé d'écrire au maire : « Il est absolument nécessaire que vous ayez la bonté d'autoriser le paiement du reste des réquisitions de 1814. Déjà plus de 12.000 fr. sont sortis de la caisse municipale pour cet objet, et cependant je ne puis les inscrire sur mon livre, tant que le reste ne sera pas payé. » Il est vrai que certains créanciers rencontraient dans le règlement de leur compte des difficultés qui ne peuvent s'expliquer que par l'intensité de rancunes locales, qui trouvaient enfin l'occasion d'être satisfaites. C'est ainsi qu'un certain Laureau-Burgiard ne put obtenir le paiement de 1385 fers à cheval, qu'il avait fournis à la cavalerie alliée en 1814. On lui refusait tout paiement sous prétexte qu'il n'avait pas eu la précaution de se faire comprendre parmi les créanciers de la ville en 1814. Il s'adressa au préfet et au maire pour obtenir justice. Sa réclamation était légitime et le préfet, afin de terminer cette affaire, pria le maire de comprendre la note Laureau-Burgiard dans le budget de 1821 (Lettre du 20 août 1821). En effet un mandat de 207 fr. 75 fut ordonnancé à ce nom et enregistré à la mairie le 5 septembre 1821.

Le règlement des créances de 1815 fut tout aussi pénible (1). Il est vrai qu'il en était d'imaginaires, celle par

---

(1) Rappelons que le 23 janvier 1817, le préfet Tocqueville annonçait que le roi, sur sa liste civile, allouait à la ville de Dijon pour in-

exemple qu'on réclamait de Paris, le 27 mars 1827, à un certain Goutey. Voici la pièce relative à cette affaire, une lettre adressée au maire : « Je vous prie de vouloir bien m'obliger de la démarche que je prends la liberté de vous demander, de me dire si vous connaissez un nommé Goutey, natif de votre ville, marchand de bois et aubergiste, condamné par le conseil de guerre des alliés alors dans votre ville. Le jugement était rendu contre le sieur Goutey, lequel devait être exécuté sur la place de Dijon, c'est-à-dire coupé en morceaux sur un billot. Le hasard a voulu qu'il se soit échappé de la fureur de ses monstres. Or il doit 193 fr. et avec les intérêts 240 fr... signature illisible. » Le commissaire chargé de l'instruction de cette affaire n'en avait aucune connaissance, et personne à Dijon ne se souvenait de Goutey. D'ailleurs, comme il le faisait remarquer dans son rapport, « les Autrichiens et leurs alliés remettaient entre les mains de la justice française tout individu soupçonné de crime ou délit contre eux. » Il est probable que le créancier avait donné de fausses indications, ou, tout simplement, qu'il avait cherché à exploiter l'administration municipale.

La réclamation Carrelet était mieux fondée. Ce Carrelet avait été employé du 20 juillet au 30 décembre 1815 comme chef de bureau des subsistances pendant le séjour des alliés. Employé fidèle et consciencieux, il avait rendu de vrais services, et le préfet Choiseul lui avait adressé des compliments et promis une place, mais il attendit vainement cette place et on ne lui donna même pas la rémunération légitime de son travail. En avril 1816,

demniser les maux de la guerre, la somme de 3103 fr. 60. Une commission composée de Durande, Saint-Seine et Saunac était chargée de répartir cette somme.

il adressait un premier mémoire à la mairie. On le renvoya à la commission de liquidation installée à la préfecture. En mai 1816 il adressait un second mémoire et le faisait parvenir à un des membres de cette commission, de Loisy, qui lui répondit, ce qui était vrai, qu'il ne faisait plus partie de la commission. Il rédigea aussitôt un troisième mémoire qu'il adressa à un autre membre de la commission, de Berbis, lequel le renvoya au département. C'était une injustice, ainsi qu'il le constata dans une lettre de protestation : « Après toutes les peines que je me suis données, on me refuse le paiement de mon salaire, à un père de famille qui n'a d'autre ressource que son travail d'écriture pour toute fortune. » Désespéré et dégoûté par ces refus successifs, Carrelet ne renouvela point sa demande pendant toute la Restauration, mais, en 1830, lorsqu'une nouvelle révolution eut balayé la dynastie et que les victimes du gouvernement tombé purent espérer quelque compensation, Carrelet s'adressa au maire Hernoux (19 novembre) et ce dernier fit prendre une délibération en sa faveur par le conseil municipal, le 6 décembre de la même année. Carrelet recevait enfin le prix de sa persévérance.

La réclamation Grandmanche était également fondée. Le 4 octobre 1815 l'adjoint Joly de Bévy avait lui-même écrit à Grandmanche pour qu'il transportât du sable dans la cour de la préfecture. « Le maire de Dijon compte sur son exactitude et sa bonne volonté, comme aussi il trouvera bon que d'autres voituriers en prennent dans sa sablière. On lui fera compte dudit sable. » Grandmanche s'était exécuté et avait fourni 41 tombereaux à deux chevaux, mais, malgré ses réclamations incessantes, on ne le paya pas. Le 5 mars 1821, le 5 avril de la même année, il réclamait encore et le préfet prenait pourtant sa cause en main. Il ne fut autorisé que le 30 juillet 1821 à rentrer dans ses déboursés, et seulement pour la somme de 61 fr. 50.

La veuve Guenot (1), locataire de la Poissonnerie depuis le 31 décembre 1809, en avait été brusquement dépossédée lors de l'arrivée des alliés. On avait même détérioré son matériel, ainsi que le constate le registre (2) des délibérations du conseil municipal, à la date du 15 avril 1816, « les déplacements et replacements lui ont occasionné une dépense, dont il est juste de l'indemniser. Elle a en quelque sorte abandonné à la foi publique les effets de la Poissonnerie, et les Autrichiens en ont abusé au point qu'ils ont brisé et brûlé la plupart de ses bancs ». L'indemnité proposée était de 724 francs. Elle lui fut allouée.

Le sieur Chambellan fut moins bien partagé : « Pendant l'invasion des Autrichiens ont requis des verges pour l'exécution de leurs règlements militaires. Plutôt que de les envoyer dans les bois, où ils auraient occasionné beaucoup de dégâts, nous leur avons assigné le local de la fontaine d'Ouche qui est bordé de saules et de quelques peupliers. » Les Autrichiens avaient usé et abusé de l'indication, et le principal propriétaire, Chambellan, se plaignait des dégâts ; mais, après discussion, on ne lui accorda que 27 francs d'indemnité.

Lesage (3), l'allumeur de réverbères, n'eut son compte réglé qu'en 1817. Girardot-Billière ne rentra dans ses

---

(1) Registre, p. 82.
(2) Id., p. 83.
(3) Id., p. 83.

déboursés que plus tard encore, en 1832. C'était un aubergiste et commissionnaire sur le port du canal. En 1814, il avait logé jusqu'à 5922 chevaux, mais n'avait jamais été payé de ses avances, et réclamait de ce chef 378 francs (1). En 1815, Girardot fit partie des fédérés bourguignons : « Il avait été en conséquence noté en rouge au bureau des logements militaires, aussi ne fut-il pas oublié. » On le força de convertir son auberge en magasin général pour les vins et les foins. On lui fit subir mille avanies. Un jour des dragons autrichiens ayant volé une partie des fourrages, dont il était responsable, ne fut-il pas forcé de payer une indemnité à l'intendance autrichienne ! Aussi réclamait-il de ce chef la somme de 323 fr. 80 en tout 701 fr. 80 qu'il priait le conseil municipal de lui restituer. Seulement, comme il ne veut pas être accusé de spéculer sur les malheurs des temps, il offre de renoncer à la huitième partie de sa créance « représentant sa part de souscription au monument qu'on érigera sur la place d'Armes en l'honneur des victimes de juillet ». Girardot n'était peut-être pas bien persuadé de la légitimité de sa créance, car il renouvelait sa demande trois jours (2) plus tard et ajoutait les considérations suivantes : « Il faut d'ailleurs se souvenir que Girardot n'a jamais reculé, lorsqu'il s'agissait de répondre aux questions de la mairie dans les circonstances difficiles où elle se trouvait souvent. Ne doit-il pas en attendre aujourd'hui réciprocité ? Il dira même qu'il a logé gratuitement, pendant plus de vingt ans, la chaîne des galériens (3), malgré

(1) Pétition du 3 décembre 1831.
(2) Pétition du 6 décembre.
(3) En effet nous avons retrouvé, à la date du 2 décembre 1815, (registre 1815, p. 380) une lettre du maire priant Girardot de loger la chaîne des forçats.

les inconvénients que cela lui occasionnait depuis l'ouverture du canal, objet qui coûte au moins 140 fr. chaque année à la mairie. » Le conseil municipal ne fut appelé à délibérer sur cette pétition que le 8 février 1832. Il donna raison sur tous les points à l'aubergiste, qui de la sorte ne perdit rien pour avoir attendu.

Ainsi se termina, paisiblement, par des règlements de compte, la tempête politique qui, pendant les deux années 1814 et 1815, faillit ruiner la vieille capitale bourguignonne. Trop heureux nous estimerions-nous, si nous avions réussi à mettre en lumière ou tout au moins à rappeler cette page trop oubliée de nos annales.

APPENDICE

M. Fourier nous a communiqué, pendant que ce volume était en cours d'impression et trop tard pour que nous puissions les utiliser, de précieux documents relatifs à la première occupation autrichienne de Dijon, en 1814. Ce sont surtout des lettres relatives aux logements militaires. Nous en donnerons une rapide analyse.

A. *Mois de janvier* 1814 :

    1° Nombreux billets de logement signés par le baron de Lunden, capitaine commandant la place.

    2° Lettre de Ladey, qui s'intitule « bon garçon » à Simon Jacquinot, pour être déchargé de garnisaires (26 janvier).

B. *Mois de février* 1814 :

    1° Billets de logement signés Lunden.

    2° Réquisition Carrelet de Loisy, pour faire réparer les fours et la chaudière des Carmélites (4 février).

    3° Lettre de Lataud à Jacquinot, pour être déchargé de garnisaires (11 février).

    4° Lettre de Tarnier, ancien notaire, aux membres de la commission des logements. Même demande (9 février).

    5° « Silvestre, employé à la direction des domaines, a l'honneur d'exposer à M. le maire que les circonstances lui ayant momentanément fait perdre sa place, il ne lui reste aucune ressource pour se nourrir et encore moins des militaires ; qu'il est père de deux enfants, dont l'un est très malade, que son épouse jouit d'une mauvaise santé » (février).

6° Mme Léjéas écrit au maire pour lui faire remarquer « que la maison de la direction, rue du Petit-Potet, n'est pas à sa disposition.... Veuillez ne pas m'abandonner. J'en perds la tête » (février).

7° Président Charbonnel, au maire. « Depuis huit jours j'éprouve des douleurs si vives, que mes deux domestiques sont constamment occupés à me soigner ; plusieurs fois le jour des demi-bains et autres remèdes. Je vous prie de suspendre mes logements jusqu'à ce que je cesse de souffrir. Mes services rendus à la ville réclament en ma faveur quelques égards ; je n'en parlerais pas sans ma douloureuse position. »

C. *Mois de mars* 1814 :

1° Contrôleur des postes Le Brun à gouverneur général, baron von Bartenstein. « Je suis célibataire, sans ménage, logé en chambre garnie, ne vivant pas chez moi et n'y entrant que pour me coucher. Mes occupations m'obligent à être une partie de la journée au bureau de la poste aux lettres pour en surveiller le travail. Quoique par mes fonctions je doive être assimilé aux employés des postes d'Allemagne, qui sont exemptés de logemens militaires, cependant je n'ai pas cessé depuis le 19 février jusqu'au 2 de ce mois d'avoir deux militaires à l'auberge à mes frais... » (17 mars). Bartenstein répond tout de suite en faisant remarquer au maire qu'il avait exempté de logemens militaires les employés des postes, et le prie « de faire comprendre, s'il est possible, aux membres de la commission des logemens comment ils m'ont manqué ».

2° Mme Liger Richette au baron de Bartenstein. Elle se plaint d'avoir été comprise dans la répartition des logements, car elle n'habite Dijon qu'en passant. « Il me semble que les plus fortes charges doivent peser sur les plus riches, et que la descence (sic) exige qu'on n'envoye pas loger en garnison chez des femmes, dont l'une n'a que 20 ans, quatre militaires qui, les voyant isolées, peuvent les insulter. Je ne doute nullement que la Commission n'ait pris la résolution de me vexer de préférence à tous. ... Je voudrais être délivrée de l'oppression qu'on me fait éprouver (16 mars).

3° Réclamation de Rameau à propos des logements imposés à sa sœur, Mme veuve Liard, qui vit chez lui (22 mars).

4° Réclamation Anne Chaussier, veuve Lejolivet. « J'ai l'honneur de vous observer que ma sœur Dechaux est veuve depuis le 25 octobre 1813, que les sellés sont toujours ches elle parce qu'elle a un fils à l'armée depuis 8 année. On le croit prisionier depuis lafaire de Moscou. Ma sœur na bitte pas Dijon despuis la mort de son mari. Elle est à Bretigny. A 69 ans, c'est quassée la quisse. Vous savés que les fermiers ne peuvent payer. Elle na cessé de loger des solda à la quampagne et a Dijon, et beaucoup sans interruption... Ses resource sont toutes épuisée, etc. » (10 mars). — Cette réclamation est renouvelée, en termes plus pressants, le 15 mai.

D. *Mois d'avril* 1814 :

1° Réclamation Lesage. « Les deux officiers malades que j'ai eus pendant neuf jours avec un train considérable viennent enfin de déloger. Ils occupoient la petite chambre de ma famille dont ils ont fait, à vrai dire, une écurie. Elle est tellement infectée qu'il y aurait du danger à l'occuper tant qu'elle ne sera pas assainie. On y fait actuellement les fumigations nécessaires pour dissiper la mauvaise odeur... Nous attendons de votre humanité des égards dûs à nos âges et à nos infirmités, et nous ne pouvons pas penser que notre maison puisse être considérée comme un hôpital » (1er avril).

2° Réclamation femme Brion. Son mari est tonnelier, et ne trouve plus à travailler que dans les villages. Elle est seule et obligée elle-même de travailler à la journée : « Les militaires qui lui sont adressés trouvant la porte fermée attendent jusqu'à sa rentrée, moment d'autant plus terrible pour elle qu'ils croient qu'elle quitte exprès la maison pour ne pas les recevoir. C'est alors que le tapage et les coups assouvissent leur colère... Lorsqu'elle leur dit qu'elle n'a pas de lit, le vacarme se renouvelle, et elle est forcée pour les calmer de leur céder le sien » (25 avril).

3° Lettre Lacordaire à Gros. « ... Je vous prie en grâce d'envoyer promener la municipalité, et de ne pas achever de vous tuer pour tous ces braves gens-là » (27 avril).

4° Lettre de recommandation au maire de Dijon, écrite par le sous-préfet de Langres, en faveur du lieutenant-colonel autrichien de Khevenheiller et de sa suite (30 avril).

5° Lettre de Mme de Pons, née Bazire, attestant qu'elle loge chez elle le commissaire des guerres Henri de Geppert (29 avril).

6° Divers billets de logement pour des soldats français délivrés par Blot de Chauvigny, commandant civil et militaire de Dijon, au nom de Louis XVIII (19 et 20 avril).

7° Port d'arme accordé à l'imprimeur Bernard par le baron de Bartenstein (25 avril).

E. *Mois de mai* 1814 :

1° Attestation de maladie délivrée par le chirurgien Loye à Mme Rénon, pour l'exempter des logements militaires (26 mai) et réclamation de Rénon (même date).

2° Lettre ou plutôt mémoire du sieur Toppin, maître d'école, âgé de 69 ans, qui n'est plus en état de loger des soldats. « Depuis le commencement de février j'ai perdu les trois quarts de mes écoliers à cause des circonstances. Il ne m'en reste présentement que six qui me valent pour toute ressource 27 à 30 fr. par mois pour vivre avec ma femme et mes enfans. Je puis vous assurer que sans le crédit et le secours de quelques amis, je serais mal à mon aise et bien malheureux (12 mai).

3° Réclamation Thuault. Il loge chez son gendre, qui est déjà surchargé par les logements militaires, et qui cependant, vu ses fonctions de conservateur du Musée, devrait être exempté (17 mai).

4° Réclamation de Mme Palaiseau de Duesme, qui n'a passé qu'un seul jour sans loger des soldats. « Veuve d'émigré, par conséquent ruinée, mère d'un officier français qui a eu le bras emporté à la bataille de Leipzig et qui réclame des secours qu'elle est dans l'impossibilité de lui fournir, Mme de Duesme, d'après cet exposé, croit pouvoir demander d'être à l'avenir moins chargée de logemens » (6 mai).

5° Théodore Morelet prie qu'on ne lui envoie personne à loger pour le mardi 24 mai.

6° Réclamation du premier président Larcher. Il a déjà quatre militaires chez lui, et prie qu'on ne lui en envoie pas davantage (24 mai).

7° Baron de Lunden prie les membres du bureau des logements de n'envoyer aucun militaire, pendant son absence, chez M. Jacquinot (3 mai).

8° Lettre du marquis d'Andelarre à Gros pour le prier de mettre ailleurs que chez lui un sergent-major, sa femme, son enfant et deux infirmiers (6 mai).

9° Réclamation du président Charbonnel. Il est malade. « Mes domestiques sont bien assez occupés pour moi, sans pouvoir donner leurs soins à des étrangers » (17 mai).

F. *Mois de juin* 1814 :

1° Lettre du premier président Larcher au préfet duc de Brissac. « Vous êtes trop éclairé et trop juste pour ne pas être convaincu de l'inconvenance de transformer en caserne le paisible asile du chef de la magistrature. Votre hôtel, le mien, celui même de monsieur le maire, ouverts sans cesse à tous les administrés et justiciables de leurs arrondissements respectifs, doivent être respectés, et, sans de graves inconvénients, ne peuvent être le séjour d'hommes armés. Sans doute on ne peut donner trop de louanges aux braves dont l'existence est consacrée à la défense de leur patrie, mais dans une aussi immense agrégation il est impossible que tous connaissent les égards dûs à la magistrature, au moins en la personne des chefs. Il en est qui se persuadent être les maîtres de la maison qui leur est désignée pour logement, et, s'ils éprouvent une juste résistance, ils peuvent compromettre par des propos injurieux et même par des voyes de fait, le magistrat dont les honorables et pénibles fonctions exigent paix et recueillement. Depuis l'entrée en France des hautes puissances alliées, j'ai subi le sort commun, je l'ai subi solidement et je ne m'en plains pas. Mais actuellement que nous avons le bonheur de vivre sous un gouvernement réparateur et protecteur, sous le sceptre antique et vénéré de nos rois légitimes, tout doit rentrer dans l'ordre, et je suis sûr d'obtenir justice (28 mai). »

Le jour même le préfet écrit au maire en lui transmettant la lettre de Larcher, mais la réponse du maire (3 juin) n'est pas favorable, et, au 5 juin, le duc de Brissac informe le premier président du résultat négatif de son intervention.

On peut joindre à ce dossier une lettre de l'adjoint Lucan au président Larcher. « Avec la meilleure volonté du monde de faire, mon cher et ancien camarade, ce que tu désires de moi, je ne pourrai te seconder qu'en vertu de la loi qui exempte des logements de gens de guerre le chef de la magistrature dans les cours royales, et que je n'ai pas sous les yeux... La ville se trouve encore malheureusement dans une circonstance pénible, attendu que les militaires ne jouissent pas de l'étape, cette administration si essentielle n'étant pas encore rétablie par le gouvernement faute de fonds. Jusqu'à nouvel ordre il est indispensable que les habitants logent et nourrissent les passants (27 juin). »

2° Lettre du directeur des impositions indirectes, Léjéas, aux membres de la commission des logements. « Étant chargé de plusieurs caisses appartenant au gouvernement je pense qu'il est urgent que je ne loge plus de militaires qui nuit et jour vont et viennent dans l'hôtel de la direction » (5 juin).

2° Lettre de Piette, conseiller de préfecture, aux membres de la commission des logements. Il les informe que le préfet a acheté à l'administration autrichienne les magasins formés par elle pour la subsistance des armées, et qu'il sera très heureux de s'entendre avec les membres de la commission « sur la distribution en comestibles et vins qu'il conviendrait de faire tant aux indigents qu'aux individus peu aisés, qui, au moyen des subsistances qu'ils reçoivent, ont été assujettis au logement des gens de guerre » (8 juin).

G. *Mois de juillet* 1814 :

1° Lettre de Devosge annonçant à Gros qu'il a encore chez lui deux soldats autrichiens.

TABLE DES MATIÈRES

Introduction, p. 5.

Chapitre I. — *Dijon et la première occupation autrichienne en 1814*, p. 7-60.

La grande invasion de 1814, p. 8. — Tranquillité apparente de la Bourgogne, p. 9. — Les mécontents, p. 11. — Proclamation d'Hartwell, p. 12. — Le nouveau thermomètre, p. 13. — Mission du comte de Ségur, p. 14. — Mauvaises nouvelles, p. 16. — Lettre du sous-préfet de Beaune, p. 16. — Les Autrichiens aux portes de Dijon, p. 18. — Entrée des Autrichiens à Dijon, p. 19. — La commission des logements militaires, p. 21. — Premières exigences des alliés, p. 22. — Les réquisitions, p. 25-35. — Serment de fidélité imposé aux fonctionnaires, p. 36. — Les royalistes dijonnais, p. 37. — Les otages, p. 38. — Inquiétudes des coalisés, p. 40. — Ordre du jour du général Alix, p. 41. — Ordre du jour de Schwarzemberg, p. 42. — Rixes dans la ville, p. 43. — Arrivée à Dijon de l'empereur d'Autriche, p. 45. — Réclamations du maire, p. 47. — Épidémie, p. 48. — Défaite de Napoléon, p. 51. — Passage des coalisés par Dijon, p. 54. — Arrivée des soldats français, p. 56. — Passage des prisonniers, p. 57. — Le major Hogeldinger, p. 59.

Chapitre II. — *La première Restauration à Dijon*, p. 61.

La cocarde blanche à Dijon, p. 61. — Fêtes et réjouissances en l'honneur de la Restauration, p. 65. — Le banquet de l'Arquebuse, p. 66. — Te Deum à la cathédrale, p. 68. — Illumination du 11 avril, p. 70. — Adhésion du préfet Cossé-Brissac, p. 71. — Adresse du conseil municipal, p. 73. — Odes et cantates, p. 75. — Le retour des Bourbons, p. 78. — Pièces de circonstance jouées au théâtre, p. 81. — Talma et Mlle Mars à Dijon, p. 85. — Circulaire Anglès, p. 86. — Circulaire Tardy, p. 87. — Arrêté préfectoral du 25 avril,

p. 88. — Adresse de la Cour royale, p. 90. — Passage de Marie-Louise et du roi de Rome, p. 91. — Fêtes royalistes, p. 93. — Installation du préfet Terray de Rosières, p. 95. — Processions de l'Assomption et de la Saint-Louis, p. 96. — La Saint-Louis, p. 97. — Poésie de Chambelland, p. 98. — Distribution des prix à l'école des Beaux-Arts, p. 99. — Députation à la duchesse d'Angoulême, p. 101. — Préparatifs pour la réception du comte d'Artois, p. 102. — Arrivée du prince, p. 107. — Illuminations du 12 septembre, p. 108. — La fête du 13 septembre, p. 110. — Distribution de décorations, p. 116. — Départ du prince, p. 118. — Règlement des dépenses de la fête, p. 120. — Règlement des dépenses pour le séjour des Autrichiens, p. 123. — Rentrée de la Cour d'appel, p. 125. — Mécontentement des militaires, p. 126. — Condamnations politiques, p. 129. — Désordre dans les rues, p. 131. — Les droits réunis sont maintenus, p. 132. — Affaire des poudres, p. 136. — Ordonnance de l'observation du dimanche, p. 139. — Les anniversaires, p. 141. — Mécontentement général, p. 143.

CHAPITRE III. — *Les Cent Jours à Dijon*, p. 145.

Débarquement de l'Empereur, p. 145. — Adresse de la municipalité dijonnaise à Louis XVIII, p. 147. — Le général Heudelet, p. 148. — Le préfet Terray, p. 149. — Durande et la garde nationale, p. 151. — Prétendu complot bonapartiste, p. 152. — Le général Veaux, p. 153. — Le baron Léjeas, p. 154. — Les bonapartistes du café Boulée, p. 154. — Propagande bonapartiste, p. 156. — La femme Boulée, p. 159. — Tardy, maire par intérim, p. 161. — Défection du général Veaux, p. 163. — Marinet et la cocarde tricolore, p. 164. — Arrivée et séjour à Dijon du maréchal Ney, p. 166. — Hernoux est nommé maire, p. 167. — Royer, préfet intérimaire, p. 169, et Veaux, commandant la division, p. 171. — Proclamation de Royer, p. 173. — Adresse de la municipalité à l'Empereur, p. 176. — Adresse de la Cour d'appel, p. 178. — Fête pour célébrer l'entrée de Napoléon à Paris, p. 180. — Fête du 26 mars, p. 182. — Fête du 6 avril, p. 183. — Poésie de Josselin, p. 185. — Épigrammes de Foulquier, p. 187. — Proclamation du nouveau préfet, Maurice Duval, p. 189. — Optimisme de commande, p. 191. — La nouvelle coalition, p. 193. — Arrivée de Thibaudeau, p. 194. — Les volontaires, p. 195. — Inauguration d'un buste de Napoléon, p. 197. — La garde nationale dijonnaise et sa campagne en Franche-Comté, p. 199. — Levées extraordinaires, p. 203. — Les Fédérés, p. 205. — Travaux de fortification le long de la Saône et à Dijon, p. 210. —

Mécontentement de la population, p. 215. — Règlements de comptes, p. 216. — Mesures de précaution contre les royalistes, p. 218. — Prétendues listes de proscription, p. 221. — Nouveau conseil municipal, p. 222. — Enquête sur les fonctionnaires, p. 223.— Le drapeau tricolore de Saint-Bénigne, p. 224. — Désaccord entre Hernoux et le commissaire en chef des poudres et salpêtres, p. 226. — L'acte additionnel aux constitutions de l'Empire, p. 227. — Envoi de tableaux au Musée, p. 228. — Bataille de Waterloo, p. 229.

Chapitre IV. — *La seconde Restauration et la seconde occupation autrichienne à Dijon*, p. 231.

I

Hésitation des autorités, p. 232. — Fuite des fonctionnaires bonapartistes, p. 233. — Arrestation de Veaux, p. 235. — Dispersion des bonapartistes, p. 235. — Durande est réintégré comme maire, p. 237. — Installation du conseil municipal, p. 239. — Les brigands de la Loire à Dijon, p. 240. — Poursuites contre les fédérés, p. 245. — Mauvais traitements aux soldats isolés, p. 246. — Proclamation de Petitot, p. 249. — Proclamation de Durande, p. 250.

II

Arrivée des Autrichiens à Dijon, p. 252. — Les Autrichiens prennent possession des casernes et des bâtiments municipaux, p. 253. — Réclamations Chauvelot, p. 257 ; Ragonneau, p. 257 ; Devillebichot, p. 257 ; Girarde, p. 258 ; Raymond, p. 260. — Affaire Amiot, p. 202. — Réclamations Tardy, p. 265 ; Berthot, p. 266 ; Dumez, p. 266 ; Hairon, p. 267. — Plaintes adressées à la commission des logements, p. 268. — Affaire Guyardin, p. 275. — Brutalités autrichiennes, p 276. — L'imprimeur Carion, p. 278. — Le gardien de l'Arquebuse, p. 280. — Dégâts au Parc, p. 281. — Précautions prises par les Autrichiens, p. 283. — Affaire Morey, p. 285. — Affaire Clerget, p. 286.

III

Les réquisitions, p. 287. — Le pain, p. 288. — Emprunt forcé, p. 289. — Réquisitions autrichiennes, p. 293. — Extorsions, p. 294. — Demandes régulières de l'administration autrichienne, p. 296. — Réquisitions aux environs de Dijon, p. 307. — Vols domestiques, p.

309. — Logements militaires dans la banlieue de Dijon, p. 313. — Réquisitions dans la banlieue, p. 315. — La responsabilité collective, p. 318.

IV

Bon accord entre Royalistes et Autrichiens, p. 320. — Durande et l'instruction publique, p. 321. — Surveillance des fonctionnaires, p. 322, — et des officiers à demi-solde, p. 323. — La fête de Saint Louis, 325. — Représentations théâtrales, p. 326. — Installation du nouveau conseil municipal, p. 327. — Réception du duc d'Angoulême, p. 329.

V

Visite des souverains alliés, p. 332. — Travail de répartition pour les logements militaires, p. 333. — Les chevaux et les voitures des souverains, p. 335. — Réception de Schwarzemberg, p. 340. — Réception du roi de Prusse et du czar, p. 341. — Réception de l'empereur d'Autriche, p. 343. — Grande revue de Varois, p. 342.

VI

Agravation des charges militaires, p. 347. — Bonne volonté du général Frimont, p. 351. — Evacuation, p. 352. — Joie des habitants, p. 353. — La Terreur Blanche à Dijon, p. 354.

VII

Spoliation des musées, p. 358. — Règlement des comptes, p. 360. — Réclamations et indemnités, p. 361.

APPENDICE, p. 371.

Analyse de pièces communiquées par M. Fourier et relatives à la première occupation autrichienne de 1814, p. 371.

TABLE DES MATIÈRES, p. 379.

Dijon, imp. Darantiere.

www.ingramcontent.com/pod-product-compliance
Lightning Source LLC
Chambersburg PA
CBHW050425170426
43201CB00008B/547